Gestão Empresarial
Uma perspectiva antropológica

Dados Internacionais de Catalogação na Publicação (CIP)
(Câmara Brasileira do Livro, SP, Brasil)

Chanlat, Jean-François
  Gestão empresarial : uma perspectiva antropológica /
Jean-François Chanlat ; tradução Laura Gillon ; revisão
técnica Pedro F. Bendassolli. -- São Paulo, SP :
Cengage Learning, 2010. -- (Coleção debates em
administração / coordenadores Isabella F. Gouveia de
Vasconcelos, Flávio Carvalho de Vasconcelos, André
Ofenhejm Mascarenhas)

  Título original: Agir humain, organisation et
  gestion : une perspective anthropologique

  ISBN 978-85-221-1010-0

  1. Comportamento organizacional 2. Cultura corpo-
rativa 3. Indivíduo e sociedade 4. Psicologia do tra-
balho 5. Trabalho - Aspectos psicológicos I.
Bendassolli, Pedro F. II. Vasconcelos, Isabella F.
Gouveia de. III. Vasconcelos, Flávio Carvalho de.
IV. Mascarenhas, André Ofenhejm. V. Título. VI. Série.

10-05910   CDD-658.001

Índice para catálogo sistemático:
1. Empresas : Fatores humanos : Administração 658.001

Impressão e acabamento: Yangraf Gráfica e Editora

COLEÇÃO DEBATES EM ADMINISTRAÇÃO

Gestão Empresarial
Uma perspectiva antropológica

Jean-François Chanlat

Tradução
Laura Gillon

Revisão técnica
Pedro F. Bendassolli
Professor de psicologia no Departamento de Psicologia da UFRN.
Doutor em psicologia social pela USP
e pós-doutor pela Universidade Paris X, França.

Coordenadores da coleção
Isabella F. Gouveia de Vasconcelos
Flávio Carvalho de Vasconcelos
André Ofenhejm Mascarenhas

Austrália • Brasil • Japão • Coreia • México • Cingapura • Espanha • Reino Unido • Estados Unidos

Gestão Empresarial
Uma perspectiva antropológica
Jean-François Chanlat

Gerente Editorial: Patricia La Rosa

Editor de Desenvolvimento: Fábio Gonçalves

Supervisora de Produção Editorial: Fabiana Alencar Albuquerque

Título Original: Agir humain, organisation et gestion. Une perspective anthropologique

Tradução: Laura Gillon

Revisão técnica: Pedro F. Bendassolli

Copidesque: Nelson Luis Barbosa

Revisão: Luicy Caetano de Oliveira e Daniele Fátima Oliveira

Diagramação: Cia. Editorial

Capa: Eliana Del Bianco

Impresso no Brasil.
Printed in Brazil.
1 2 3 4 5 6 7   13 12 11 10 09

© 2011 Cengage Learning Edições Ltda.

Todos os direitos reservados. Nenhuma parte deste livro poderá ser reproduzida, sejam quais forem os meios empregados, sem a permissão, por escrito, da Editora. Aos infratores aplicam-se as sanções previstas nos artigos 102, 104, 106 e 107 da Lei nº 9.610, de 19 de fevereiro de 1998.

Para informações sobre nossos produtos, entre em contato pelo telefone **0800 11 19 39**

Para permissão de uso de material desta obra, envie seu pedido para **direitosautorais@cengage.com**

© 2011 de Cengage Learning. Todos os direitos reservados.

ISBN-13: 978-85-221-1010-0
ISBN-10: 85-221-1010-7

Cengage Learning
Condomínio E-Business Park
Rua Werner Siemens, 111 – Prédio 20 – Espaço 04
Lapa de Baixo – 05069-900 – São Paulo – SP
Tel.: (11) 3665-9900 – Fax: (11) 3665-9901
SAC: 0800 11 19 39

Para suas soluções de curso e aprendizado, visite
www.cengage.com.br

agradecimentos

Como todo trabalho intelectual, esta obra nasceu de uma história e de um encontro. Na verdade, tudo começou há mais de trinta anos em Montreal, onde fiz meu doutorado em Sociologia e observei de perto a rotina das organizações. Após o término da minha tese, passei a trabalhar como sociólogo empresarial na escola de gestão HEC Montréal, onde lecionei durante cerca de vinte anos, aperfeiçoando uma perspectiva antropológica da gestão e organizacional. Há oito anos, leciono Ciências de Gestão na Universidade Paris-Dauphine com o objetivo de aperfeiçoar o trabalho que comecei em Montreal.

Ao longo desses trinta anos, essa perspectiva tornou-se tema de várias publicações. Uma delas, *L'individu dans l'organisation – Les dimensions oubliées* [*O indivíduo na organização – As dimensões esquecidas*], tornou-se o livro de referência para as comunidades francófonas. Graças à edição brasileira elaborada sob a supervisão da professora Ofelia Sette Torres, e à habilidade de Allain Joly, professor da HEC Montréal e profundo conhecedor da realidade brasileira, atualmente esta obra é bastante conhecida no Brasil.

De fato, o projeto para a edição em português foi decidido em um reencontro ocorrido em uma palestra organizada em Montreal, em 1991, para discutir sua versão francesa, da qual também participou o saudoso Fernando Prestes Motta. Outros brasileiros tiveram importante participação na divulgação do meu trabalho no país após esse evento. Aproveito a publicação desta obra em português para homenageá-los e agradecer calorosamente o interesse que tiveram em meu trabalho e a acolhida tão cordial que sempre proporcionaram em cada uma das minhas visitas ao Brasil. Obrigado aos professores Ofelia Sette Torres, Roberto Fachin, Tânia Fischer, Marlene Mello de Oliveira, Sylvia Constant Vergara e Patrícia Tomei, pela acolhida desde a minha primeira visita, em 1992. Todos passaram a ser, além de colegas de trabalho, meus amigos até hoje.

Durante minhas várias viagens ao Brasil, país do futuro, citado por Stefan Zweig, tive a sorte de conhecer outras pessoas com quem muito conversei e que me possibilitaram ampliar meus conhecimentos sobre essa realidade brasileira tão diferente. São os colegas da Fundação Getulio Vargas, em São Paulo, Carlos Bertero, Maria Inês Betiol, Maria Ester de Freitas, Michael Caldas, Fernando Prestes Motta, Maria José Tonelli e Tomas Wood, assim como os da Fundação Getulio Vargas do Rio de Janeiro, Bianor Calvacanti, Eduardo Marques e Sylvia Vergara.

É também importante mencionar os vários colegas das universidades federais do Rio Grande do Sul, de Minas Gerais, da Bahia, do Espírito Santo, bem como os da PUC do Rio de Janeiro e de Porto Alegre, que me receberam com muito entusiasmo nas palestras ou conferências. Quero agradecer, ainda, a Ana Maria Kirschner, socióloga empresarial, professora da UFES-RJ, que me mostrou os trabalhos dos pesquisadores brasileiros sobre gestão. Homenageio meus alunos brasileiros mais antigos, ou os jovens pesquisadores brasileiros que acolhi durante todos esses anos em Montreal, ou Paris, com quem passei a dialogar de forma intelectual e amistosa: Maria Carolina Andion, Rodrigo Bandeiras de Mello, Luis Bignetti, Maria Elisa Brandão, Marcelo Dantas, Eduardo Davel, Virginia Drummond, Yann Duzert, José Roberto Gomes, Gelson Junquilho, Marina Nakayama, Jair Nascimento e Maurício Serva.

Meus agradecimentos especiais a Isabella Freitas Gouveia de Vasconcelos e a Flávio Carvalho de Vasconcelos, com quem me relaciono há mais de dez anos. Deles veio o convite para que eu publicasse uma obra da nova coleção coordenada por ambos junto com André Ofenhejm Mascarenhas. Além de mostrar seu interesse – e o de outros colegas brasileiros – pelos trabalhos em francês, o gesto comprova também seu desejo de torná-los conhecidos dos leitores brasileiros. Escrevi esta obra em francês e quero expressar-lhes minha gratidão pela dedicação em manter sua essência ao reescrevê-la no belo idioma português. Estou emocionado com o gesto.

Para terminar, desejo que este pequeno livro chegue às mãos do seu público e que o altruísmo associado a este trabalho justifique, por parte dos organizadores da coleção e do autor, a decisão de engajar-se, cada um à sua maneira, na divulgação de uma abordagem antropológica das atitudes humanas num contexto empresarial nascido de uma tradição intelectual de inspiração europeia e francesa na comunidade linguística lusófona.

Jean-François Chanlat

apresentação

Debates em Administração

> E o fim de nosso caminho será voltarmos ao ponto de partida e percebermos o mundo à nossa volta como se fosse a primeira vez que o observássemos.
> *T. S. Elliot* (adaptação)

O conhecimento transforma. A partir da leitura, vamos em certa direção com curiosidade intelectual, buscando descobrir mais sobre dado assunto. Quando terminamos o nosso percurso, estamos diferentes. Pois o que descobrimos em nosso caminho frequentemente abre horizontes, destrói preconceitos, cria alternativas que antes não vislumbrávamos. As pessoas à nossa volta permanecem as mesmas, mas a nossa percepção pode-se modificar a partir da descoberta de novas perspectivas.

O objetivo desta coleção de caráter acadêmico é introduzir o leitor a um tema específico da área de administração, fornecendo desde as primeiras indicações para a compreensão do assunto até as fontes de pesquisa para aprofundamento.

Assim, à medida que for lendo, o leitor entrará em contato com os primeiros conceitos sobre dado tema, tendo em vista diferentes abordagens teóricas, e, nos capítulos posteriores, brevemente, serão apresentadas as principais correntes sobre o tema – as mais importantes – e o leitor terá, no final de cada exemplar, acesso aos principais artigos sobre o assunto, com um breve comentário, e indicações bibliográficas para pesquisa, a fim de que possa continuar a sua descoberta intelectual.

Esta coleção denomina-se **Debates em Administração**, pois serão apresentadas sucintamente as principais abordagens referentes a cada tema, permitindo ao leitor escolher em qual se aprofundar. Ou seja, descobrirá quais são as direções de pesquisa mais importantes sobre determinado assunto, em que aspectos estas se diferenciam em suas proposições e logo qual caminho percorrer, dadas suas expectativas e interesses.

Debates em Administração deve-se ao fato de que os organizadores acreditam que, do contraditório e do conhecimento de diferentes panoramas, nasce a possibilidade de escolha e o prazer da descoberta intelectual. A inovação em determinado assunto vem do fato de se ter acesso a perspectivas diversas. Portanto, a coleção visa suprir um espaço no mercado editorial relativo à pesquisa e à iniciação à pesquisa.

Observou-se que os alunos de graduação, na realização de seus projetos de fim de curso, sentem necessidade de bibliografia específica por tema de trabalho para possuírem uma primeira referência do assunto a ser pesquisado e indicações para aprofundamento. Alunos de iniciação científica, bem como executivos que voltam a estudar em cursos de *lato sensu* – especialização – e que devem ao fim do curso entregar um trabalho, sentem a mesma dificuldade em mapear as principais correntes que tratam de um tema importante na área de administração e encontrar indicações de livros, artigos e trabalhos relevantes na área que possam servir de base para seu trabalho e aprofundamento de ideias. Essas mesmas razões são válidas para alunos de mestrado *strictu sensu*, seja acadêmico ou profissional.

A fim de atender a este público diverso, mas com uma necessidade comum – acesso a fontes de pesquisa confiáveis, por tema de pesquisa – surgiu a ideia desta coleção.

A ideia que embasa os **Debates em Administração** é de que não existe dicotomia teoria-prática em uma boa pesquisa. As teorias, em administração, são construídas a partir de estudos qualitativos, quantitativos e mistos que analisam e observam a prática de gestão nas organizações. As práticas de gestão, seja nos estudos estatísticos ou nos qualitativos ou mistos – têm como base as teorias, que buscam compreender e explicar essas práticas. Por sua vez, a compreensão das teorias permite esclarecer a prática. A pesquisa também busca destruir preconceitos e "achismos".

Muitas vezes, as pesquisas mostram que nossas opiniões preliminares ou "achismos" baseados em experiência individual estavam errados. Assim, pesquisas consistentes, fundamentadas em sólida metodologia, possibilitam uma prática mais consciente, com base em informações relevantes.

Em pesquisa, outro fenômeno ocorre: a abertura de uma porta nos faz abrir outras portas – ou seja – a descoberta de um tema, com a riqueza que este revela, leva o pesquisador a desejar se aprofundar cada vez mais nos assuntos de seu interesse, em um aprofundamento contínuo e na consciência de que aprender é um processo, uma jornada, sem destino final.

Pragmaticamente, no entanto, o pesquisador, por mais que deseje aprofundamento no seu tema, deve saber em que momento parar e finalizar um trabalho ou um projeto, que constituem uma etapa de seu caminho de descobertas.

A coleção **Debates em Administração**, ao oferecer o "mapa da mina" em pesquisa sobre determinado assunto, direciona esforços e iniciativa e evita que o pesquisador iniciante perca tempo, pois, em cada livro, serão oferecidas e comentadas as principais fontes que permitirão aos pesquisadores, alunos de graduação, especialização, mestrado profissional ou acadêmico produzirem um conhecimento consistente no seu âmbito de interesse. Os temas serão selecionados entre os mais relevantes da área de administração.

Finalmente, gostaríamos de ressaltar o ideal que inspira esta coleção: a difusão social do conhecimento acadêmico. Para tanto, estudiosos reconhecidos em nosso meio e que mostraram excelência em certo campo do conhecimento serão convidados a difundir esse conhecimento para o grande público. Por isso, gostaríamos de ressaltar o preço acessível de cada livro, coerente com o nosso objetivo.

O primeiro livro, *Ensino e Pesquisa em Administração*, escrito pelo professor Carlos Osmar Bertero, reflete bem o espírito de nosso trabalho, ao fazer uma retrospectiva histórica do ensino e da pesquisa em nosso país, permitindo ao leitor compreender a evolução de nosso campo de estudos e perceber que ensino e pesquisa são atividades relevantes e complementares.

Desejamos ao leitor uma agradável leitura e que muitas descobertas frutíferas se realizem em seu percurso intelectual.

Isabella Freitas Gouveia de Vasconcelos
Flavio Carvalho de Vasconcelos
André Ofenhejm Mascarenhas

SUMÁRIO

Introdução, XV

1. Ação Humana e Organização: As Dimensões Fundamentais, 1
2. Ação Humana, Organização, Culturas e Globalização, 47
3. Ação Humana, Espaço e Organização, 95
4. Ação Humana, Tempo e Organização, 127
5. Ação Humana e Organização Segundo a Teoria da Agência: Uma Crítica Antropológica, 149
6. Ação Humana, Ética, Poder e Organização, 183

Conclusão, 213

Referências Bibliográficas, 217

introdução

Ao longo de aproximadamente um século, nossas sociedades têm sido cenário de inúmeras transformações econômicas, sociais, políticas e culturais. Essas transformações, cujas origens datam sem dúvida de épocas ainda mais remotas, resultaram no que alguns historiadores e sociólogos chamaram capitalismo histórico. Essa nova ordem social dinâmica testemunhou o nascimento e a multiplicação de muitas organizações diversificadas, comprovadamente consideradas principais fontes contemporâneas individuais e coletivas de fixação e estruturação. Por isso, não é uma surpresa o fato de terem se tornado, em si, objetos de estudo. Esse interesse pelas entidades organizadas enveredou por vários caminhos, como economia, sociologia, psicologia, psicanálise, ciências políticas, gestão e antropologia.

No campo das ciências administrativas, o estudo do comportamento humano nas organizações resultou no surgimento de uma esfera de ação conhecida no universo anglo-saxão como comportamento organizacional. Sucessor do movimento das relações humanas, de algumas áreas específicas da psicologia, da sociologia, da teoria da organização, da abordagem sociotécnica, das dinâmicas de grupo e de diversas correntes na área da gestão, o comportamento organizacional parece uma imensa "colcha de retalhos", pois as pessoas são receptivas a qualquer corrente teórica e metodológica de pensamento. Durante a última década, outra área despontou repentinamente nesse cenário: a antropologia organizacional.

O objetivo da antropologia organizacional ou de negócios [*business antropology*], como também é conhecida, é conhecer as pessoas dentro de uma organização. Sua abordagem, inspirada pela antropologia intelectual e pelas tradições metodológicas, é holística. Os pesquisadores dessa corrente tentam entender o valor dos diversos grupos que executam suas tarefas nas organizações. Seus fundamentos são claramente inspirados pelos estudos da antropologia clássica, assim como pelas contribuições da antropologia industrial, desde os primeiros trabalhos do movimento das relações humanas, desenvolvido no fim da década de 1930. Os principais assuntos dessa corrente de pesquisas são agrupamentos culturais, culturas organizacionais, comportamento do mercado e do consumidor, globalização e culturas regionais, gestão intercultural e questões éticas. Seu desenvolvimento deve-se ao renovado interesse em alguns assuntos antropológicos na área de pesquisa de gestão e organizacional, assim como às dificuldades enfrentadas pelos antropólogos em sua área de atuação tradicional.

O foco das pesquisas poderia ser reagrupado em dois temas principais. O primeiro conjunto de pesquisas foi criado com base nas noções das culturas corporativas e organizacionais. O objetivo era descrever organizações específicas (particulares, públicas, pequenas, médias ou grandes), artesanatos e ambientes de trabalho. Os trabalhos espalhados pelo mundo seguindo essa linha são numerosos e mostram a organização, sua cultura e como o ambiente de trabalho produz identidades profissionais.

O segundo conjunto de pesquisas tem como meta entender o comportamento no trabalho, as relações com a autoridade, a dinâmica da cooperação, a atitude em relação ao tempo e ao espaço, as relações entre homens e mulheres, as relações com as diferenças segundo padrões culturais adequados ao grupo nacional ou regional. Em outras palavras, esse conjunto busca mostrar de que maneira a organização e a gestão estão profundamente relacionadas às culturas ambientais. Essas constatações têm importantes consequências sobre as práticas e as principais questões de gestão (organização, decisão, negociação, liderança, gestão de qualidade), observadas em um contexto de relacionamentos interculturais. Atualmente, as trocas ocorridas em razão da internacionalização, as fusões e aquisições, o treinamento e a globalização socioeconômica são particularmente sensíveis a essas diferenças culturais.

Realmente, de acordo com algumas pesquisas de gestão, o fator cultural é a chave para o sucesso ou fracasso em muitas situações de gestão. Tais observações resultaram na estruturação de uma nova subdisciplina comercial, a gestão intercultural. Embora a cultura aparente ser a estrutura conceitual dessa corrente de pensamento, sua grande diversidade indica importantes diferenças em relação à sua visão. Alguns, seguindo o ponto de vista de Hofstede, veem a cultura como um programa mental e desenvolvem sua metodologia estatística, enquanto outros, como d'Iribarne, destacam-na como um universo de significados e metodologia qualitativa. Se essas duas posturas diferentes podem ser complementares, a segunda parece ser mais abrangente no contexto concreto, em virtude de sua investigação de campo e postura etnológica.

Aqui, existe pelo menos uma perspectiva adicional, em alguns aspectos relacionada a essas estruturas antropológicas e, também, diferentes delas. Diante da fragmentação do conhecimento nas ciências humanas, alguns pensadores franceses tentaram criar e manter uma versão unificada dos seres humanos. De fato, tal fragmentação costumava significar que os pesquisadores estavam restritos à avaliação de um universo relativamente pequeno, até microscópico. Ela também resultou no desenvolvimento de uma imagem estilhaçada do ser humano. A visão de um indivíduo fragmentado provocou efeito duplo: no que diz respeito ao nível disciplinar, conduziu muitos pesquisadores aos caminhos do reducionismo e do imperialismo biológico, psicológico e sociológico; na parte organizacional, resultou, com frequência, em ações e práticas sociais que ignoraram muitas dimensões humanas.

Muitas vezes, esse foi o caso no setor que passou a ser chamado ciência administrativa ou organizacional. Tal panorama limitado sobre os seres humanos não pode abranger totalmente sua complexidade. Assim, a visão predominante dos seres humanos na forma de *homo economicus*, racionais e reativos a estímulos externos (ocidentais e norte-americanos), cuja universalidade não deve ser questionada, foi muito discutida e criticada.

Alguns acadêmicos franceses de gestão e organizacionais tentam dar aos gestores uma antropologia, um conjunto de conhecimentos básicos sobre os seres humanos, e construir uma verdadeira antropologia das organizações, capaz de recuperar a unidade e a especificidade dos seres humanos, e identificam as dimensões fundamentais e os vários níveis de avaliação que tal tarefa exige. Por isso, a expressão, nesse caso, é utilizada no seu sentido etimológico. Existe um mundo adequado para as pessoas e precisamos descrevê-lo da melhor forma possível. Inspirado por Mauss e outros pesquisadores, esse movimento antropológico também tem um objetivo ético: transformar o local de trabalho em um ambiente digno de se viver.

A complexidade dos problemas que nos atingem em escala tanto nacional como internacional, a importância da diversidade cultural, o destaque conferido às aspirações individuais que Michel Foucault denominou autointeresse, a busca por solidariedade, os desafios técnicos e éticos orientaram-nos a produzir modelos de gestão e organizacionais estruturados nessa antropologia das organizações. Para essa corrente, o que está em jogo é o renascimento do humano nas organizações. No início do século XXI e em razão dos grandes desafios que enfrentamos, tal perspectiva não é um luxo, mas uma necessidade. O futuro da humanidade está em jogo.

Os seis capítulos que se seguem apresentam elementos dessa perspectiva antropológica. O primeiro trata das principais dimensões da ação humana no contexto organizacional. O segundo aborda a questão dos valores e da cultura no contexto da globalização que conhecemos. O terceiro e o quarto capítulos discutem, respectivamente, tempo e espaço. O quinto mostra uma crítica antropológica do modelo do ser humano destacado pela teoria da agência, origem de várias concepções contemporâneas de gestão. O último discute o aquecimento do planeta e a crise econômica mundial, dos pontos de vista ético e da responsabilidade social.

capítulo 1

Ação Humana e Organização: As Dimensões Fundamentais

Ao longo das últimas décadas, o mundo passou por mudanças profundas. O capitalismo histórico, como era chamado em outros tempos por Fernand Braudel, conquistou o planeta inteiro. Tal sucesso deveu-se à conjunção de vários fatores, sendo um deles, de grande importância, a queda do Muro de Berlim. O fim do comunismo não passou de um evento físico, a destruição de um muro, que resultou, também – e especialmente – no desaparecimento de um modelo socioeconômico alternativo que travava até então uma luta com ele. A vitória do modelo de desenvolvimento dos países ocidentais consagrou, portanto, mais uma vez, a dinâmica capitalista como a única forma de geração de riquezas, comprovando sua capacidade de superar as crises e críticas, assumindo seu aspecto de destruição criativa sem trégua (Schumpeter, 1967; Saussois, 2006).

Esse acontecimento social gerou consequências imediatas. Legitimou a ideia de Mercado como mecanismo de coordenação das atividades econômicas por excelência. Promoveu a empresa como modelo de organização eficaz em relação a todos os outros padrões organizacionais. Instituiu especialmente a gestão privada como categoria dominante do campo da gestão. Em outras palavras, após esses fatos, o mercado, as organizações e a gestão tornaram-se instituições e categorias-chave para a compreensão do universo social da modernidade (Giddens, 1987; Mintzberg, 1989, 2004; Chanlat, 1990, 1998; Alvesson e Wilmott, 2003; Alvesson, Wilmott e Bridgman, 2009; Le Goff, 1992, 2000; Stiglitz, 2002, 2003; Saussois, 2006).

Os dois primeiros elementos, mercado e empresa, foram bem evidenciados pelo trabalho fundamental de Max Weber sobre a gênese do capitalismo, realizado na virada do século XX, dando continuidade às reflexões de Marx (1909; 1991). O terceiro elemento, a gestão, surge no mesmo período e será a base do funcionamento das grandes organizações americanas que estão por vir (Chandler, 1977; Wren, 1994; Bouilloud e Lécuyer, 1995; Chanlat, 2007 a e b). Se essa não foi retomada nos mesmos termos pela reflexão weberiana, Max Weber falava, de fato, em termos de burocracia, a evolução das últimas décadas que fez que a gestão ocupasse um espaço considerável, não uma bela representação do crescimento da racionalização do mundo, fortemente destacada pela análise doravante clássica do sociólogo da Universidade de Heidelberg?

A produção de ideias de gestão, diretamente relacionada à dinâmica do capitalismo moderno, é essencial para a sobrevivência e perenidade das organizações. Participando ativamente da construção do nosso universo social, essas ideias originam-se especialmente de três fontes: dos próprios praticantes, dos consultores e de pesquisadores universitários. Os primeiros são certamente mais numerosos e, entre eles, os engenheiros ocupam uma posição notável nessa produção (Wren, 1994). Os segundos são, talvez, os mais influentes, junto a alguns elementos do terceiro grupo cujo número não parou de crescer ao longo dos últimos quarenta anos na maioria dos países industrializados com o surgimento das ciências de gestão (Déry, 1995).

Entre as inúmeras publicações sobre gestão lançadas todos os anos, as reflexões que elas apresentam sobre a estratégia ocupam uma posição central. Em um mundo que está em plena transformação, a reflexão estratégica é considerada, na verdade, o núcleo da ação de gestão. Ela é associada de bom grado a elementos como visão, posicionamento, estruturas, identidade organizacional, liderança, cultura, tecnologia e ambiente organizacional, elementos que a reflexão estratégica busca mobilizar em uma síntese coerente. O pensamento e a ação são elementos determinantes para a sobrevivência e perenidade da empresa/organização e, na maior parte do tempo, como atividade dos dirigentes no mais alto grau. Jean-Michel Saussois (2006, p. 65) escreve:

> É sempre no último estágio que são elaboradas as estratégias das grandes empresas e certamente não é por acaso que os escritórios dos dirigentes das grandes empresas têm uma visão panorâmica do mundo. Do alto das torres das sedes sociais das empresas, os dirigentes gostam de dominar a paisagem para melhor reconfigurá-la.

Na década de 1960, após seu surgimento, nos Estados Unidos, a área de pesquisa estratégica (Ansoff, Andrews, Chandler) foi certamente palco para vários debates refletidos em muitas publicações (Rhenman et al., Porter, 1985, Mintzberg, 1994; Laroche e Nioche, 1998; Martinet e Thiétart, 2001; Pettigrew, Whittington e Thomas, 2001; Koenig, 2004). Recentemente, testemunhamos o surgimento de outra corrente de pensamento da estratégia como prática, *"Strategy as pratice"* (Pettigrew, Whittington e Thomas, 2001), que constitui uma espécie de crítica do pensamento estratégico dominante. Com o passar dos últimos anos, alguns autores francófonos da área estratégica tendem a caminhar por essa via, utilizando a expressão francesa *"la fabrique de la stratégie"*, fábrica de estratégia, apresentando suas diferenças (Golsorkhi, 2006).

Neste capítulo, não abordaremos as já conhecidas e numerosas discussões conduzidas na área. Muitas publicações sobre o assunto descrevem muito bem a questão (Mintzberg, 1994; Mintzberg et al., 1998; Laroche e Nioche, 1998; Martinet e Thiétart, 2001; Pettigrew et al., 2001; Koenig, 2004; Kalika et al., 2006). Partiremos do nosso ponto de vista, ou seja, de uma reflexão antropológica, conduzida há mais de vinte anos nas organizações e alguns de seus elementos já são conhecidos no Brasil.

Se esta reflexão confirma algumas preocupações em relação à "fábrica da estratégia", busca também mostrar por outras formas alguns elementos pouco presentes, ocultos ou ainda esquecidos na reflexão gerencial e estratégica. No primeiro momento, faremos uma breve explicação de alguns elementos-chave que são a estrutura dessa antropologia da ação nas organizações, com o intuito de relembrá-los. Depois, apresentaremos as dimensões normalmente esquecidas da antropologia encontradas nos discursos e nas práticas estratégicas atuais.

Alguns elementos-chave de uma antropologia da ação humana no contexto empresarial

Seguindo essa reflexão, partimos da ideia de que as práticas de gestão são práticas sociais enraizadas no tempo-espaço, ou seja, uma sociedade, numa cultura e uma história. Para compreendê-las, como já comentamos na Introdução, é preciso recorrer a uma antropologia. Essa é dupla: de um lado, uma antropologia geral, um conjunto de conhecimentos do que constitui o ser humano como espécie e como indivíduo, e de outro, uma antropologia específica, um conjunto de conhecimentos sobre os seres humanos estudados no contexto. Somente a partir desse olhar duplo poderemos conhecer a experiência humana no contexto empresarial (Chanlat, 1990, 1998, 2002, 2007 a e b).

Essa antropologia da ação humana no contexto empresarial está fundamentada nos seguintes princípios:

1. Toda pessoa ou todo grupo é um ator social;
2. Toda pessoa ou todo grupo será um ator social na proporção da sua mobilização;
3. Todo indivíduo e todo grupo têm uma identidade;
4. Todo indivíduo e todo grupo possuem uma cultura que forma um universo de significado graças à utilização da linguagem;
5. Todo indivíduo ou grupo possui uma vida afetiva e um imaginário;
6. Todo indivíduo ou grupo se forma por meio do seu relacionamento com os outros;
7. Todo indivíduo ou grupo registra sua ação no espaço-tempo;
8. Toda ação humana sempre é "materializada", ou seja, ela coloca o corpo à prova;
9. Toda ação humana sempre suscita um questionamento ético.

Em outras palavras, queremos afirmar que as práticas de gestão são produtos da ação humana, frutos de experiências, e que essas práticas, em si, destacam a ordem do que foi vivido.

Nossa antropologia da ação considera-se inspiração fenomenológica. Seguindo a linha de Merleau-Ponty, acreditamos que o científico sempre tem uma concepção implícita da subjetividade ou objetividade que deforma os dados que reúne (Merleau-Ponty, 1944, 1976).

Na concepção fenomenológica, relembra Merleau-Ponty, o comportamento não é uma simples reação a alguns estímulos, mas, especialmente, significados visados pela consciência. Antes de qualquer intenção, os comportamentos apresentam sentido na medida em que são reações ao significado vital da situação.

A consciência não é um receptáculo passivo das sensações. Entre a consciência e as coisas existe um universo intermediário, ou seja, o universo cultural das instituições e dos símbolos, dos significados já atribuídos, testemunhados pela cultura e pela história. Por exemplo, se eu sinto a primavera como alegre, isso ocorre porque existe toda uma tradição cultural que faz que eu a perceba como tal, já que os gregos a festejavam, ou porque costumamos associá-la historicamente à revolução. (1976)

Na verdade, toda experiência humana possui uma dimensão histórica. O sujeito nunca é um espírito puro, um elemento isolado do mundo que o circunda. Toda existência é materializada. O corpo não é somente um simples conjunto biofísico, mas também um conjunto de significados vivenciados. Ele é animado, o espírito é materializado e ambos são indissociáveis. O universo entre a consciência e as coisas constitui-se, em primeiro lugar, na linguagem. O significado não está nas consciências. Sua existência nasce da interação entre essas consciências. Lembremo-nos da célebre frase de Albert Camus: "São as outras consciências que nos movem". A linguagem constitui, portanto, o tecido por meio do qual se constrói a relação com o próximo. Ela se inscreve na relação da consciência e do universo que define nossa condição humana. Em outras palavras, o *homo socialis*, por definição, é sempre um *homo loquens*.

A antropologia que nos entusiasma, portanto, é aquela que, de um lado, insiste na necessidade de recuperar a experiência humana tal como é vivenciada e sentida pelas pessoas, em carne e osso, responsáveis pela criação das organizações; de outro, a que nos alerta sobre os efeitos das decisões gerenciais dos corpos e espíritos das mesmas pessoas. Em face das visões de gestão geralmente abstratas, universais e não materializados (Dufour e Chanlat, 1985; Mintzberg, 1989, 2004; Chanlat, 1990, 1998; Pitcher, 1998; Khurana, 2007), nossa postura de inspiração fenomenológica pretende relembrar o enraizamento social, simbólico e corporal das nossas ações, sem o qual não existe vida humana digna de assim ser chamada. Ela se inscreve em uma visão ampliada e integrada das ciências sociais, assim como pensaram autores de diferentes pontos de vista, como Max Weber (1991), Marcel Mauss (1968), Lucien Febvre (1992), Fernand Braudel (1985), Georges Gusdorf (1967), ou, mais recentemente, Edgar Morin (1973, 1999). E seu registro na área de gestão retorna ao que outros e nós mesmos tentamos fazer valer há mais de vinte anos (Dufour e Chanlat, 1985; Aktouf, 1989; Chanlat, 1990, 1998, 2002; Enriquez, 1990, 1997 a e b).

As dimensões geralmente esquecidas da ação humana no contexto empresarial

Os elementos que nos parecem excluídos em muitos trabalhos sobre gestão, ou ainda que permanecem na sombra, são, na nossa opinião, sete: 1. o caráter coletivo e 2. linguístico da ação humana; 3. o engaste simbólico da ação humana; 4. o papel dos imaginários individual e coletivo; 5. a relação vivenciada no espaço; e 7. as consequências vivenciadas da ação humana.

A ação humana no contexto organizacional: relação entre os atores

A ação humana num ambiente organizacional e, especialmente, a ação estratégica são frutos de múltiplas ações. Um dos principais pesquisadores franceses sobre estratégia militar, uma das fontes de inspiração do pensamento estratégico francês, afirmou o seguinte:

> Pensar estrategicamente não é um privilégio nobre. Conceber, preparar e conduzir a ação são atributos comuns, de certa forma estatutários, pertencentes aos "grandes" e "pequenos" praticantes cujas funções básicas são igualmente necessárias, e entre as quais se distribui o trabalho do espírito atuante. O político, o militar, o engenheiro, o economista e o generalista, assim como o especialista, todos

estão igualmente envolvidos em uma mesma ação. Na estrutura político-estratégica, tanto decisores como executores pensam estrategicamente. (Lucien Poirier, 2005)

Esse ponto de vista também é defendido por alguns pesquisadores da área de Gestão. Eles lembraram muito, ao longo dos últimos trinta anos, que a estratégia não foi privilégio único dos dirigentes (Weick, 1979; Martinet, 1983; Giroux, 2002; Pettigrew et al., 2003). Se esses têm, na verdade, um papel importante, não são os únicos. Existem outras partes envolvidas, outros atores que têm sua mensagem a transmitir e que pensam a respeito das escolhas e da qualidade do que ocorre após a tomada de decisão. Quanto ao processo decisório, só podemos pensar na importância de certos acionistas para as empresas com ações na bolsa, na ação de determinados fornecedores, na influência de alguns clientes, no papel do Estado, nos movimentos de algumas categorias de trabalhadores ou, ainda, nas manobras de alguns grupos de pressão para convencerem-se facilmente. Hoje, essa tomada de consciência cedeu lugar a um importante campo de reflexão e de pesquisa acerca da governança das organizações (Charreaux e Wirtz, 2006; Gomez, 2004; Perez, 2003; Clarke, 2004; Clarke e Chanlat, 2009).

Alguns estudos no campo da estratégia mostram também o quanto os cargos (*cadres*) intermediários e de nível superior são importantes para o bom andamento estratégico (Vogler e Rouzies, 2006). Por fim, outras publicações insistem na importância da atividade cotidiana na recomposição de uma ordem prescrita que nem sempre é adequada para alcançar os resultados estipulados. A inteligência astuciosa, que os gregos chamavam *Métis* (Detienne e Vernant, 1989, 2009), fica, portanto, mobilizada para fazer as coisas no contexto exato em que elas ocorrem e não como deveriam ser feitas em teoria. Em outras palavras, a transgressão comum, trazida pelos atores, torna-se, portanto, fundamental para o bom andamento da organização (Alter, 2002) e da gestão (Babeau e Chanlat, 2008).

Por vezes, essa tripla constatação sobressai-se muito com a que costuma ser divulgada no universo da gestão, no qual o líder, no ápice, ocupa um lugar primordial. Para alguns, basta ter um dirigente visionário, com todas as qualidades que a situação exige, para a tomada de boas decisões estratégicas. Se esse ponto de vista de os dirigentes serem os únicos a ter a verdade, como atores-chave, basta que ele parta de uma concepção um pouco exagerada na verticalização heroica da ação estratégica para dar conta da realidade da situação. Por isso alguns buscaram recentemente superar essa visão antiga e valorizar as relações estabelecidas cotidianamente entre os diferentes atores (Johnson et al., 2003) para melhor compreender a construção social da estratégia.

Esses pesquisadores na área estratégica, apoiando-se em algumas contribuições das ciências sociais (Giddens, 1987), questionaram as abordagens clássicas e restituíram a produção estratégica ao seu contexto social concreto, formado por rotinas, códigos e linguagens específicas (Whittington, 2006). Segundo Seidl et al. (2006, p. 2), "Em geral a estratégia é definida como uma atividade social construída por meio de ações, interações e negociações entre vários atores e práticas, assim como por meio das práticas para as quais eles convidam". Avançando um pouco mais, eles a definem de forma mais restritiva: "a estratégia como fluxo de atividades no local e cumprida socialmente, com resultados influentes sobre a orientação e/ou a sobrevivência da empresa" (ibidem). Assim, eles buscam evidenciar três elementos ligados entre si: a prática, as práticas e o praticante (Whittington, 2006).

A prática remete ao conjunto de ações humanas e, mais precisamente, a "uma rede de conexões entre o que acontece na sociedade e o que as pessoas fazem" (Seidl et al., 2006, p. 3). As práticas reagrupam todas as fontes cognitivas, comportamentais, procedimentais, discursivas e físicas que são mescladas, coordenadas e adaptadas para a construção da prática. E os praticantes são os atores que influenciam a construção da prática por meio do que eles são, do que refletem em relação às suas práticas, das suas formas de agir e de utilizar os recursos.

Em contrapartida, acreditamos que seja necessário, entre os praticantes, diferenciar bem o que poderíamos chamar de praticantes-estrategistas, pessoas que, de fato, tomam decisões na realidade concreta, como os especialistas de estratégia militar e os estrategistas, pessoas, pesquisadores ou analistas que estudam *a posteriori* as estratégias aplicadas pelos praticantes-estrategistas e procuram criar uma tradição intelectual. Como escreve novamente Lucien Poirier (2005):

> A estratégia e o estrategista não pensam de forma idêntica em relação ao seu objetivo comum. Para o primeiro, a estratégia em ação encontra seu significado no seu fim e no exercício de uma vontade e dos poderes direcionados para esse fim. A ação estratégica realiza, a cada instante, operações da razão; ela trabalha o bom senso, o julgamento e a imaginação criadora, para avaliar, calcular, comparar e escolher a solução ideal em meio às soluções concebíveis do problema concreto e o local gerado pela busca do objetivo, solução que o ator acredita ser "a melhor", considerando-se os critérios de escolha que indicam o dados da situação político-estratégica, a natureza do objetivo estabelecido, os meios pertinentes oferecidos no momento, seus níveis de liberdade no jogo de suas interações com os Outros [...] O próprio estrategista ignora a pressão dos Outros, a tensão das vontades e o estresse da decisão responsável por assumir riscos. Seu pensamento é livre e sem consequências práticas imediatas. Ele encontra seu sentido na representação plausível e na análise crítica da produção da estratégia. O estrategista propõe uma explicação provável, constrói teorias descritivas da ação, cujas trajetórias reais ele tenta reconstituir interpretando a informação fornecida pela observação de uma ação passada ou, melhor, em execução.

Como podemos ver, tal visão redescobre aspectos fundamentais abordados anteriormente por várias grandes teorias sociais particularmente alguns trabalhos de Bourdieu e de Giddens, e por alguns teóricos da estratégia militar. Porém aquelas originadas de tais pontos de vista são, sobretudo, estrategistas que se interessam, antes de qualquer coisa, pela estratégia posta em prática e contribuem com o cotidiano. Além disso, tal postura busca libertar-se de uma teoria econômica ainda muito dominante na área dos estrategistas, nela o interesse principal é sobre a empresa como tal e sua razão de ser, menos do que por suas atividades e formas concretas de atuar (Golsorkhi, 2006). Como enfatiza Golsorkhi (p. 10) na maioria dessas reflexões: "o estudo da atividade social, que é a gestão estratégica, (de fato) está ausente em benefício de uma visão antropomórfica e não materializada".

A antropologia da ação humana no contexto empresarial em que trabalhamos há cerca de vinte anos partiu justamente de premissas similares (Chanlat, 1990). Sendo a ênfase em relação à noção do ator social notadamente uma das contribuições da sociologia francesa empresarial (Crozier, 1964; Crozier e Friedberg, 1977; Sainsaulieu, 1977, 1990, 1997; Chanlat, 1994, 2007 a e b; Amblard et al., 1996), podemos então compreender que em nosso campo linguístico essa visão foi menos dominante (Martinet, 1990). Mas é preciso, contudo, observar que em toda essa reflexão, as características sociais desses atores não são sempre levadas em consideração. Por exemplo, a questão de gênero no processo de ação estratégica é pouco ou nada abordada, sendo ele, por definição, o resultado das ações humanas. No momento de discutir a ideia da diversidade, tal questionamento é, portanto, cada vez mais atual, tanto nas ciências sociais (Maruani, 2006) como nas áreas de gestão, especialmente as anglófonas e escandinavas (Calas e Smirchich, 2008). A partir dessa perspectiva, os pesquisadores em estratégia, especialmente em francês, ainda têm de trabalhar para apresentar essa sub-representação.

Relembrando o conteúdo de um livro do famoso sociólogo francês Alain Touraine, se o retorno do ator é o centro dessa mudança de estratégia, vista como uma prática, tendência mais observada nas ciências sociais há muitos anos, esses mesmos pesquisadores franceses têm uma contribuição importante a dar quanto ao esforço de mudança que estamos presenciando nos últimos anos no campo do pensamento estratégico inglês. Visto que todos dividem, de perto ou de longe, essa base sociopolítica da ação organizada, podem ser mais sensíveis às questões de linguagem específicas da constituição do mundo social, outra dimensão muitas vezes esquecida por alguns pensamentos gerenciais, marcada por uma visão frequentemente tecnocrática e instrumental de comunicação.

A ação humana no contexto organizacional: uma questão de palavras

Uma das constatações mais comprovadas das ciências sociais é, de fato, mostrar que o ser humano, empregando uma expressão do filósofo francês Georges Gusdorf (1984), é "um animal que fala". Essa singularidade bastante conhecida, e hoje estudada por numerosas disciplinas das ciências humanas (Hagège, 1985), foi igualmente destacada por pesquisadores na área de Gestão.

No mundo anglo-saxão, Mintzberg foi um dos primeiros no período contemporâneo a observar, na sua famosa tese *The nature of managerial work* [*A natureza do trabalho do gerente*] (1973), que o homem passa a maior parte do seu tempo falando. Mas é necessário observar que o autor de *The nature of managerial work* nem sempre explorou todas as consequências dessa constatação. Mais globalmente, pode-se mesmo afirmar sem engano que os pesquisadores em gestão, assim como a maioria dos autores clássicos que os precederam, não trouxeram um grande interesse na linguagem como objeto de reflexão (Blumel e Chanlat, 1997; Cossette, 1998). Em contrapartida, outros pesquisadores, especialmente da língua francesa, não hesitaram em destacá-la há mais de vinte anos (Dufour e Chanlat, 1985; Aktouf, 1989; Girin, 1990; Chanlat e Bédard,

1990; Chanlat, 1990, 2002), mostrando exatamente a importância na atividade gerencial, algo que os autores anglófonos têm retomado recentemente (Linstead e Westwood, 2002).

Para nós, considerar as atividades da fala é essencial à boa compreensão da ação humana no contexto empresarial, por dois motivos: por um lado, porque qualquer vínculo social passa, em grande parte, pela linguagem e, por outro, porque a linguagem desempenha funções essenciais para toda a vida humana.

A maior parte das interações que estruturam as relações em uma organização passa pelos jogos de linguagem. Nosso saudoso colega Jacques Girin destacou acertadamente: "o problema da gestão é o do fazer que façam", e essa delegação de competências passa, inevitavelmente, pela linguagem. É por isso que, no campo da gestão estratégica em si, alguns pesquisadores não hesitaram, há alguns anos, em se concentrar na natureza do diálogo para o estabelecimento de uma ação estratégica (Weick, 1979; Martinet, 1983; Wesley, 1990; Avenier, 1997; Giroux, 2002; Pettigrew et al., 2003), ou mesmo, de um modo mais geral, em relembrar a importância da comunicação nesse processo (Demers, 1998; Giordano, 2003).

Como linguistas, vale a pena relembrarmos brevemente as principais funções da linguagem. Esse lembrete é importante especialmente porque a visão dos gestores e da gestão em si muitas vezes é simplificada e instrumental. Como são influenciados pela característica telegráfica da comunicação, na maioria das vezes eles veem apenas a informação, mas é aqui, justamente, que a atividade da linguagem tem muitos outros significados (Girin, 1990, 1990; Chanlat e Bédard, 1990; Fay, 2002).

A linguagem (*langage*), como recurso humano, e a língua (*langue*), como expressão concreta desse recurso, têm, na verdade, várias funções. Elas podem ser agrupadas em sete áreas/funções: 1. de informação; 2. de expressão; 3. de representação; 4. simbólica, 5. de ação; 6. de relacionamento e de vínculo; e 7. poética.

A primeira abrange todos os enunciados que podemos fazer, como "hoje o céu está azul", "o avião acaba de aterrissar", ou "a reunião será feita na sala 212". É, portanto, a base de todas as informações que transmitimos todos os dias. Porém Merleau-Ponty escreveu: "Dizer não é colocar uma palavra em cada pensamento: se agíssemos assim, nada seria dito". Em outras palavras, as funções da linguagem não podem ser resumidas ao falar, uma tendência de determinadas linhas de pensamento de gestão nas quais se costuma confundir a comunicação com informação.

A segunda função refere-se à expressão individual ou coletiva. É ilustrada com frases do tipo: "Eu acredito que, penso que, confesso, achamos", que expressam o sujeito que fala, seja como indivíduo (eu, o Sr. Dupont ou a Sra. Durand), seja como membro de um coletivo ("nós"), ou seja, representantes de um sindicato, de um grupo de funcionários, de acionistas, de uma organização ou de um grupo de pressão. Assim, refere-se a uma dinâmica de identidade.

A terceira nos permite pensar, elaborar representações do mundo, já que não há pensamento sem linguagem. Linguagens como a formal, mais elaborada, não podem fazer-se passar por linguagens naturais para existirem como tal. "É no próprio exercício da palavra que começo a entender" e "O pensamento não é algo interno, ele não existe fora do mundo e das palavras" nos lembram novamente Merleau-Ponty. Podemos acrescentar que são questões que estão no cerne da atividade reflexiva.

A quarta função está relacionada à atividade simbólica. A linguagem nos permite dar sentido ao que fazemos. Essa função é essencial para a análise das práticas. Teremos a oportunidade de voltar depois ao assunto de maneira mais aprofundada, especialmente no capítulo seguinte.

A quinta foi destacada pelos trabalhos de filósofos da linguagem que mostraram que a linguagem era utilizada para fazer as coisas. Frases como "farei isto", "prometo-lhe uma promoção", "vamos investir" não informam apenas as coisas, mas significam que uma ação ocorrerá depois. É o que chamamos Atos de Fala (Austin, 1970; Searle, 1971). Sendo a gestão em sua natureza um universo voltado para a ação, os atos de fala são muito frequentes e numerosos. A credibilidade de uma pessoa que executa tais atos de linguagem está relacionada ao cumprimento de compromissos assumidos. Podemos, portanto, compreender como a questão de ser uma pessoa de palavra é particularmente sensível nas relações humanas e, em especial, na construção da ação humana no contexto empresarial. Esta não é constituída justamente e em grande parte por palavras colocadas em ação em situações? E não é o foco da reflexão ética, como veremos no último capítulo?

A sexta função da linguagem possibilita a ligação com os outros e o desenvolvimento de um sentido de vínculo. Na verdade, é graças à linguagem que eu crio o vínculo. O fato de eu falar a mesma linguagem que meu interlocutor ou grupo com o qual convivo possibilita que eu faça parte de um espaço linguístico e pertença a um grupo. A ação humana no contexto empresarial exige a cooperação de todos para atingir o objetivo definido e, naturalmente, requer a partilha de uma língua comum.

A sétima e última função conduz ao caráter poético da linguagem. Essa função aparece quando a linguagem em si passa a ser o objeto da linguagem. O arranjo de palavras e frases leva a uma criação que ecoa em todos nós. Essa característica permite que a imaginação criativa e os sonhos sejam expressos. Se cada empresa, independentemente da sua tradição oral ou escrita, tem seus poetas e escritores, que possibilitam que seus integrantes gostem dos jogos de linguagem e, assim, encontrem o seu universo literário, os universos empresariais não podem furtar-se à verbalização do seu imaginário, ligado às próprias possibilidades da linguagem que utilizamos.

Merleau-Ponty disse ainda sobre o assunto:

> O idioma francês não é a palavra sol adicionada à palavra sombra, mais a palavra terra, mais um número indefinido de outras palavras e formas com seu próprio significado. É a configuração que desenha todas essas palavras e formas de acordo com suas regras de uso linguístico e aparecem de uma forma impressionante, se nós ainda não soubermos o que significam [...] Porque falar não é dispor de uma série de símbolos, mas ter a língua como o princípio de distinção, independentemente do número de sinais que podemos especificar. Há idiomas nos quais não podemos dizer "sentar-se ao sol", porque têm palavras específicas para tratar da irradiação da luz solar e utilizam a palavra "Sol" somente no caso do astro propriamente dito. Isso significa que o valor linguístico da palavra somente é definido pela presença ou ausência de outras palavras próximas dela.

Se, como salientou Merleau-Ponty, "a palavra é, portanto, essa operação paradoxal em que tentamos juntar, por meio de palavras cujo sentido é dado, e de significações já disponíveis, uma intenção que, em princípio, vai além e modifica, que fixa, em última instância, o sentido das palavras pelas quais se traduz" a ação humana no contexto empresarial que é realizada continuamente pelas intenções é, sem dúvida, uma questão de discurso, pois alcança o essencial. É, portanto, o desafio de muitos pontos de vista que não são todos semelhantes ou compatíveis. Os argumentos de cada um se tornam trunfos na escolha a ser feita. Portanto, a retórica está registrada no próprio processo de produção da ação gerencial (Weick, 1979; Laufer e Paradeise, 1982; Martinet, 1984; Wesley, 1990; Avenier, 1997; Giroux, 2002; Pettigrew et al., 2005; De La Ville e Mounoud, 2004), ou, de alguma forma, as narrativas se opõem às outras narrativas (Weik, 1995; Czarniarwska, 1997, 1998; Rouleau, 2006). Isso nos conduz diretamente aos quadros simbólicos que sustentam a estratégia em ação.

A ação humana no contexto organizacional: uma estrutura simbólica

Em um de seus escritos, o antropólogo norte-americano Leslie White lembrou com humor que "o homem é o único animal que distingue água natural de água benta". Com isso ele queria dizer a seus leitores que a linguagem, que constitui a condição humana, possibilitava o acesso ao simbólico e que isso fazia toda a diferença. Colocar essa ideia no contexto gerencial que se encaixa perfeitamente com a nossa postura fenomenológica significa que a ação estratégica não se desenvolve sem uma estrutura de significados que dão sentido à ação realizada na situação.

Na área da pesquisa francófona em Gestão, uma ideia como essa foi abordada por Jacques Girin há mais de vinte anos, já que ele definia justamente uma situação de gestão da seguinte forma: "Uma situação, acontecimentos e um jogo entre os participantes com e sobre os contextos, para dar sentido ao que surgir, e decidir o que convém fazer para atingir os resultados que esperamos".

Como podemos de fato compreender o que acontece na construção da ação humana nas organizações, se não considerarmos os universos de significados em que os atores estão cotidianamente inseridos? Esses universos são, por definição, considerados diversos na multiplicidade dos mundos sociais. No mundo das organizações e empresas, refere-se especialmente ao universo dos negócios, do setor industrial, do tipo de propriedade, da cultura regional e/ou nacional, ao contexto do ambiente e, claro, às estruturas simbólicas dos atores-chave.

Desde o início dos anos 1980, surgiram muitas publicações na área das ciências sociais e de gestão que retomam o tema dos universos culturais das organizações. No mundo francófono, assim como no anglófono, existem duas tendências influentes sobre o assunto. A primeira busca descrever o mundo dos negócios e as culturas organizacionais (Sainsaulieu, 1977; Deal e Kennedy, 1982; Segrestin, 1985; Schein, 1985; Turner, 1990; Francfort et al., 1995; Sainsaulieu, 2001; Hatch, 1999; Osty e Uhalde, 2007). A segunda trata da identificação das categorias que são a base do universo do convívio de uma coletividade regional ou nacional (Hofstede, 1980, 1994; Hofstede e Hofstede 2004; d'Iribarne, 1989, 2006; d'Iribarne et al., 1998, 2003, 2006; Chanlat e Barmeyer, 2004; Davel et al., 2008). Em ambos os tipos de trabalho, também é preciso adicionar os interessados especificamente nos universos organizados por tipo de propriedade (privado, público e associativo) às categorias dominantes de uma época e àqueles que conduzem os líderes. Cada um à sua maneira contribui para um melhor entendimento, no sentido weberiano do termo, das estruturas da ação humana no contexto empresarial.

Muitas decisões de gestão ou interações diárias envolvidas na construção desse ato certamente são influenciadas por uma ou outra estrutura simbólica específica. Basta pensar sobre o que está acontecendo atualmente em algumas áreas, em que o foco no negócio se tornou recorrente, quase um *slogan*, repetido por todos os analistas financeiros e executivos. Isso não deixa de ter consequências em termos de ação humana no contexto empresarial e de fronteiras organizacionais, tanto nacional como internacionalmente. É só pensar também em todas as outras palavras que usamos hoje em dia e que constituem os elementos de interpretação da ação: globalização, competitividade, valor agregado, flexibilidade, inovação, qualidade, eficácia, eficiência, padronização, responsabilidade social, desenvolvimento sustentável. Essas palavras referem-se ao universo de hoje. Trinta anos atrás, teríamos todo o prazer em falar sobre estratégia de diversificação, autofinanciamento e lucros. Enquanto as palavras de ontem eram associadas ao contexto de estrutura fordista, as de hoje estão relacionadas com as do ultraliberalismo. Mas, ao mesmo tempo, as estruturas também podem variar dentro do mesmo setor. Por exemplo, quando vamos visitar a sede social da cooperativa de operários de Mondragon, no País Basco espanhol, ficamos impressionados com a penetração do universo de significados do mundo cooperativo. A declaração, no átrio, dizendo que "o capital está subordinado ao trabalho", mostra que não estamos no mesmo mundo que o de uma empresa privada, um banco de investimento ou um "Hedge funds". A crise que enfrentamos, resultado dessa hegemonia de qualquer mercado, está fazendo reaparecer palavras que haviam desaparecido de cena: capitalismo, regulação, *new deal*, economia social de mercado etc. ... Essas palavras remetem a uma representação do que está acontecendo e à reflexividade que se seguiu.

Se as palavras diferentes são associadas a diferentes contextos culturais, as mesmas palavras, porém, não possuem sempre o mesmo significado de um universo para o outro. Podemos, portanto, compreender porque ocorrem mal-entendidos, ou mesmo verdadeiros choques interculturais entre alguns universos. Pensemos no que acontece nos serviços públicos, agora privatizados, ou influenciados pelas categorias do sistema de mercado e pela filosofia de gestão (Giauque e Emery, 2004). Pensemos nos fracassos enormes de algumas fusões internacionais ou nacionais (Blanchot, 2008), nas dificuldades de funcionamento cotidiano de EAD ou, ainda, nos desentendimentos entre o comércio e algumas financeiras para nos convencer facilmente.

Todas as organizações, independentemente da sua natureza (empresas, administrações, cooperativas, associações ou sindicatos), constroem um universo social (Sainsaulieu, 1977; Francfort et al., 1995; Osty e Uhalde, 2007). Se seus componentes podem ser realmente influenciados por vários fatores, observamos aqui, na era da globalização, aqueles que estão no âmbito cultural nacional ou regional propriamente dito. De fato, uma das preocupações mais importantes está relacionada ao significado que as pessoas atribuem aos seus comportamentos e às categorias que lhes permitem interpretar o que acontece. A cultura, definida como um universo de significados (Geertz, 1973), possibilita, assim, que tornemos inteligível o que pode ser observado na organização em questão.

Quais são as categorias que podem, de fato, reconhecer, por exemplo, o comportamento no trabalho de um francês, um norte-americano ou um holandês? Dada a hegemonia de certa sociologia da cultura, materializada pelos trabalhos de Hofstede (1980, 1994) e amplamente adotada pela comunidade internacional de pesquisadores em gestão, essa é precisamente a questão que Philip d'Iribarne tentou solucionar em seu clássico estudo intitulado *La logique de l'honneur* [*A lógica da honra*] (1993). Essa pesquisa, realizada em três países diferentes, mostra que a convivência em cada universo resulta em três lógicas diferentes: a lógica de honra na França, a lógica do contrato nos Estados Unidos e a lógica do consenso na Holanda. Nesse caso, podemos recordar brevemente os elementos-chave de cada lógica evidenciada e ver como eles podem ser úteis para a compreensão da ação humana.

A lógica da honra ilustra a lógica do estudo feito por Philip d'Iribarne na França. Nesse contexto, cada categoria profissional é guiada por um conjunto de direitos e deveres que definem seu comportamento no trabalho. Pertencer a um grupo é obedecer a determinado estado, e daí decorrem responsabilidades, mas nem sempre elas são determinadas por um procedimento formal. O operário, o funcionário ou a estrutura francesa agirá em razão do que acredita ser justo nas circunstâncias. Essa avaliação será função das normas do grupo.

As relações com a hierarquia também serão diferentes se o superior respeitar a autonomia e o estatuto dos seus subordinados. Também será aceito na medida em que mostrar-se merecedor da posição que ocupa. Na estrutura hierárquica francesa, existem figuras de chefes que são, na verdade, indignas: a de subchefe, ajudante ou de segurança. A deferência a um superior está relacionada com a atitude hierárquica e, em particular, a que demonstra respeito pela autonomia dos seus subordinados. No modelo francês, o subordinado não gosta que o superior interfira muito em seu trabalho, pois essa atitude é considerada falta de confiança. Apenas a concepção que temos de sua função deve ser a diretriz de sua conduta. É por isso que os franceses não gostam de ser tratados como domésticos. É uma figura desprezada. Assim, podemos avaliar o que tal atitude pode acarretar no trabalho. Os franceses trabalham de boa vontade para uma pessoa, mas terão dificuldades em submeter-se a um cliente que os trate como criados. Em outras palavras, servir sem ser submisso é importante para o francês.

Outro aspecto de convivência observado por Philippe d'Iribarne no local de seu estudo é a importância dos ajustes informais. Se cada pessoa fizer o que acha adequado, de acordo com sua interpretação pessoal, a coordenação pode tornar-se difícil. Por isso, há uma rede de relações pessoais que possibilitam os ajustes. Portanto, observamos uma cooperação no trabalho com base em um conjunto de serviços prestados semelhantes aos dons e contradons. No entanto, esse sistema não contribui para evitar os conflitos que, na cultura francesa, podem manifestar-se na forma de violentas discussões. Tal envolvimento emocional reflete o compromisso que ambos terão de respeitar as suas ideias e o seu trabalho. Portanto, o controle é garantido de cima para baixo por um dever de moderação, de "não ultrapassar os limites", e de baixo para cima pela arbitragem do chefe.

Como podemos notar, essa lógica de honra não é desvinculada da experiência histórica. A França é, de fato, um antigo país, organizado desde a Idade Média em três níveis diferentes: os que lutam (a nobreza), os que rezam (o clero) e os que trabalham (os camponeses) (Le Goff, 2003). Essa classificação é feita segundo as categorias dos nobres e dos menos favorecidos. Aquele localizado no topo era considerado nobre, e o que estava na parte inferior, "não nobre". Na França, esse conceito de vida em conjunto foi estreitamente marcado pela Monarquia e pela sociedade da corte (Elias, 1974). Posteriormente, essa lógica de classificação e as classes aristocráticas a ela associadas continuaram com a experiência democrática. O Estado republicano enobreceu graças às novas classificações e testes aplicados em concursos que possibilitavam o ingresso em uma Grande Escola (Bourdieu, 1989). Se o contraste entre a nobreza e a pobreza regula as relações sociais entre os grupos, ele também regula as relações dentro de uma mesma categoria. Em cada grupo, há uma hierarquia desse tipo. O respeito aos direitos e deveres de cada um é, portanto, essencial para ser considerado digno de honra, fato ligado ao que fazemos.

Acreditamos que a construção da ação humana no contexto empresarial francês será afetada por essa maneira de viver e de pensar. A nobreza do Estado (Bourdieu, 1989), que está no centro da governança das grandes organizações públicas ou privadas, é um primeiro exemplo. O desenvolvimento da estratégia será confiado, em primeiro lugar, a todos aqueles considerados melhores, de acordo com os diplomas obtidos (Bauer e Bertin-Mourot, 1995). A elaboração da estratégia, surgindo, assim, de uma atividade nobre será da competência exclusiva de um pequeno grupo de pessoas com os diplomas de maior prestígio, o que, atualmente, provoca uma polêmica intensa (Philippon, 2007). Os projetos que mais mobilizarão os franceses serão, preferencialmente, aqueles que tenham certa magnitude, tanto no campo industrial – por exemplo, o TGV, a Airbus, Ariane etc. – quanto no domínio público ou cívico – Médicos Sem Fronteiras, defesa da diversidade cultural, construção europeia, entre outros.

A lógica do contrato que d'Iribarne encontra nos Estados Unidos é completamente diferente. É fundamentada na ideia de que as relações sociais são contratuais e estão próximas da relação cliente-fornecedor. Aqui, as relações de mercado são a referência, e não a dignidade da profissão ou da atividade. Na empresa, o subordinado trabalha para seu chefe imediato, que, por sua vez, estabelece os objetivos a serem alcançados, julga a qualidade do trabalho e pode controlá-lo. Assim, o contrato estabelecido não prejudica a hierarquia e se fundamenta em uma relação entre iguais. Porém, dada a sua importância no estabelecimento do relacionamento, ele deve atingir certa equidade. Por isso, o contrato norte-americano é sempre muito elaborado e antevê todas as cláusulas que poderiam causar problemas em caso de execução. No local estudado, existem muitas regras e procedimentos que devem ser cumpridos. Alguns são muito detalhados, para reduzir a arbitrariedade e garantir a equidade. O contrato é explícito e seu cumprimento deve ser avaliado por meio dos procedimentos mais objetivos. Em caso de litígio, um dispositivo jurídico completo está disponível. Nesse caso, pode ocorrer um aumento judiciário que a imprensa divulga de tempos em tempos, que já foi mencionado por Michel Crozier há mais de vinte anos (1980).

Se, em princípio, a liberdade individual não tem limites e se as relações contratuais podem refrear seus excessos, o uso do espírito comunitário também desempenha um papel significativo na manutenção das relações igualitárias. De fato, desde a sua origem, a sociedade norte-americana é o produto de uma comunidade de homens e mulheres vindos da Europa por motivos religiosos, econômicos, políticos e sociais. Chegando aos Estados Unidos, eles buscaram construir uma sociedade de iguais, com base em princípios morais com evidente inspiração religiosa e dos quais foi excluída qualquer hierarquia de posição social. Essa história deixou, evidentemente, suas marcas. Uma delas é a importância que a empresa norte-americana tem dado aos valores morais e ao conceito de equidade, "justiça". Daí a proliferação de leis sobre ética e projetos de empresas que podem ser observados além do Atlântico (Pesqueux, 1998; Pasquero, 2000). Mesmo que essa fidelidade moral nem sempre faça parte da realidade, constitui, apesar de tudo, o horizonte da vida social norte-americana (Etzioni, 1988). A partir dessa perspectiva, ela não encontra conflito entre o interesse e a moralidade, o que, por outro lado, é o caso da França.

Assim, a lógica do contrato tem uma natureza muito diferente da lógica da honra. A primeira resulta de uma experiência social e histórica singular e influenciará, portanto, a maneira de pensar sobre a ação humana no contexto empresarial. Ao contrario da lógica francesa, que avalia o que deve ser feito segundo as categorias do nobre e do menos favorecido, a lógica norte-americana privilegia, em primeiro lugar, as oportunidades ou sua falta no mercado. Ela poderá, portanto, investir antes em qualquer setor e não fornecerá os diplomas, o privilégio de alguns cargos de diretoria, a uma categoria restrita. A concorrência será mais aberta e sua ação ficará enraizada em uma estrutura moral compatível com a experiência norte-americana, na qual tudo o que não é proibido é permitido (Pasquero, 2000).

A terceira e última lógica, a do consenso, refere-se à lógica de trabalho na fábrica holandesa. Nesse universo, o superior é mais um entre tantos, não tem nenhum privilégio e passa seu tempo conversando com seus subordinados para obter seu consentimento quando tem uma decisão a tomar. Esses prestam contas ao seu superior. O consenso é uma meta constantemente buscada em uma atmosfera amigável. As decisões são o resultado de longas discussões que devem atender a cada um dos componentes envolvidos. Estamos em um mundo de iguais, onde a maioria tem de respeitar as opiniões minoritárias.

Essa estrutura de funcionamento em harmonia total, naturalmente, só oferece vantagens. Ela utiliza uma forte pressão social para alcançar um acordo e, proibindo a expressão de certa agressividade, pode impulsionar atitudes de retirada manifestadas pelo absenteísmo e rotatividade de pessoal, até mesmo formas de sabotagem.

Essa lógica, como as duas anteriores, remete à experiência holandesa e à sua história, produto de uma parceria igualitária entre os diferentes grupos de diferentes tamanhos e origens. Na verdade, as Províncias Unidas foram construídas sobre esse modelo. O funcionamento da sociedade contemporânea holandesa manteve essa estrutura e esse espírito, assim como as relações na fábrica. Aqui, também, a construção da ação humana nesse contexto será marcada por essa constante busca de consenso social em que o chefe é um *primum inter pares* (De Bony, 2008).

Essas três lógicas só podem ser avaliadas de acordo com um critério normativo. Não quer dizer que uma seja melhor que a outra. Como mostram os dados do livro e outras obras, cada uma à sua maneira, é capaz de atingir bons resultados e efeitos negativos. No entanto, o objetivo desta análise é destacar a estrutura simbólica em que cada trabalhador afetado evolui. Isso ajuda a dar sentido a determinados comportamentos no trabalho que seriam de difícil compreensão. Essa postura etnológica que se baseia em uma observação e em entrevistas aprofundadas com os atores envolvidos permite fugir das representações por vezes demasiadamente simplificadas. Ela reflete a complexidade de atitudes, apoiando-se em um conhecimento das culturas políticas e da história das sociedades. Também ajuda a destacar as áreas de tensões potenciais entre diferentes culturas e a neutralizar um pouco algumas ideias e prejulgamentos que poderiam surgir em tais relações interculturais, especialmente na ação em questão. Por exemplo, o fracasso da aliança Renault-Volvo foi parcialmente explicado por diferenças no simbólico e, em particular, na concepção do que é considerada uma decisão. À concepção evolutiva dos franceses em razão do raciocínio em dada situação, os suecos apresentaram sua concepção, a qual era definitiva, pois resultou de uma discussão coletiva que tinha por objetivo a obtenção do consenso (D'Iribarne, 1998). Os dois mundos só poderiam se chocar.

No contexto da globalização, considerar essas referências simbólicas torna-se fundamental para interpretar o comportamento diferenciado em termos de ação humana no contexto organizado. A invasão do Japão causou um debate no Ocidente, particularmente nos Estados Unidos (Ouchi, 1980). Hoje, a emergência da China provoca reflexões análogas.

Em 1954, Etienne Balazs escreveu de modo premonitório: "Ao nosso século russo-americano sucederá o século XXI chinês". Desde então, sabemos o que aconteceu. Para citar o filósofo e especialista em China, François Jullien (2005), em *Conferénces sur l'efficacité* [*Palestras sobre a eficácia*], a ascensão potente do Império do Meio é um fator de autorreflexão e de como pensamos, em particular, a ação estratégica. Escreve ele:

> Uma das coisas mais difíceis na vida é dar um passo atrás em sua mente. A China permite distanciarmo-nos do pensamento de onde viemos, rompendo com suas filiações e examinando-o de fora. A passagem pela China nos leva a descobrir uma outra maneira de ver a eficiência.

Ele acrescenta um pouco mais para os chineses:

> A grande estratégia não é de rápidas rajadas, a grande vitória não se vê. Acho que poderíamos meditar no campo dos negócios e da gestão. Olhe para aqueles empresários em cujo mérito se ergueram estátuas, não é raro que, apenas alguns anos depois, eles tenham ido à falência. [...] Ou, existem tantos outros de que não falamos, de que nem sequer sonhamos em falar, muito menos em elogiar: porque eles souberam tão bem gerenciar os seus negócios. Você está certo, as vitórias efetivas não são vistas.

Esse resultado comparado, que incita François Jullien (1996), ilustra como os conceitos de estratégia e política não são compreensíveis, sem passar pelas categorias que sejam significativas para as partes interessadas, seja aqui entre os ocidentais, seja entre os chineses, seja ainda entre ambos. Se acreditamos no que disse Jullien, de que os chineses não acreditam nas virtudes dos heróis e na estratégia, da forma como as definimos no Ocidente, então isso nos deve fazer pensar sobre nós mesmos e o universo chinês atual (Fernandez e Chin, 2008).

Finalmente, as reações que acompanharam o processo de aquisição da Arcelor pela Mittal da Índia ou o da companhia petrolífera norte-americana pela empresa chinesa também demonstraram como essas ações foram interpretadas em termos de categorias ocidentais que não podiam conceber tais aquisições provenientes de países emergentes.

Uma empresa ou organização, caso ela possa ser influenciada pelo ambiente em que se banha, pode igualmente contribuir com a cultura da sociedade a que pertence, basta notar a cultura das sociedades estrangeiras em que ela investe. Sua ação estratégica, partindo de um contexto social específico, não deixa de influenciar categorias das sociedades em que atuam. Em outras palavras, se o ambiente cultural influencia a dinâmica do negócio, como demonstrado por inúmeros estudos sociológicos (D'Iribarne, 1989, 1998, 2003; Biernacki, 1997; Whitley, 1992a, 1992b, 2000; Hertsgaard, 2002; Kamdem, 2002; Joly, 2004; Davel et al., 2001), as empresas participam em troca de sua ação estratégica, ou seja, por meio de suas inovações, produtos e valores no processamento das culturas em que eles se encontram. Em alguns casos, constroem verdadeiros símbolos de uma determinada sociedade ou até mesmo de uma civilização (Ritzer, 1993, 2002; Klein, 2001).

Alguns evocam com razão o efeito do fordismo sobre nossas sociedades (Boyer e Durand, 1993); outros o surgimento de novas configurações organizacionais (Chandler, 1977); mas também podemos, por exemplo, pensar nas descobertas farmacêuticas, no desenvolvimento do *prêt-à-porter*, na proliferação do *fast food*, nas tecnologias de comunicação, na abertura de lojas Walmart ou na produção de séries de televisão.

Cada uma das empresas que inovaram em domínios específicos consegue, de fato, a seu modo, focar a relação que alguns povos possuíam *com a vida, seus corpos, sua aparência, sua alimentação, sua forma de fazer compras e seu imaginário.*

Em outros termos, GM, Coca-Cola, McDonald's, Walmart, Renault, LVMH, Danone, L'Oreal, Aventis, Siemens, Porsche, EADS, Hydro-Québec, Pemex, Honda, Toyota, CNN, Microsoft, Mittal, Google, Petrobras, Embraer, Carrefour e Teleglobo, para citar apenas alguns, não são apenas os fabricantes de bens ordinários ou de serviços específicos, eles também são vetores de transformação em sua cultura nacional ou região. De certa forma, essas organizações mobilizam também os elementos do ambiente imaginário como maneira de alimentar o imaginário social.

A ação humana no contexto organizado: a mobilização de um imaginário

Durante a discussão sobre a estrutura simbólica da ação humana no contexto organizado, parece importante abordar agora uma dimensão que está intimamente relacionada, mas que talvez seja menos abordada pelos trabalhos em gestão em geral e em estratégia em particular, a dimensão do imaginário. Muito presente também na filosofia e nas ciências humanas, é a algumas dessas fontes que nos dirigiremos para explicar o seu papel na gênese da ação estratégica.

Uma das contribuições mais importantes é a que tinha nos deixado Cornelius Castoriadis, cuja influência sobre a psicologia das organizações francófonas recentemente foi bem demonstrada por Florença Giust-Desprairies (2003). Para Castoriadis (1975), o imaginário é uma dimensão central da vida social "sem a qual é impossível compreender o que foi e o que é a história humana".

Prender-se aos significados que sustentam um imaginário social é uma forma de captura, segundo ele, que permite que um grupo formado dê sentido a essas ações. Entre os significados centrais de nossas empresas, dois são particularmente identificáveis atualmente: em primeiro lugar, a busca incessante de um controle racional da natureza e da humanidade; em segundo, o lugar central ocupado pela racionalidade instrumental, que é a base do domínio contemporâneo da técnica, da ciência, da economia e da busca pela eficiência que, como vimos, em grande parte inspira o imaginário contemporâneo do agir estrategicamente.

Tal conceito de imaginário é polissêmico. Refere-se a uma multiplicidade de significados. Quando falamos de imaginário social, ou de imaginário pessoal, apelamos a uma noção muito diferente do que é geralmente entendida no sentido comum da palavra imaginação. Fazemos referência à capacidade de um grupo ou indivíduo para representar o mundo por meio de uma rede de associação de imagens que lhe dão significado. É assim que falaríamos, por exemplo, do imaginário medieval (Duby), do Renascimento ou da Revolução, ou que faríamos alusão ao imaginário de uma sociedade distinta.

O imaginário aparece assim como uma função central da psique humana. De um ponto de vista coletivo, a produção de mitos que possui estreita relação com esta última corresponde a uma necessidade fundamental de um grupo reunir seus valores em torno de uma narrativa sobre as origens e, claro, os fins que mantenham o mundo em uma narrativa coerente (Lévi-Strauss, 1961; Durand, 1984). Reforçando o poder criativo e sugestivo da linguagem, essa produção nos faz lembrar dos sonhos que constituem a existência social. O filósofo francês Gaston Bachelard escreveu que: "Nossa associação ao mundo das imagens é mais forte e mais constitutiva ao nosso ser que nosso pertencimento ao mundo das ideias".

Se qualquer grupo humano construísse uma fantasia própria, o mundo das organizações como universo social não fugiria a esse imperativo. Gareth Morgan (1989) mostrou como a análise das organizações estava relacionada ao tipo de representação que tinham: máquina, organismo, mente, prisão psíquica, instrumento de dominação etc.

Na nossa tradição intelectual francófona, ou mesmo latina, é para o sociólogo Eugène Enriquez que eles devem se voltar para pensar essa questão e sobretudo o imaginário gerencial (1983, 1992, 1997). Para o autor de *A organização em análise*, o imaginário pode ter duas faces. Ele pode ser motor e atuar sobre o imaginário criativo, inventivo que surge frequentemente às margens de um grupo estabelecido, "Bem-aventurados são aqueles que sabem cultivar as margens de nossas escolas: elas são a terra fecunda de descoberta dos conhecimentos de amanhã" (Gilbert Durand, 1984). Ou pode ser enganador e, portanto, uma fonte de ilusão. O imaginário é então a outra cena, na maior parte do tempo inconsciente, onde se atua uma parte da explicação e da compreensão da ação humana em contexto organizacional (Enriquez, 1997 a, b e c).

O estudo do imaginário permite identificar as linhas de forças que possam estruturar um imaginário profissional em termos de identificação, valores, símbolos etc. Pensemos, por exemplo, na forte atração que exercem hoje os imaginários economicistas e esportivos sobre os discursos e as representações contemporâneos de gestão. Com efeito, não falamos sem cessar dos dias de hoje, de nossos clientes, da criação de valores e de mercado, por um lado; de desempenho, da concorrência, das vitórias, de *coaching* e de ultrapassagens, por outro.

Para uma empresa, evocar uma personalidade esportiva tem várias razões: criar um espírito de equipe, desenvolver um sentimento de pertencimento a um grupo, facilitar a aceitação da mudança, motivar as tropas, tornar-se ou manter-se número um. Se a empresa desposa pouco a pouco o vocabulário do esporte, é porque o esporte quanto a si tem hoje lugar de destaque na vida social e de informação cotidiana, podendo se tornar à sua própria maneira em uma metáfora do mundo hipermoderno (Aubert, 2004).

Podemos, porém, nos perguntar, como Max Weber fazia já no início do século XX, durante sua viagem aos Estados Unidos, nestes termos:

> Quando o desempenho do dever profissional não pode ser diretamente ligado aos valores espirituais e culturais mais elevados [...] O indivíduo renuncia a lhe justificar. Nos Estados Unidos, no lugar de seu paroxismo, a busca da riqueza despojada de seu sentido ético-religioso tende atualmente a associar as paixões puramente agnósticas, o que lhe confere com frequência a natureza de um esporte. Para os últimos homens do desenvolvimento da civilização, estas palavras podem se transformar em verdade: "Especialistas sem visão e voluptuosos sem coração", arrogando para si um nível de humanidade jamais pensado até então.

Nesse sentido, podemos nos interrogar se a intrusão do esporte não é realmente a marca da perda definitiva de valores fundamentais, de um enfraquecimento da estrutura simbólica, do fim de grandes histórias para falar como Lyotard, ou mesmo da ascensão da insignificância (para se exprimir como Castoriadis).

O imaginário social contemporâneo ocidental foi invadido por imagens mercadológicas em que o individualismo consumista é o horizonte insuperável. Estamos condenados a consumir mesmo que nossas necessidades estejam satisfeitas (Bauman, 2005; Layard, 2006). A ação estratégica de muitas empresas é influenciada pelo imaginário social que nos transforma em consumidores perpétuos, mesmo contra o que veremos mais adiante, o impasse ecológico.

Se o imaginário social é testemunha de imagens estruturais de uma sociedade ou de um determinado grupo humano, a imaginação individual, por sua vez, reflete a subjetividade da pessoa. As imagens que habitamos estão presentes antes mesmo de tentarmos incluí-las na normatividade simbólica da linguagem. Elas pertencem à singularidade das nossas histórias.

No domínio da pesquisa em gestão, algumas delas se inserem nessa abordagem e vão em busca do universo interior de gerentes e líderes para descobrir as instâncias psicológicas da ação (Zaleznick, 1970; Kets de Vries, 2002; Kets de Vries e Miller, 1987; Lapierre, 1990, 1994, 1995; Amado, 1998). Quantas trajetórias e investimentos pessoais e profissionais efetivamente se tornam inteligíveis à luz da psicologia profunda. Quantas não foram de fato marcadas por relações especiais, por identificações de pessoas vivas ou mortas ou ainda imaginárias, por experiências marcantes, por feridas narcisistas, lutos não consumados etc. (Zaleznick, 1970; Kets de Vries, 2002; Kets de Vries e Miller, 1985; Lapierre, 1994, 1995; Amado, 1998).

A ação humana no contexto organizado, partindo comumente de certas decisões tomadas pelos dirigentes, é realmente afetada pela psique e pelo imaginário desses últimos. Racionalidade gerencial, de que falamos com força no mundo da gestão, muitas vezes permanece inscrita no lado obscuro de cada ser humano e influencia o estilo de gestão de forma significativa. Como demonstrou a pesquisa de Patricia Pitcher (1998) sobre a dinâmica de uma organização canadense, os três perfis de personalidade identificados a partir de entrevistas com funcionários e de testes de personalidade dos principais líderes estudados influenciam o seu impacto na prática de gestão e na ação estratégica.

Ainda que o perfil do "artista" seja precisamente centrado na criatividade e inovação, o do "artesão" é mais sensível ao negócio e ao trabalho bem feito, ao passo que o do "tecnocrata" será guiado antes por uma racionalidade instrumental abstrata. Sua pesquisa longitudinal mostra como a escolha de um líder por conta de diferenças no perfil torna-se uma das questões-chave para o futuro da empresa. No caso em discussão, a escolha a ser feita por um tecnocrata que suceda um artista leva a empresa para o seu declínio, pois ele irá gradualmente impor as suas visões e substituir o quadro de executivos antigos de acordo com seu próprio perfil. O que parece racional não é de fato o produto de um ato irracional. Os atores também não são sempre conscientes de si, pois uma outra cena, inconsciente, neste caso, é que determina a ação pessoal do estrategista (Enriquez, 1980, 1992, 1997 a, b e c; Kets de Vries e Miller, 1985; Kets de Vries, 1990, 2004). Assim, observam-se ressonâncias entre o que uma pessoa viveu e seus comportamentos (Amado, 1994). O passado se intromete no presente para tornar inteligível os atos mais estranhos. O significado do ato é encontrado na história social de cada um e na articulação dessa biografia com a vida psíquica. O imaginário surge então como uma fonte da ação de atores sociais envolvidos. A racionalidade instrumental desdobra-se, portanto, em outros tipos de racionalidade que têm suas raízes na fantasia. Mas essa ação estratégica, um produto da imaginação social e pessoal, não é sem raízes, ela também se encaixa em um tempo-espaço com os quais tem de lidar.

A ação humana no contexto organizado: uma relação vivenciada no tempo

O universo da gestão é caracterizado, sobretudo nos dias de hoje, por uma obsessão pelo tempo. O tempo é contado, dividido, explorado e otimizado. Estabelece prazos. É vivido pelos nossos contemporâneos como um recurso e uma restrição. E é visto especialmente como produtor de ganhos econômicos e financeiros. Esses desdobramentos do tempo não são em si uma novidade ou a obsessão com o momento econômico, como nos remete a famosa frase de Benjamin Franklin "Tempo é dinheiro".

Se cada ser humano ou atividade social possui determinada duração, as organizações e as empresas não estão imunes a esse imperativo. Por um lado, elas têm sua própria história. Elas nascem, crescem e desaparecem um dia. Por outro, elas mesmas se submetem a horários, ritmos de produção e ciclos de produtos e de inovação, e também precisam lidar com os tempos sociais (férias, festas, lazeres) das empresas sobre as quais atuam, embora às vezes impondo suas próprias exigências do tempo (Sue, 1994).

Assim, a seu modo, elas contribuem com suas ações na construção social do tempo do mundo. A globalização, de que se fala hoje, não tem sido aplicada em parte por conta da ação de diversos atores, e não seria ela um tempo no mundo, para usar uma expressão cara a Braudel, que combina o tempo das atividades comerciais, dos mercados financeiros e das tecnologias a serviço do aumento da concorrência internacional? A *crono-concorrência* torna-se uma característica da dinâmica capitalista contemporânea (Saussois, 2006).

Como todos sabem, porém, o tempo não é somente objetivo, mensurável e econômico. Ele também é subjetivo, qualitativo e afetivo (Chanlat, 1990; Hassard, 1990, 1996). É justamente esse encontro entre a primeira dimensão do tempo, objetivo, quantitativo e econômico, com a segunda que forma o tempo da ação humana.

Na constituição da temporalidade da ação estratégica, duas considerações podem ser avançadas. A primeira diz respeito à diferença na relação entre o que descrevemos anteriormente como estrategista e tática. O estrategista, como analista de estratégias, não está submetido às mesmas realidades temporais. Para citar mais uma vez, com propriedade, o especialista em estratégia militar, Lucien Lemercier:

> Ele não sucumbe à pressão dos Outros, à tensão e ao estresse da tomada de decisão que levam ao risco. Sua mente está livre e não possui consequências práticas imediatas. Ela encontra o seu significado na representação plausível e análise crítica da produção de estratégia. Ele oferece uma explicação provável, constrói teorias descritivas da ação que tenta reconstruir o caminho real, interpretando as informações fornecidas pela observação de uma ação falha, ou, na melhor das hipóteses, em execução. Isso é certamente o que diferencia o *status* da estratégia e do estrategista: seus pensamentos e respectivos resultados

não são parte da mesma temporalidade. O tempo do pensamento retrospectivo sobre a ação não é o real, o do pensamento do ato, o tempo do dizer não pode coincidir com o do fazer. O estrategista dispõe da flecha do tempo que o projeta no futuro: computação e decisão têm por objetivo construir o futuro, realizar, a partir do estado de coisas e de uma transição de fase desejada, um outro estado de coisas trazidas pelo imaginário. O estrategista é tido em retrospecto, uma postura intelectual semelhante a do historiador: a explicação é reconstituição aleatória e necessariamente simplista, a análise crítica dos fatos e acontecimentos do passado tentam restituir, por indução mais ou menos aventureira sobre fragmentos de uma informação imperfeita, o que era a verdade do trabalho estrategista.

Para nós, embora essa reflexão seja de um estrategista militar, a verdade é que ela é também válida ainda no campo da gestão. Há uma diferença entre a natureza da temporalidade de profissionais praticantes e a de pesquisadores em gestão, especialmente em gestão estratégica.

Esse reconhecimento da distância que pode existir entre o tempo da vivência do agir estrategicamente e o tempo da análise estratégica intelectualizada em segundo plano precisa ser levado em conta, pois não é o tempo da vivência do agir estrategicamente que dá sentido à situação de ação? Ele permite mantermo-nos o mais próximo possível da experiência dos profissionais. O que nos leva ao nosso segundo ponto: o que você observa hoje no tempo vivenciado nas organizações?

Hoje em dia, o tempo de atores nas organizações contemporâneas, como podemos ver no trabalho, assume muitas formas: a da urgência, a da compressão, a da flexibilidade, a da reação e a de curto prazo. Numerosas publicações são dedicadas a essa relação com o tempo, tal como é vivida hoje por diferentes categorias sociais e pela sociedade em geral (Meda, 2005; Linhart e Moutet, 2005; Aubert, 2004).

De acordo com setores industriais, ofícios e tipos de empresas (públicas, privadas ou voluntários), esses requisitos temporais vão se impor mais ou menos. A ação estratégica será influenciada pela relação com o tempo específico do setor, o lugar que se ocupa nesse setor, bem como a filosofia de gestão da organização. A orientação em curto ou longo prazos dependerá de muitas variáveis que as pesquisas em gestão tentam identificar. Assim, em um contexto profissional em que o objetivo é produzir mais em tempo cada vez menor, os profissionais vão viver em um ritmo tenso, e terão grande dificuldade em distinguir o essencial do supérfluo. A urgência, que correspondia não há muito tempo a uma situação um pouco excepcional, torna-se gradualmente o tempo padrão. Mas como muito bem lembra Jean-Michel Saussois (2006, p. 198), especialmente em setores de inovação intensiva (Lemasson, Weil e Hatchuel, 2006), "Não se trata mais de ir rápido, mas de ir mais rápido, colocando cada vez menos tempo entre o momento em que nasce uma ideia e quando essa ideia é colocada no mercado, o que a literatura em gestão chama de '*time to market*'", e de inventar novos usos para produtos já existentes.

Em muitos universos, observa-se o fato de termos passado ao "muito urgente" para quase tudo, para alguns até mesmo no reinado de imediato (Linhart e Moutet, 2005; Aubert, 2003), o que leva pessoas envolvidas com tal pressão perderem de vista as distinções entre os problemas que surgem. Porque, como disse Nicole Aubert em uma obra recente dedicada a este fenômeno, os ensinamentos tradicionais sobre gestão do tempo fazem geralmente quatro diferenciações entre as categorias de ações:

1. Aquelas que são urgentes e importantes, que devem ser processadas o mais rapidamente possível;
2. Aquelas que são urgentes mas não importantes e podem ser delegadas;
3. Aquelas que são importantes mas não urgentes, isto é, que se referem ao trabalho a longo prazo, à antecipação, ao trabalho de

base e que por isso devemos planejar o tempo necessário para o processo, a fim de não esquecê-las no turbilhão do cotidiano. E, finalmente;

4. Aquelas que não são nem urgentes nem importantes, que não merecem atenção.

Atualmente, o problema vem do fato de que a terceira categoria, a de "importâncias não urgentes", tende a desaparecer, enquanto a da urgência, importante ou não, está tomando precedência sobre todas as outras. Agimos como se tudo fosse urgente e importante, como se nos sentíssemos obrigados a operar sempre em situações de emergência, independentemente dos problemas reais.

Ou, se dedicamos tempo à terceira categoria, "importâncias não urgentes", isso significa dar tempo às reflexões sobre futuras orientações estratégicas, à aquisição de novos conhecimentos ou que ainda vão surgir, cria-se o tempo da respiração que pode permitir tanto pensar melhor os problemas futuros quanto melhor distanciar-se dos caprichos da vida cotidiana.

Considerando a ação estratégica intimamente ligada a tal categoria, podemos, portanto, entender por que alguns universos organizados já não permitem que os atores ocupem o tempo necessário a esse respeito e tanto uns quanto os outros sofrem e aspiram encontrar esse tempo. Os programas de treinamento atualmente parecem satisfazer a necessidade de fugir da rotina, a se distanciar dos problemas, ou seja, no jargão atual de gestão: "a não manter a cabeça no guidão", expressão que significa ter uma visão mais global dos acontecimentos.

Esse sentimento de urgência é hoje reforçado pela utilização de tecnologias de informação e de virtualização. Um só movimento, browniano, não deixa de afetar a relação que se definirá com o futuro e a incerteza torna-se ela mesma uma verdadeira norma social que se impõe cada vez mais a atores e universos sociais (Sennett, 1998; Palmade, 2003; Castel, 2002; Bauman, 2005).

Como, então, pensar o futuro em um contexto em que o longo termo não é mais medido senão em meses e em que as marcas tendem a se esvair, ou até desaparecer. A entrada na longa duração, tão cara ao historiador Fernand Braudel, deu lugar a uma era do imediatismo, onde tudo quer se tornar líquido (Bauman, 2005).

Diante de toda essa agitação, os gestores parecem oscilar, como lembra Philip Gabillet (2005), entre diversas posturas: a do avestruz, em que não se pode ver além do seu horizonte imediato, navegando entre a negação e a submissão aos acontecimentos; a do bombeiro, que ocorre quando os eventos estão se acelerando e temos de lidar com a urgência e a capacidade de reação, de ficarmos prontos para enfrentar um futuro do qual não sabemos nada; a do jogador, quando o futuro é dado então como um lugar de aposta e assumimos o risco; a da seguradora, quando os riscos se tornam mais claros, considerando o futuro sobre as formas de precauções, de proteção, de criação de salvaguardas; a do sentinela, quando se começa a ganhar altura e a refletir sobre as ações a serem tomadas para enfrentar o futuro; por fim, a do explorador, na qual vislumbra-se o futuro sob a forma de um projeto a ser realizado, um território a ser descoberto e controlado.

A ação estratégica é não somente de pensar o momento presente, mas sobretudo o futuro da organização. Essa projeção para o futuro é o resultado de uma experiência que vai colocar todo o seu peso por meio dos acontecimentos vivenciados pelos próprios atores, a memória que estava guardada, o imaginário coletivo próprio ao grupo e aos seus líderes e, naturalmente, a comparação com o tempo outrora dominante na organização e na cultura circundante. Dependendo das circunstâncias, alguns vão realmente explorar o futuro com base na experiência adquirida, outros se apoiarão no futuro, outros ainda sobre o presente. O primeiro caso é o mais comum. Trata-se da previsão. É o conhecimento do passado, das leis e das tendências que surgem, o que irá permitir aos gestores a projeção de imagens de futuros possíveis, imagens a partir das quais irá se construir a ação estratégica. A segunda forma, ao contrário da primeira, apoia-se no próprio futuro. Nesse caso, o futuro da organização ou do mundo que a rodeia é declarado de modo profético. A ação estratégica deve legitimar "um porvir organizacional já construído". Finalmente, a terceira forma enfatiza a antecipação. Neste último caso, o agir estratégico irá interrogar seus aspectos mais propícios a pesarem sobre seus próprios esquemas e cenários futuros e ver se é possível influenciá-los em relação às oportunidades que surgem a seus olhos (Gabillet, 2005). Essas maneiras de representar o tempo também serão influenciadas por períodos de tempo da cultura dos atores sociais e pela presença mais ou menos forte de elementos antigos na organização em questão.

Como vimos, o ato de gestão está inserido em um contexto temporal que fixa alguns dos seus elementos, mas que contribui igualmente para mudar o relacionamento com o tempo. George Ritzer (1993, 2002) mostrou em um livro muito discutido como um dos princípios do McDonald's estava justamente na redução do tempo de espera entre a necessidade de alimentar e a satisfação dessa necessidade. Ao fazê-lo, esse princípio passou a ilustrar uma obsessão em nossa própria sociedade, e simultaneamente a fortalecê-lo. Qualquer tempo de espera é agora considerado um desperdício de tempo. O que também é baseado em uma percepção do tempo de espera por nossa cultura que o considera sempre longo demais. Esse movimento de antecipação, de esmagamento da espera, foi reforçado pelo uso da tecnologia da informação que nos rodeia. Ele agora afeta não apenas as redes de *fast-food*, mas também muitos outros setores: serviços de telefonia, de transporte ou de produção de bens (*just in time*).

Essa obsessão com o tempo, juntamente com a virtualidade, a projeção para o futuro e a diminuição da memória sócio-histórica levou a uma redução do lugar ocupado pelo passado e pelo pensamento histórico. Tal constatação é notável na reflexão gerencial em que os modos de pensar se sucedem em um ritmo constante, sem que seus autores estejam sempre conscientes da sua dimensão histórica. Na reflexão gerencial, a parte da história é frequentemente deixada a ser desenvolvida. Os historiadores de empresa têm um papel fundamental a desempenhar (Fridenson, 2000; Pailot, 2006; Saussois, 2006), "porque a história", escreveu Paul Ricoeur, "é a nossa história, o sentido da história é nossos sentidos" (1986, p. 34). O ato de gestão não é de fato baseado em uma visão em que o passado, o presente e o futuro tanto se confrontam quanto se combinam para tornar a organização atuante por meio dos pensamentos e práticas que têm as partes interessadas. Mas toda essa discussão se inscreve igualmente dentro de um espaço.

A ação humana no contexto organizado: uma relação vivenciada no espaço

Um movimento no tempo é também um movimento no espaço. "Onde quer que estejas, aparece um lugar", escreveu o poeta alemão R. Rilke. Assim, qualquer organização ou empresa está em uma área e cria seu próprio espaço para aqueles que lá trabalham. O espaço como um lugar da sobrevivência biológica, da existência psicológica e da sociabilidade, é um campo que estrutura as relações. No campo da estratégia, a dimensão espacial é acentuada em nível econômico. Muitos estudos sugerem voluntariamente os setores industriais, os mercados, os nichos e, claro, a globalização atual. As decisões estratégicas são controladas com lupa pelas comunidades, os grupos de pressão, os partidos políticos numa época em que a terceirização é crescente, os investimentos são cortejados e os polos de competitividade são consultados por regiões de acolhimento.

O espaço ressurge com força no pensamento econômico e de gestão por conta do papel que desempenha e pelos fluxos comerciais que observamos hoje. Se o espaço socioeconômico, dentro do qual se insere a ação de uma organização ou empresa, é uma parte inseparável do pensamento estratégico, a organização ou empresa forma também um espaço de trabalho, projeto e criação. Este último tem menor valor no pensamento atual de gestão (Fischer, 1990; Chanlat, 1990; Schronen 2003; Chanlat, 2006; Clegg e Kronberger, 2006). O que veremos com mais detalhes no Capítulo 3.

Como parte da reflexão que fazemos aqui neste capítulo, parece que a construção do ato é estratégica, considerando de uma forma ou de outra uma dupla relação ao espaço. Por um lado, há uma conexão com a área de concorrência ou atividade, ou seja, com o território das atividades comerciais, industriais, de associações ou públicas, e, por outro lado, há uma conexão com o espaço que poderíamos chamar de interior, quer dizer o espaço organizacional propriamente interno, no qual se dão as atividades de produção.

Sob o âmbito do primeiro espaço, encontramos todos os lugares, locais, regionais, nacionais e internacionais, em que se inserem múltiplas atividades da organização e sob o do segundo, o local de produção de bens ou serviços. Essa distinção é importante porque define *a priori* o nível de entrincheiramento da organização em uma determinada região, tanto no nível de sua presença comercial quanto no da produtiva.

Historicamente, produzia-se primeiro em um lugar específico, e de lá exportava-se para outras regiões ou países. Então, aos poucos, começamos a produzir localmente. Hoje, como demonstra uma série de estudos recentes, observam-se configurações espaciais muito mais complexas que otimizam as atividades em razão dos mais interessantes espaços (Veltz, 2002; Boulba-Olga, 2006) e onde as noções de enraizamento regional ou nacional não fazem mais muito sentido em um grande grupo globalizado, como ilustra a afirmação do CEO da Gillette: "eu não encontro países estrangeiros de fora" (Saussois, 2006, p.112). O que não impede de apelar de vez em quando ao patriotismo econômico quando interesses nacionais estão em jogo, como mostra o debate que tomou os Estados Unidos sobre a possível aquisição de uma companhia petrolífera norte-americana por uma chinesa, ou o que surgiu na França durante a aquisição da Arcelor pela Mittal. Em cada caso, propõe-se a questão já levantada por Robert Reich, em 1990, em um artigo publicado na *Harvard Business Review*, "Quem somos nós?". Uma pergunta que a dinâmica do capitalismo atual torna cada vez mais relevante.

Os critérios para essa estratégia de otimização são bem variados: a proximidade de fornecedores e consumidores, a qualidade e custo de mão de obra, os níveis de tributação, as regras do mercado de trabalho, os custos de transporte, a qualidade da infraestrutura, do grau de instrução, da qualidade de vida, da taxa de criminalidade, do grau de risco político etc.

Para Boulba-Olga (2006), uma economista que acaba de escrever um livro sobre a questão das novas geografias do capitalismo, as desterritorializações, de que tanto se fala, são parte de um amplo processo de reorganização das atividades econômicas em mundo em que as operações que se deslocam para países em desenvolvimento, ao cabo, pesam pouco. De fato, como mostram alguns estudos, a destruição de empregos por conta dos deslocamentos representa apenas algo entre 5% e 10% dos empregos destruídos.

Segundo a autora, os deslocamentos são essencialmente problemas locais relacionados a determinados setores, determinados territórios e certos níveis de qualificação. Eles não são, necessariamente, um saldo sistematicamente negativo. Nem tudo se move, mas tudo muda. Os processos industriais podem ser, hoje em dia, muito decompostos e, portanto, reorganizados. Por exemplo, se tomarmos o caso da fábrica de lingerie francesa Aubade, que foi transferida da França para a Tunísia, notamos que uma atividade de baixa tecnologia, na zona rural, altamente consumidora de mão de obra, pouco qualificada, foi transferida, ao passo que na França foram mantidas as funções mais estratégicas de concepção, de marketing etc. Essa nova organização baixa seus custos de produção, apenas reforçando sua criação. Em última instância, a empresa poderia criar mais empregos do que extinguiu na França, mas eles não serão mais os mesmos.

Tal raciocínio do ponto de vista da racionalidade econômica não leva em conta o tempo gasto na empresa e a experiência vivenciada pelos trabalhadores e trabalhadoras da fábrica da Aubade ou quaisquer outras fábricas que passaram pela mesma situação. Estes e aqueles vão viver essa saída como um luto e uma perda, para não mencionar, é claro, as dificuldades de adaptação. Temos aqui um choque entre tempo e espaço, primeiro o choque da região de origem que alimentou todo um imaginário social no trabalho e um enraizamento; depois, o da nova região que integra os fluxos comerciais contemporâneos no contexto da globalização do espaço econômico em que certas atividades se movem conforme decisões estratégicas.

Diante de tais movimentos particularmente difíceis de viver, existem, apesar dos pesares, armas antideslocamentos. A primeira diz respeito à qualificação e à formação contínua. A ação estratégica é, então, apoiada pela indústria e pelas diferentes instâncias públicas. É o que fazem alguns países escandinavos. Na França, segundo alguns dados disponíveis, infelizmente são as pessoas pouco ou nada qualificadas que têm menos acesso à formação contínua. Os dispositivos existentes reforçam, portanto, a distância entre os assalariados e os outros funcionários, incluindo gerentes. Vemos aqui como é urgente incluir o tempo de treinamento ao longo do tempo de vida profissional a fim de lidar-se melhor com a ação estratégica de certas empresas e manter o emprego nos espaços regional e nacional. A segurança da carreira é outra possibilidade, que foi introduzida também na Dinamarca (Gazier, 2005).

A segunda considera essencialmente as empresas e o surgimento de práticas e atividades inovadoras. Tais inovações não são apenas tecnológicas, podem ser organizacionais. A Suécia descobriu mercados compradores de seus têxteis técnicos, por exemplo, ainda que acreditemos que se trate de uma indústria sem futuro. A inovação não está sempre na busca, mesmo que permaneça um elemento-chave.

As empresas podem, finalmente, desenvolver estratégias originais em que a conquista do território e o enraizamento sejam a chave para seu sucesso. É nesse sentido que no recente livro *Empresas que marcam*, Jean-Claude Thoenig e Charles Waldman definiram três propostas de ação a partir do estudo longitudinal de vários casos. Para eles, o sucesso das empresas que foram estudadas deve-se especialmente à sua capacidade de vencer, de marcar e desenvolver um território societal e econômico. O território é formado, segundo eles, por múltiplas partes interessadas, como clientes, fornecedores, funcionários, associações da sociedade civil, especialistas, centros de pesquisa.

O que torna a empresa marcante é unir em torno de seu projeto valores compartilhados, identidades, solidariedade e parcerias sustentáveis. A referência ao território comum é o seu código de conduta. A empresa marcante põe em prática um método específico de gestão: uma definição minuciosa e pontual dos serviços prestados, o acompanhamento contínuo e obsessivo de eventos que podem afetá-la, a criação de barreiras contra intrusos e ameaças, um modelo organizacional do tipo comunitário. Três constatações conduzem à prova da eficiência de uma aproximação em termos de demarcação de território. O modelo da empresa comercial é, salvo exceções, menos eficiente e menos durável do que o modelo da empresa marcante.

Contrariamente à empresa que marca, a empresa que vende é prisioneira de visões empobrecidas do meio ambiente – assim como a do mercado – e de representações pouco realistas em relação à demanda – como é a do consumidor. Ela recorre a soluções puramente tecnicistas e a receitas praticamente esgotadas. Estrategistas refinaram bem as suas matrizes, comerciantes aprofundaram os seus métodos, comunicadores aumentaram os seus orçamentos e os gestores de marca multiplicaram seus estudos: o salto para uma abordagem ao território é radical. Se é todo um sistema de pensamento e de práticas que necessita ser interrogado e evoluído, algumas empresas, como a francesa Royal Canin, por exemplo, souberam fazer a sua força e alcançar resultados extraordinários ao se enraizarem solidamente em seus ambientes (Thoenig e Waldman, 2005).

Como podemos ver, o problema é aqui sistêmico e indissociável das transformações do capitalismo em uma economia globalizada. Mas isso não implica a impotência da política. Se a dinâmica do capitalismo é obrigatória, as reações à obrigatoriedade são diversas e encontram-se à disposição dos jogadores uma variedade de ferramentas e experiências, das mais liberais às mais intervencionistas, para responder. Não há nenhuma fatalidade em si mesma. É sempre a política que propõe modelos alternativos, os cidadãos que manifestam suas preferências por meio de seus votos e de suas ações coletivas e que influenciam assim o agir estratégico das empresas e, finalmente, os gerentes e funcionários que desenvolvem práticas inovadoras.

Se a inclusão do espaço produtivo segue os contornos de uma nova geografia em que muitos atores estão envolvidos e outros, como China, Índia e Brasil, intensificam sua potência, o espaço nacional, no entanto, não é mais o único a garantir o desenvolvimento e a ação estratégica. No caso dos países europeus, a União Europeia como agente político torna-se um jogador-chave para encarar os desafios estratégicos que enfrentamos e para pensar o espaço nesses termos. É um meio para responder às críticas crescentes à globalização e aos desafios do desenvolvimento sustentável. Os próximos anos, em razão de numerosos fatores (esgotamento de recursos, aquecimento global, custos de energia, entre outros), podem restaurar na produção virtudes que havíamos esquecido, levando mais em conta o universo dos valores de cada um.

capítulo 2

Ação Humana, Organização, Culturas e Globalização

Nos últimos vinte anos, a questão das diferenças culturais parece ter se tornado particularmente popular no mundo da gestão. A crescente internacionalização dos mercados, a regionalização das economias (Nafta, Mercosul, Ásia, União Europeia), a queda do Muro de Berlim, a transformação dos antigos países comunistas, a ascensão de China, Índia, Brasil e outros países têm de fato impacto significativo sobre a dinâmica das empresas e dos Estados.

Os investimentos no estrangeiro cresceram, fusões e aquisições se multiplicaram, nacional e internacionalmente em muitos setores (produtos farmacêuticos, serviços financeiros, automotivo, de aço etc.), as alianças estratégicas foram desenvolvidas (aliança Renault-Nissan, rede companhias aéreas etc.) e a privatização de grandes empresas estatais levou a gigantes internacionais. Paralelamente a esses movimentos econômicos, testemunhamos significativos movimentos migratórios e mudanças na composição demográfica das populações nacionais em todo o mundo, e particularmente na América do Norte e na Europa. Esses movimentos têm um impacto profundo sobre o tecido socioeconômico. Eles contribuíram para o que hoje se chama de globalização (Martin et al., 2003), causando ela mesma novas configurações sociais e tensões no campo das relações interculturais, especialmente no contexto das organizações.

A referência ao outro é de fato marcada por uma série de atitudes e comportamentos em relação à alteridade que influenciam as relações interculturais.

Ao longo das últimas duas décadas, um grande número de pesquisadores, formadores e consultores de gestão interessou-se por compreender a relação da administração com a cultura, sobretudo a nacional (Desjeux e Taponier, 1994; Hofstede, 1980, 2002; Trompenaars, 1994; Dupriez, 2002; d'Iribarne, 1998, 2003; Kamdem, 2002; Pesqueux, 2004; Management international, 2004). Este movimento fez emergir uma nova área de gestão: a administração intercultural (Schneider e Barsoux, 2003; Chevrier, 2003), embora suas obras pouco se ativeram a certos aspectos envolvidos no confronto intercultural.

Ao longo deste segundo capítulo, portanto, vamos tentar lembrar alguns elementos-chave dessa referência ao outro, os medos, as atrações, os preconceitos, os mal-entendidos, os conflitos e as atitudes racistas que podem surgir e o papel das relações históricas na compreensão das relações observadas. Para fazer isso, vamos tentar responder especialmente a três grandes questões: o que acontece quando duas culturas diferentes se encontram? Quais são os principais mal-entendidos culturais? E em que a história das relações é esclarecedora de atitudes e comportamentos observadores?

O que acontece quando duas pessoas de culturas diferentes se encontram?

Todo ser humano se constrói a partir de sua relação com um outro. "Se esconder-se é um prazer, como escreveu tão lindamente o psicanalista britânico Winnicott, não ser descoberto é um desastre". Pois a autoconsciência é indissociável da consciência do outro. A relação com o outro constitui sobre um plano pessoal o fundamento da identidade individual (Tap, 1986; Dubar, 2000) e, no plano coletivo, constrói a identidade social (Tap, 1986; Dubar, 2000). Assim, a identidade pessoal e as identidades coletivas resultantes da relação que um indivíduo ou grupo tem com o outro é designado alteridade. O outro é, pois, como Freud nos lembra, também um modelo, um objeto de apoio ao investimento, um adversário ou mesmo um bode expiatório.

A presença dos outros também desempenha um papel na gênese da identidade sociocultural. Todo grupo humano torna-se diferente em contato com um outro grupo. Essa relação dual (individual e coletiva) da alteridade permeia todos os níveis da sociedade. No momento em que as relações internacionais intensificam-se, os sobressaltos da ordem mundial acarretam grandes migrações, as sociedades ocidentais veem seu tecido social se diversificar, cada coletividade e cada indivíduo veem sua relação consigo mesmo e com o outro modificada. Esses movimentos não acontecem sempre sem conflitos. A atualidade da imprensa está aí para nos lembrar com seus numerosos artigos sobre a discriminação racial na contratação, os ataques xenófobos, os conflitos interétnicos, as palavras de ordem racistas nos estádios de futebol e até mesmo os crimes de racismo.

O racismo é, com efeito, uma questão social sempre atual, ainda motivo de muita discussão. Seja nos Estados Unidos, no Canadá, na Europa, seja em outras partes do mundo, observam-se comportamentos racistas. Os Estados Unidos viveram desde o início de sua história o extermínio da maior parte dos índios e a relação com negros e comunidades de forma mais ou menos tensas. No Canadá, país do multiculturalismo, as discriminações surgem regularmente. Na Europa, a Grã-Bretanha assistiu a confrontos interétnicos, questionou algumas práticas discriminatórias na polícia ou, ainda mais recentemente, chocou-se com os ataques causados por jovens britânicos confessadamente muçulmanos. A Holanda, há muito vista como um refúgio de tolerância, também conheceu o assassinato de ordem racista na morte de Theo van Gogh e as tensões raciais entre alguns holandeses e imigrantes árabe-muçulmanos. A vizinha Bélgica detectou os mesmos horrores, especialmente em Flandres. Os italianos assistem ao crescimento de gestos de insultos e atitudes racistas nos estádios de futebol. A França está tomada por rebeliões que revivem diariamente os problemas de discriminação enfrentados por populações imigrantes. Os espanhóis têm experimentado tensões semelhantes no sul. Os alemães observam nos últimos anos o racismo antiturco. No restante do mundo, também encontramos comportamentos desse tipo. Devemos pensar as relações entre alguns hindus e muçulmanos na Índia, a forma como os africanos são tratados na Rússia ou o racismo contra outros povos asiáticos. Como se pode ver, o racismo se expressa em todas as latitudes e sob diferentes faces. O que leva os indivíduos e os grupos a reagirem dessa maneira? Podemos trazer dois tipos de explicação: uma explicação de ordem psicológica e uma explicação de ordem sociológica, uma e outra se articulando para dar sentido ao que observamos. A primeira é compreensível pela gênese humana e a segunda insere-se no contexto sócio-histórico da relação com os outros.

O indivíduo na descoberta da alteridade

Se acompanharmos o argumento de psicanalistas, no começo da vida, o bebê está em um estado de indiferenciação. Está em fusão com a mãe. Em seguida, a partir do oitavo mês, ele passa a distinguir o ambiente de sua mãe. A ausência da mãe é, portanto, uma fonte de ansiedade e ele tende a projetar suas pulsões de cólera no exterior. Com o tempo, o bebê aprende a tolerar as diferenças entre sua mãe e o exterior. Como escreve o psicanalista Flem (1985, p. 22-3),

O desenvolvimento humano parece nunca terminar por completo e pode constantemente voltar atrás ou disfarçar-se com mecanismos anteriores. Esse processo de natureza persecutória pode se revelar ao longo da vida, sempre que as circunstâncias angustiantes, internas ou externas, ultrapassem a capacidade de responder às dificuldades e gerem uma forte intolerância à frustração e as emoções destrutivas que ele fez nascer.

Em outros termos, o ser humano em sua infância é um, até como e quando ele descobre que o outro é uma duplicata de si mesmo. Do mesmo modo, "a relação de alteridade nasceu. Ora, vivida como um escândalo, ela instala o drama. A presença de um eu diferente constitui uma ameaça. Ameaça à integridade, ameaça à identidade" (Vincent, 1990, 2002, p. 385). Como podemos ver, a explicação pela psicologia profunda inclui o medo do outro e tudo o que segue na ontogênese de si mesmo. Ela nos permite compreender como alguns indivíduos ou grupos podem ter ressonâncias assustadoras na psique individual. Se nós temos o ponto de vista psicológico, o fato é que a relação com os outros também faz parte de uma relação social, ela mesma historicamente situada.

O grupo durante a descoberta da alteridade

Desde que temos textos, sobretudo no Ocidente, o relacionamento com diferenças culturais tem sido objeto de reflexões. Desde a Antiguidade, os gregos estabeleceram uma linha divisória entre eles e os outros, a quem eles chamavam bárbaros, isto é, aqueles que falavam mal a língua grega. Posteriormente, temos as figuras do selvagem e do primitivo, que irão enriquecer as representações que os ocidentais têm dos povos pertencentes a diferentes áreas geográficas com as quais eles estarão em contato durante todo o processo imperialista, colonialista ou mercantil. Podemos nos lembrar da famosa controvérsia de Valladolid, na qual um monge espanhol, Las Casas, chocado com as atrocidades cometidas por seus colegas espanhóis da Nova Espanha, México e Caribe, força um debate teológico sobre a humanidade dos índios. Na sequência desse debate público, reconhecemos que os índios têm alma, já que pertencem à mesma espécie, como os espanhóis e os cristãos em geral. Em contraposição, os negros não tiveram direito a esse reconhecimento. Não até o século XIX, quando a escravidão e o tráfico de escravos foram abolidos em todos os países ocidentais. A dialética do eu e do outro tropeça nas representações sociais de cada época. O Brasil não é exceção à regra.

Se podemos situar o discurso ocidental em relação à alteridade, é preciso lembrar também que, à luz dos trabalhos antropológicos, esse problema não afeta apenas os ocidentais. Todos os povos, mesmo em menor número, constroem uma representação do outro, ou seja, do grupo que é diferente de si mesmo. Segundo Lévi-Strauss, tendem também a definir a humanidade a partir de si mesmos. Suas fronteiras confundem-se com os limites da tribo em questão. É assim que Inut em inut significa homem, como muitas outras palavras servem para definir cada grupo (1961). Mas todos os povos agem dessa forma, participamos todos da humanidade.

> É na medida em que estabelecemos uma discriminação entre culturas e costumes que nos identificamos ao máximo com aqueles que tentamos negar. Ao negar a humanidade dos que aparecem como os mais "selvagens" ou "bárbaros" de seus representantes, estamos apenas repetindo uma atitude típica. O bárbaro é o primeiro homem que acredita na barbárie. (Lévi-Strauss, 1961)

Assim, definir o outro por essas categorias nos indica que cada cultura tende a definir-se como centro do mundo e, ao mesmo tempo, a ver aqueles que estão fora de seu círculo social como seres diferentes. Se isso permite estabelecer a identidade do grupo em questão, é de fato diferenciando-se de um outro que ele se posiciona como é (por exemplo, ocidentais *versus* asiáticos, africanos *versus* europeus, canadenses *versus* norte-americanos, canadenses *versus* quebequenses, norte-americanos *versus* mexicanos, brasileiros *versus* argentinos, holandeses *versus* belgas, ingleses *versus* franceses, chineses *versus* japoneses), e rapidamente é possível questionar as razões que levam certos seres humanos a verem outros seres humanos como uma ameaça. Pois, se as relações interculturais também são fontes de enriquecimento, a história sempre nos lembra que elas também são fontes de tensões, dificuldades e até mesmo violência.

Alguns autores explicam isso, em primeiro lugar pela crueldade natural da espécie humana (Memmi, 1982; Delacampagne, 1983; Langaney, 1981). O homem desenvolveu-se como espécie predadora. Para sobreviver, ele precisou lutar contra as outras espécies e outros grupos rivais. Como parecia não haver mecanismo inato de inibição da agressividade, ao contrário de outras espécies conhecidas e estudadas (Eibl-Ebbesfeld, 2002), apenas a cultura e a moral desempenharam esse papel. O homem pode, nesse sentido, destruir o outro sem grandes restrições quando se sente ameaçado em seu espaço.

Outros se interessam pelos medos, estereótipos e preconceitos, o que pode levar ao racismo. Essas obras são muito numerosas nas ciências sociais. Elas também nos permitem entender melhor o que está em jogo no domínio das relações interculturais. Albert Memmi (1982), que passou toda a sua vida tentando entender essa relação com a diversidade em diferentes contextos e, em especial, esclarecer o fenômeno racista, parte da primeira reação observada quando duas pessoas se encontram. Ela pode ter uma face negativa, a heterofobia (do grego *phobos*, medo e *hetero*, diferente), que se caracteriza por um medo da diferença e do exterior ou, ainda, pode ter uma face positiva, a da xenofilia (do grego, *philia* é amor e *xenos*, alienígena, estranho), caracterizada pela atração pela diferença ou por qualquer coisa que seja estrangeira. De acordo com momentos de sua história social, uma comunidade pode encorajar uma forma ou outra de reação. Como podemos constatar historicamente, isso tem implicações sobre as relações interculturais na vida cotidiana. Quantos discursos têm sido realizados, no presente e no passado, sobre os estrangeiros que estão a invadir-nos, os imigrantes que tomam nosso emprego, o perigo dos árabes, a conspiração judaica, a invasão dos amarelos...

Essa reação de medo explicada pela filogenia da humanidade, que Langaney classifica de "outrismo", corresponde a um nível inicial de comportamento. É semelhante ao racismo primário baseado em uma defesa do indivíduo ou de um grupo ante o desconhecido. Mas o que faz que tenhamos uma representação específica do outro? Por que certos aspectos serão mais privilegiados do que outros (a cor da pele, as roupas, as formas de se alimentar, de morar)? A partir de que momento o outro grupo se distingue de nós?

Alguns partem do princípio de que o homem é um animal visual, que descobre os outros pelo olhar e depois o corpo do outro, suas roupas, seus modos de agir, seus gestos, suas atitudes e seus olhares causarão percepções imediatas (Le Breton, 2006). Outros insistem na natureza classificatória do pensamento humano (Mauss, 1968; Lévi-Strauss, 1961; Flem, 1985), indispensável para se reconhecer, tanto na natureza quanto na vida social. Mas, como Saussure ensinou, a linguagem que permite exprimir em palavras suas marcações semânticas é também marcada pela arbitrariedade. Qualquer classificação será o resultado da acuidade de nossos sentidos, de nossa capacidade técnica, de nossa visão de mundo, de nossa relação subjetiva com o objeto em questão e do contexto sócio-histórico. Talvez por sermos seres visuais damos tamanha importância à cor da pele, às roupas e às maneiras de se comportar. No entanto, outros sentidos também podem participar desse processo. Que seja o olfato, classificação segundo os odores, por exemplo; os franceses foram recentemente chamados por muitos norte-americanos como comedores de queijos fedidos durante a crise do Iraque, ou populações africanas foram caracterizadas pelo cheiro de sua cozinha na França. A audição, de acordo com o tipo de sons, música bárbara *versus* música civilizada. Ou o gosto, como o doce ou salgado, o cru ou o cozido, o picante ou o insípido. Cada um desses sentidos também provoca reações diferenciadas (Le Breton, 2006).

Até aqui, neste nível, nada que pudesse representar *a priori* um problema. A atividade classificatória é natural. É no segundo nível que surgem os problemas. O desprezo e a hierarquização do outro compõem muitas vezes o quadro de classificação. Em nossa tradição, os gregos antigos foram os primeiros a fazer tais distinções. Eles tinham definido seu mundo social como harmonioso e sua localização geográfica como temperada. Os outros viviam em regimes monárquicos, mais tirânicos do que democráticos, e se situavam em áreas ou muito frias ou muito quentes. Eles consideravam-se o centro do mundo e, portanto, estabeleceram uma ordem social em que ocupavam o primeiro lugar. Eles foram vítimas de seu etnocentrismo, ou seja, de considerar o seu mundo o centro do mundo, uma atitude muito comum entre os grupos humanos. Basta consultar mapas-múndi antigos ou modernos para ver que, de acordo com o país onde eles foram produzidos, o centro é definido e, assim, insere-se no espaço o olhar etnocêntrico.

Mais genericamente, a ordem social determina uma hierarquia que estabelece o lugar de uns e de outros. Alguns se tornam superiores, outros, inferiores. A classificação conduz à justificativa da superioridade das diferenças. Qualquer diferença pode alimentar as distinções entre os indivíduos e os grupos: limpo/sujo, puro/impuro, honesto/desonesto, justo/injusto, forte/fraco, razoável/não razoável, maduro/infantil, civilizado/selvagem, inteligente/bobo, sensível/cruel, bonito/feio, fino/grosso, e os hierarquizar. Dependendo da escala estabelecida, cada grupo pertencerá mais ou menos ao mundo civilizado, inteligente, dos limpos, dos puros, dos maduros, dos sensíveis ou dos refinados. A ideia de hierarquia será reforçada durante os séculos XVIII e XIX pelas noções de progresso e evolução. Os ocidentais se situam sempre no topo, e conforme os países ocidentais em questão, cada um deles posiciona-se nessa camada superior.

Esse fenômeno de hierarquização é descrito por Langaney como racismo secundário. Esse racismo é

> uma racionalização do racismo primário (entende-se aqui heterofobia) em nome de argumentos relativos à rivalidade econômica e política entre os grupos humanos, aos problemas de concorrência entre as diferentes comunidades vizinhas na cultura e aos hábitos cotidianos ou sentimentos de hostilidade associados a reputações abusivas feitas para esta ou aquela comunidade. (Quentin, 1981, p. 97-8)

Mas essa xenofobia argumentada em diversas bases (biológicas, sociais, culturais) também pode se transformar, como já relatado anteriormente, em seu duplo positivo, a xenofilia e sua manifestação mais visível, o exótico. Basta pensar historicamente no fascínio das Cruzadas para a civilização árabe (Maalouf, 1999), no bom selvagem de Jean-Jacques Rousseau, no interesse por culturas distantes por meio da popularidade de conferências organizadas por grandes exploradores para facilmente convencer-se disso. Como escreveu Sylvie Vincent (1990, 2002, p. 389):

> Na realidade, a xenofilia e o exotismo são vistos como o interesse que sentimos por um desconhecido que está longe. Quebequenses, por exemplo, poderiam ser maiores admiradores dos inuits, se não os vissem apenas como índios, mas, como outrora, pelos seus antepassados, como eles mesmos costumam se ver. As reações xenófobas se direcionam aos estrangeiros pouco diferentes ou ainda àqueles que, vindo do exterior, elegeram o coração da nova cidade para morar. É o sentimento que os quebequenses podem ter contra ingleses ou contra italianos, judeus, franceses e alguns índios. Essas reações são uma extensão da heterofobia. Elas são na realidade uma espécie de heterofobia acentuada pelo medo de ser desclassificado no plano econômico, social, cultural

ou político (os imigrantes são muitas vezes vistos como "ladrões de empregos", os judeus como ladrões simplesmente, os índios como crianças mimadas a quem os governos concedem privilégios injustificados etc.).

Além do mais, quando se vai mal no plano social, observa-se que grupos minoritários e diferentes da maioria de certa forma podem rapidamente se tornar verdadeiros bodes expiatórios.

A história do mundo é, infelizmente, rica nessa área (protestantes e católicos na França, judeus no mundo cristão, árabes na Europa, negros nos estados do sul dos Estados Unidos, muçulmanos na Índia, cristãos na Indonésia etc.). O bode expiatório permite manter a imagem que temos de um grupo e expulsá-lo para as margens de tudo o que não amamos em nós mesmos. É uma divisão que permite ao indivíduo e ao grupo enfrentar suas tensões internas, um mecanismo de defesa simultaneamente psicológico e social.

Esse confronto com o outro é também uma forma de se definir e, de acordo com autores presentes, de afirmar determinados elementos e de repelir outros. Assim, diante dos índios, alguns quebequenses podem afirmar seu pertencimento ao mundo da cultura para se diferenciarem deles (os selvagens), já ante os franceses, eles darão maior ênfase à sua americanidade e ao seu natural para se distinguir do intelectualismo e do maneirismo francês (Arcand e Vincent, 1979). Neste último caso, o ameríndio torna-se um componente da identidade do Québec. Em outras palavras, "a margem se move de acordo com a identidade que o centro pretende lhe dar" (Vincent, 1990, 2002, p. 389).

Uma vez que um grupo classificou e ordenou os grupos sociais, o próximo passo de diferenciação dos outros se dá pela busca de explicações racionais, especialmente a partir dos séculos XVIII e XIX. O conceito de raça tenta inscrever-se na ciência biológica. Segundo Sylvie Vincent (1990, 2002), com base no trabalho já mencionado de Flem, a palavra raça aparece em francês no século XVI. Vem do italiano *razza*, que significa "tipo", "espécie", que vem do latim *"ratio"*, isto é, "razão", "ordem das coisas", "categoria", e "espécie". O conceito moderno de hierarquia racial decola no século XIX e são as teorias evolucionistas que compõem suas bases teóricas. O darwinismo social e as leis da hereditariedade irão explicar ao mundo a superioridade dos ocidentais, dos brancos no restante do mundo, uma superioridade que está enraizada em diferenças biológicas. As diferenças culturais que anteriormente fizeram o papel de protagonistas da diferenciação racial são substituídas pelas diferenças biológicas. A superioridade surge, doravante, do material genético. Durante o século XX, observamos bem isso pela experiência nazista, que foi guiada por uma tal representação em que assumimos essas posições (Enriquez, 1983). Essa cientificização do racismo é associada no Ocidente por alguns autores ao declínio da religião, ao aumento da razão e da ciência (Delacampagne 1983; Flem, 1985) e à permanência de sua legitimidade com base no domínio social (Jacquard, 1985). O que nos leva a tratar as funções sociais do racismo.

Podemos identificar duas funções principais do racismo. A primeira é definir-se em oposição ao outro de forma positiva, a segunda é justificar o domínio exercido a partir de tal oposição. Muitos ocidentais definem-se assim em relação a outros povos: índios, africanos, árabes, asiáticos, aborígines, reconhecendo como legítimas as suas conquistas, a escravidão e o colonialismo em nome da superioridade de sua civilização, o famoso fardo do homem branco de que falava no século XIX o escritor inglês Kipling. Como escrito por Guillaumin (1979, p. 42), em tal universo:

> Eu não sou responsável posto que isso é biológico. Eles são diferentes, já que naturalmente eles não podem ser eu. Na verdade, eles são responsáveis pela opressão que eu pratico sobre eles por sua incapacidade natural de serem eu mesmo, de serem como eu sou. A opres-

são que exerço contra mim mesmo ao oprimir uma parte da humanidade em que eu sou a medida e o senso, a culpa recai sobre eles e sua incapacidade hereditária de se tornarem o que eu sou.

Dito de outro modo, tal como definiu Albert Memmi (1982, p. 98-9): "O racismo é a valorização, generalizada e definitiva, de diferenças reais ou imaginárias em favor do acusador e em detrimento de sua vítima a fim de justificar uma agressão ou um privilégio".

Em algumas obras e notoriamente no debate francês sobre o racismo, interessamo-nos sobretudo por compreender o que leva as pessoas a serem racistas. Outras pesquisas, especialmente nos países anglo-saxões, tentam observar o comportamento cotidiano com base em preconceitos, pois uma outra instância dessa relação reside nos estereótipos e nos preconceitos que temos em relação aos outros. Nas últimas décadas, a psicologia social, a sociologia e a antropologia têm trabalhado muito sobre esses aspectos.

Qual dessas disciplinas nos ensina sobre o assunto? O preconceito se refere a crenças, julgamentos, opiniões e sentimentos negativos que um indivíduo ou grupo mantém contra outros indivíduos ou grupos por causa de suas diferentes filiações. Quando esses preconceitos nos levam a agir de determinada maneira em relação a eles, resultam em discriminação. Preconceito racial é uma forma de preconceito, é embasado no pertencimento a um grupo racial. Mas há muitos outros (sexual, profissional, etário, político, religioso). O estereótipo é uma categoria de pensamento que ajuda a perceber o mundo social que nos cerca, a interpretar e a orientar os comportamentos. Segundo Rocheblave-Spenlé (1974): "Um estereótipo é um clichê, uma ideia que vai de encontro a todas as expectativas dos membros do grupo, determinando pontos de vista, objetivos, nascido em uma atmosfera de conflito, varia de uma cultura para outra e é aprendido durante uma interação social". Assim, vamos considerar que entre os diferentes grupos em questão os alemães sejam disciplinados e organizados, os italianos não sejam confiáveis, os árabes sejam cruéis e traiçoeiros, os africanos, preguiçosos e imprevidentes, os norte-americanos, ingênuos e rudes, os brasileiros, festeiros hedonistas entre outros.

Esses estereótipos têm a função de permitir que nos valorizemos e nos sintamos melhores aos olhos dos outros. Por isso é difícil colocá-los em xeque, pois cada indivíduo ou grupo os utiliza em benefício próprio. O que mais se observa é a insistência em incorporar elementos que os confirmam. Alguns indivíduos podem ter mais prejuízo do que outros, especialmente aqueles orientados para o domínio social (Pratto et al., 1994). Alguns contextos de conflito os favorecem, como a ignorância dos outros no dia a dia. Eles contribuem à sua maneira com o racismo. Basta pensar na imagem que muitos ocidentais têm hoje dos árabes e do Islã em resposta aos vários atentados terroristas e às reportagens que são realizadas diariamente na televisão por numerosos meios de comunicação. Em muitos casos, o termo árabe é hoje sinônimo de terrorista barbudo. Também podemos discutir o desenvolvimento do estereótipo do francês nos Estados Unidos, como consequência da posição francesa durante a crise do Iraque junto à ONU; o francês foi caricaturado como esnobe, assustado, comedor de rãs e de queijos malcheirosos. Evidentemente, essa visão não é a mesma para todos os países. Em muitas partes do mundo, a posição francesa foi aplaudida e o mundo árabe pôde aparecer como mais comedido na Europa e nos Estados Unidos. Mas, claro, tudo isso pode mudar em razão das condições sociais.

O que podemos constatar por meio de todo este trabalho é, portanto, a permanência de estereótipos em todos os grupos. A combinação desses preconceitos e o poder de torná-los operacionais no cotidiano institucional levaram ao racismo institucionalizado. O período colonial, a situação dos negros norte-americanos antes do movimento pelos direitos civis, o *apartheid* na África do Sul, a discriminação contra os judeus na Europa nos anos 1930 e durante a Segunda Guerra Mundial, o estatuto dos aborígines na Austrália até o fim dos anos 1960 são alguns exemplos históricos dolorosos e trágicos.

Esse racismo institucional pode ser implementado por diversas organizações: empresas, sindicatos, associações, escolas, universidades, policiais, igrejas, hospitais, empresas de transporte, meios de comunicação e até mesmo pelo próprio Estado e seu regime jurídico. Por suas práticas discriminatórias, elas ajudam a manter as diferenças sociais no acesso a numerosos serviços (saúde, educação, justiça, serviços sociais), ao emprego e à habitação, sempre mantendo uma imagem negativa dos grupos discriminados. Dito de outro modo, se o racismo institucional é uma forma de preconceito racial integrado ao interior da situação e dos procedimentos das instituições-chave, empresas e sistemas sociais, que serve para discriminar as minorias étnicas e manter vantagens e benefícios para a maioria socialmente dominante (Amadieu, 2003), continua a ser uma forma extrema das relações interculturais. Muitos mal-entendidos entre pessoas que pertencem a universos culturais diferentes estão enraizados na incompreensão do universo de significados próprios a cada um deles. Esses mal-entendidos também podem suscitar distorções, levar a conflitos e contribuir para as formas de racismo. Isto é o que vemos agora.

Os grandes mal-entendidos nas relações interculturais

Todo ser humano, como animal social, é sempre mais ou menos conectado a outros seres humanos. É assim que ele se construiu ao longo do tempo e viveu todos os dias. Essas relações sociais, independentemente da sua forma, interpessoais ou intergrupais, são possíveis a cada vez graças a uma ritualização e a um processo de comunicação.

Ritos indispensáveis a qualquer interação, mas interpretados de formas diferentes

Relacionar-se não possui um efeito em si. Tal ato exige um ritual codificado pela cultura. Por exemplo, se em todas as culturas as pessoas se cumprimentam antes de iniciar uma conversa, essa saudação assume várias formas. Mas esses ritos não são apenas um "oi" tradicional. Eles afetam cada aspecto da vida social. É ao sociólogo Erwing Goffman (1973, 1974) que devemos a análise do que acontece durante as interações cotidianas. Esses ritos são necessários, segundo ele, para a manutenção de laços sociais. Porque eles permitem que cada ser humano se preserve durante a interação. Sem um mínimo de cortesia, etiqueta, civilidade, não há mais vida coletiva digna desse nome. Na verdade, há boas possibilidades de que nós não queiramos entrar em contato com pessoas a quem nunca demos sequer um olá, que pisem no nosso pé sem se desculparem ou que fechem a porta na nossa cara. Esse conceito de face é essencial para compreender todos os rituais que são mobilizados nesse tipo de situação. Do mesmo modo, quando cometemos uma gafe, temos um repertório de figuras para podermos repará-la. É a função desempenhada pelas desculpas e todos os prêmios de consolação.

Esse conceito de face está presente em todas as culturas, com maior ou menor força. Mas os ritos que regem a sua permanência podem variar de um universo para outro. O que consiste em boas maneiras e civilidade em um caso, pode ser muito diferente em outro. Assim, fazer barulho ao comer pode ser demonstração de apreço na cultura chinesa, embora seja considerado muito rude na cultura ocidental. Conhecer os rituais habituais de uma cultura antes de relacionar-se com ela é importante porque pode evitar confusões ou conflitos potenciais. Humilhar seu interlocutor é realmente uma coisa séria em todas as culturas. Mas o âmbito da interpretação simbólica é muitas vezes diferente de um universo para outro. Os primeiros elementos de reunião podem participar na construção ou no fortalecimento de preconceitos. O fato de segurar o garfo de uma determinada maneira ou de apresentar o seu cartão de visitas de uma forma distinta pode levar seu anfitrião a considerá-lo mal educado. Por exemplo, os chineses entregam seu cartão com as duas mãos. Um consultor norte-americano que havia distribuído cartões aos chineses como se fossem cartas de baralho notou que ninguém os havia pegado. Se isso for somado a outras observações de natureza semelhante, pode-se ver o outro como bárbaro de acordo como ele se comporta com seu universo sociocultural de referência. Os sinólogos muitas vezes relembram a anedota do embaixador britânico que chegou ao século XVIII para o tribunal do imperador da China e não quis se curvar porque, para a cultura inglesa, era sinônimo de submissão e humilhação. Mas não fazê-lo seria um insulto para o imperador chinês. Foi necessária toda a engenhosidade do alto escalão chinês para encontrar um ritual aceitável para ambos. Caso contrário, poderia ter surgido um conflito entre os dois países.

Um modelo de comunicação

Toda a comunicação humana envolve três tipos de elementos: os textuais, os cotextuais e os contextuais.

Os elementos textuais referem-se às palavras, ao registro e ao discurso, os elementos cotextuais vinculam-se aos aspectos paraverbais (entonação, tom, força, velocidade, sotaque) e gestuais (gestos, olhar, postura, gestos) que acompanham o discurso, e os elementos contextuais compreendem as características espaço-temporais, as marcas corporais (cicatrizes, cor do cabelo, da pele, tatuagens), as marcas de pertencimento (vestuário, insígnias, condecorações); em outras palavras, todos os outros aspectos próprios ao contexto da comunicação.

Os elementos textuais

A comunicação humana é baseada na verdade sobre uma faculdade própria à nossa espécie: a linguagem que se manifesta concretamente pela utilização de uma ou mais línguas naturais (francês, inglês, alemão, espanhol, português, árabe, chinês, japonês...). Cada sistema de linguagem faz uso de palavras (um léxico), sons (uma fonética) e de uma sintaxe (uma gramática). É o arranjo entre esses três elementos que dão a oportunidade de realizar orações e construir o que é chamado texto. Dependendo do idioma do locutor, estima-se em seis mil o número de línguas faladas no mundo, essa construção vai naturalmente variar. Isso faz que a transição de uma língua para outra possa ser mais ou menos complicada, especialmente quando a sintaxe e a fonética estão muito distantes da língua materna. Nesse sentido, é mais fácil para um francês aprender uma língua latina do que uma língua germânica ou asiática. As dificuldades de pronúncia ou o sotaque forte podem levar a uma avaliação negativa. Consideremos o termo bárbaro já mencionado, que em grego significa aquele que fala mal o idioma grego, ou o sotaque britânico, muitas vezes interpretado como esnobe nos Estados Unidos, ou a mesma relação entre o sotaque francês para alguns quebequenses, que podem invocar a imagem do maneirismo francês.

Na comunicação intercultural, as palavras podem igualmente ser problema por duas razões principais: 1. a mesma palavra pode significar duas coisas diferentes; e 2. o caso do linguocentrismo.

Quando o sentido das palavras difere de um universo para outro

Com efeito, uma das primeiras contribuições da linguística desde o trabalho pioneiro de Ferdinand de Saussure, seu fundador, foi mostrar que todo signo é composto por dois elementos, o significante (a palavra) e o significado (conceito) (Hagège, 1985). Isso significa que, na vida cotidiana, pode ser que as palavras que eu use não tenham o mesmo significado para meu interlocutor. Exemplos de tais equívocos semânticos entre pessoas pertencentes ao mesmo universo linguístico e cultural, por exemplo, entre os franceses, são legião. Há também entre pessoas que compartilham o mesmo sistema linguístico, mas que pertencem a mundos diferentes, os franceses e os quebequenses. Enquanto, os quebequenses vão almoçar pela manhã, jantar ao meio-dia e cear à noite, os franceses irão, respectivamente, tomar café da manhã, almoçar e jantar. Podemos prever os mal-entendidos que podem surgir. Também encontramos esse tipo de desentendimento entre ingleses e norte-americanos. George Bernard Shaw já dizia com sua ironia habitual que os britânicos e norte-americanos foram separados pela mesma língua! A existência de vários dicionários de inglês apenas nos lembra das diferenças lexicais entre o inglês da Inglaterra e o de outros falantes de língua inglesa (norte-americanos, australianos, canadenses, neozelandeses). O que é igualmente evidente no campo lusófono. Finalmente, encontramos esses mal-entendidos entre pessoas que pertencem a mundos linguísticos e culturais diferentes. De acordo com pesquisas recentes, engenheiros suíço-alemães e engenheiros franceses não parecem dar, por exemplo, o mesmo significado para o termo qualidade. Os primeiros o associam à ideia de confiabilidade, enquanto os segundos, à de engenhosidade. Não é, pois, de se espantar que eles tenham dificuldade de se entender e que essas dificuldades sejam a base para criar novos ou reforçar preconceitos já existentes por decorrência da falta de seriedade dos franceses e da falta de jeito dos suíço-alemães (Chevrier, 2000).

Quando nossos padrões linguísticos nacionais nos perseguem ao falarmos outra língua

Trabalhos recentes de determinados linguistas levam-nos a tomar consciência de outra causa importante de mal-entendidos e falhas na comunicação intercultural: o linguocentrismo (Geoffroy, 2001). O que significa tal neologismo? Significa que qualquer falante de sua língua materna tem um olhar baseado em uma teoria da linguagem construída e compartilhada tacitamente por todos os outros sujeitos que pertencem ao mesmo grupo linguístico nacional. A transferência da língua materna para uma língua estrangeira, portanto, será feita por meio de fórmulas percebidas como equivalentes, mas que, após o recebimento, serão avaliadas de forma diferente. Em outras palavras, os franceses quando falam inglês podem utilizar fórmulas francesas cujo significado será bem diferente para um locutor inglês. Foi justamente o que observou Christine Geoffroy (2001) em sua pesquisa sobre a comunicação entre franceses e britânicos. Ela observou dois tipos de transferências. O primeiro diz respeito às transferências semânticas. Relacionadas ao controle insuficiente da língua estrangeira, elas dão lugar a erros de vocabulário, sintaxe ou entonação.

- As transferências ditas lexicais são as que chamamos falsos cognatos. Por exemplo, a palavra versátil em francês significa: sujeito a mudar subitamente de partido, a correr com o vento, ou seja, refere-se a um sujeito inconstante, mutável, até mesmo lunático. Em inglês, a definição é bem diferente. Ela está associada à ideia de uma pessoa que tem uma grande diversidade de habilidades, capaz de passar de uma atividade a outra. Embora o termo seja pejorativo em francês, não o é em inglês.

- As transferências sintáticas afetam o uso do tempo ou da escolha do gênero. Por exemplo, em inglês, objetos inanimados não têm sexo como em francês. O que é uma grande fonte de confusão para os falantes de inglês quando falam francês.

- As transferências prosódicas referem-se às entonações. Por exemplo, a frase inglesa: "What do you mean?" pode, de acordo com a inflexão dada a uma ou outra palavra, ter significados diferentes. Pode significar por sua vez uma pergunta, descrença, frustração, mesmo desespero.

A segunda transferência diz respeito ao que os linguistas chamam pragmalinguística, isto é, uma situação em que o locutor vai orientar o seu discurso para produzir um efeito sobre o interlocutor. Por exemplo, em inglês, obrigação possui muitas possibilidades de expressão. Dada essa diversidade, estrangeiros, marcadamente franceses, optam frequentemente por utilizar o "must". Entretanto, para os ingleses esse uso da palavra "must", em vez do sentido de "ter que", assumido pelos franceses, tende a reforçar sua percepção da arrogância francesa. Para os ingleses a utilização de "must" se refere a uma relação de poder e de imposição. O uso de "but" é igualmente outra fonte de mal-entendidos. Em francês, o equivalente "mais" é usado como um marcador de transição, para obter um contato mais direto com o autor da chamada, indicando a retomada da palavra, sua posição pessoal ou a introdução de um elemento adicional. Em inglês, o "but" serve para apresentar uma divergência, uma forte objeção ou contradição. Apresenta, portanto, um significado diferente. Usando-o, os franceses reforçam mais uma vez sem saber a sua imagem como ruidosa e arrogante aos olhos ingleses e contribuem para alimentar o estereótipo do francês aos olhos ingleses.

Quando as palavras participam da construção da relação pessoal

A construção do relacionamento pessoal passa pelas palavras que empregamos. Os marcadores da relação e a percepção que podemos ter são muito influenciados por nossos modos de abordar e de interagir. Em francês, usamos muitos *"vous"* e *"tu"*, e claro, outras possibilidades: Senhor, Senhora, sobrenome, nome, apelido. Em inglês, o uso de *"you"* é neutro, o uso do nome para os britânicos não implica um nível de relacionamento íntimo ou pessoal, como o uso de um apelido ou diminutivo. Essas formas são informais e cordiais sem serem íntimas. Os franceses são muitas vezes interpretados a partir de seu sistema sem terem sequer consciência disso. O uso de apelidos e de denominações profissionais em inglês recai sobre sua função e não no estatuto honroso. O que é certamente o caso em francês. A grande diversidade de modos de se dirigir a alguém em francês perturba os ingleses. Cada um dos modos não se refere apenas ao tipo de relacionamento que temos com uma pessoa em determinado contexto, mas também à história dessa relação (Guigo, 1994). Por isso, algumas pessoas podem tratar alguém por *"tu"* mesmo que haja uma diferença de idade, outros só vão usar *"vous"* mesmo que chamem a pessoa por seu nome, ou ainda outros vão tratar-se de Sr. e Sra. tornando a conversa mais formal.

As fórmulas de polidez também assumem formas diferentes. Em inglês britânico, dá-se à sinceridade, à lealdade e à estima grande importância, ao passo que, em francês, nós exprimimos sentimentos diferenciados. Os ingleses usam muitas formulações indiretas, as quais chamamos "duvidosas": adivinhar, supor, crer, pensar. Eles também usam outras expressões do tipo "temo que". Os franceses são muito mais diretos. O que pode chocar os ingleses.

Os elementos que nos entrega Christine Geoffroy em sua análise refinada sobre o intercâmbio verbal entre o francês e o britânico nos mostra que a competência linguística não é sinônimo de competência sociocultural. Dominar uma língua é uma condição necessária, mas não suficiente. O conhecimento de referências culturais continua a ser essencial. Todos os falantes de uma língua estrangeira, como todos os falantes da língua utilizada, devem estar cientes do linguocentrismo. Isso pode ajudar a atenuar as reações instantâneas e melhor se fazer compreender àquele que coloca os problemas durante a aproximação. Gerentes que imergem ora em um, ora em outro contexto linguístico e em ambientes de trabalho que muitas vezes favorecem o idioma inglês deveriam ser mais conscientes. Pois mal-entendidos podem surgir e ter consequências sobre a dinâmica social.

Os elementos cotextuais

Quando interagimos com alguém, não trocamos, é claro, apenas palavras. Usamos um timbre de voz, adotamos entonações, damos certa intensidade ao que é dito, imprimimos uma certa velocidade e, claro, um sotaque. De acordo com as culturas, esses elementos podem variar. Existem culturas que adoram que o locutor demonstre sua paixão enquanto fala, outras não. Sotaques diferentes são por vezes um obstáculo fonético à compreensão. Se aprendemos o inglês de Oxford, podemos ter problemas com o inglês do Texas. Da mesma forma, um francês pode ter dificuldades no começo para entender certos quebequenses. Como quebequenses podem ter eles mesmos dificuldades em compreender o francês de alguns dos jovens de subúrbio. Essas variações paraverbais podem levar a mal-entendidos, especialmente quando as culturas fazem utilização oposta desses elementos. O que já foi relatado um pouco antes. A fonética é um marcador que participa das representações. Ela pode certamente ser usada para criar preconceitos. Esse é um dos elementos combatidos por numerosos jovens de periferia na França.

Apelamos também a gestos e expressões faciais. Incluímos posturas. Olhamos de forma mais ou menos intensa. Existem culturas muito gestuais (latinas, do Oriente Médio, africanas) e outras mais econômicas a esse respeito (culturas nórdicas, germânicas, anglo-saxãs). Há culturas em que o não verbal supera claramente o verbal (asiáticas, indígenas). Como cada povo aprende em seu contexto cultural a expressar-se fisicamente de alguma maneira (Le Breton, 1998), problemas podem ocorrer quando os interlocutores são de mundos opostos. Por exemplo, esse pode ser o caso quando um indivíduo pertencente a uma cultura mantém fortes contatos visuais, passa a interagir com alguém que vem de uma cultura de poucos contatos (Hall, 1966, 1979, 1984). O segundo pode facilmente sentir-se invadido ou assediado e até mesmo confrontado pela visão do outro e de seus preconceitos. Historicamente, para muitos ocidentais, os asiáticos são vistos como enigmáticos, essa percepção está enraizada parcialmente no emprego diferenciado dos aspectos não verbais.

Os elementos contextuais

Enfim, a interação ocorre sempre em um determinado contexto. Os elementos desse contexto são, naturalmente, o espaço e o tempo em que essa relação se dá. Esses elementos contribuem para a construção da inter-relação e de sua importância. Não é certamente indiferente para um subordinado ver, em um caso, seu chefe visitá-lo e, em outro, ser convocado por ele. O tempo que dedicamos a alguém e o momento em que nos relacionamos uns com os outros afetam a maneira de nos comportarmos e as coisas que vão ser ditas. Também se referem a uma relação de tempo que vamos discutir um pouco mais adiante.

Outros aspectos fazem parte do contexto, em particular as marcas físicas e as marcas de pertencimento. Aqui também não passa despercebido que o interlocutor tenha um brinco, cabelos ruivos, uma tatuagem, ou ainda pele branca ou escura. Como também são significativos o modo como as pessoas estão vestidas e os acessórios que usam. No entanto, tais aspectos serão igualmente influenciados pelo contexto cultural. Nesse sentido, disseram-me recentemente que o CEO de uma grande empresa francesa em visita aos Estados Unidos não hesitou em dizer a um de seus interlocutores que a legião de honra que ele trazia era equivalente a um CEO francês de *stocks-options* para um norte-americano. Dessa forma, ele mesmo dava uma resposta de forte conotação cultural.

Atualmente, as discussões na França em torno do uso do véu islâmico nas escolas e nos serviços públicos também são exemplares. Elas são fortemente influenciadas pelo conceito de laicidade republicana à francesa. É claro que no mundo árabe ou no Reino Unido ou nos Estados Unidos o véu não tem o mesmo significado. Pode-se facilmente deduzir que as incompreensões podem ser, de novo, numerosas a esse respeito. Quanto aos franceses, vestir o véu islâmico nas escolas é uma violação das regras de neutralidade dos estabelecimentos escolares, ainda que alguns vejam na proibição do véu uma violação das liberdades individuais (Reino Unido, Estados Unidos) ou uma rejeição ao Islã (países muçulmanos). O contexto sociopolítico vai determinar a interpretação que cada um dará a esse item de vestuário de acordo com suas próprias referências (a República, os direitos individuais ou o caráter religioso do mundo social). Podemos, então, entender melhor por que essas diferentes interpretações podem levar a conflitos. Algumas situações são opostas. Assim, a integração dos muçulmanos franceses passa por um Islã republicano que respeita a separação das esferas e a lei sobre a laicidade (Weil, 2005).

Finalmente, como assinala Hall, podemos pertencer a uma cultura em que o contexto de interações é mais ou menos rico, ou mais ou menos pobre. As trocas no contexto rico compreendem os elementos da informação pré-programada para o destinatário e para o ambiente, as mensagens que incluem um mínimo de informação. Pensemos no teatro Nô japonês. As trocas no contexto pobre configuram a situação oposta. A mensagem deve incluir todas as informações para superar as insuficiências do contexto. Ao contrário do contexto de comunicação pobre, a comunicação em contexto rico é econômica, rápida, eficiente e satisfatória. Mas isso leva tempo, antes de se concordar. Para Hall, se toda cultura não pertence exclusivamente a uma extremidade da escala, algumas ainda são caracterizadas por um contexto mais ou menos rico. Para ele, as culturas de contexto rico são as da Ásia, da América Latina e do Mediterrâneo, e as culturas de contexto pobre, as alemã, escandinava e norte-americana. Podemos, então, compreender as dificuldades que podem surgir quando duas pessoas em dois contextos opostos passam a se relacionar. A história do piloto da Air France que, irritado com os controles no verão passado, brincou no aeroporto de Nova York dizendo que tinha explosivos em seu sapato é um bom exemplo. Pertencendo a uma cultura de contexto rico, ele teve de conviver com a reação de um funcionário norte-americano que vive em um contexto pobre, onde o que diz um piloto deve ser tomado ao pé da letra, o que não teria feito um controlador francês nessa situação. Na sequência desse evento, ele foi preso, mas liberado antes do processo que pode levá-lo a sete anos de prisão! Não se brinca da mesma forma dos dois lados do Atlântico. É também uma questão de contexto. Podemos ver novamente como as diferenças a esse respeito podem levar a mal-entendidos e até a graves conflitos. Nesse caso específico, 350 pessoas dormiram num hotel e tiveram de esperar por um outro piloto até o dia seguinte para voarem para Paris!

O viver próprio de uma cultura nacional

A existência em grupo exige uma série de elementos compartilhados (linguagem, regras, crenças, valores). Esses elementos são aprendidos e internalizados para que se tornem naturais para as pessoas. Todos nós aprendemos um idioma, a nos comportar de determinada maneira à mesa, a expressar nossas emoções de certa forma. Ao fazer isso, acreditamos que eles sejam naturais. Quando encontramos pessoas de outras culturas é que descobrimos a singularidade da nossa maneira de viver. Outros mundos são possíveis e a sua existência leva inevitavelmente a perguntas sobre nós mesmos. Como já vimos, é, de fato, nesse confronto com o outro que aprendemos a nos conhecer. As relações no exterior com o exótico, com o diferente são consubstanciais para a formação da nossa identidade (Joly, 1990; Todorov, 1995; Fernandez, 2002). Para entender as diferenças que encontramos, a antropologia, a etnologia, a geografia, a história comparada são de grande auxílio. Tais disciplinas, cada uma à sua maneira, nos fazem lembrar que temos um relacionamento diferente com a linguagem, o espaço, o tempo e os outros. E, como resultado, as práticas de gestão que podemos observar não são sempre alheias a essas relações, e a comunicação intercultural de que acabamos de falar se integra a padrões antropológicos muito mais amplos.

Uma certa relação com a linguagem

Se as funções principais que apresentamos no capítulo anterior existem em cada universo linguístico e cultural, resta-nos observar as diferentes relações com a linguagem e com a língua de acordo com as sociedades estudadas. Essas diferenças dizem respeito em particular à maneira de conversar e a relação que o interlocutor pode ter com sua própria língua.

Os diferentes estilos de conversação

Em um trabalho etnológico comparativo, Raymonde Carroll (1987) descreve as diferenças nos estilos de conversa que ela pôde observar entre os Estados Unidos e a França. Para ela, a conversa americana é semelhante ao plano de imagem em uma sessão de jazz. O objetivo é trocar ideias falando informalmente. A ordem é definida pelo tamanho da explicação necessária. As notas dissonantes se referem a interrupções, ao tom de entusiasmo, às vozes e às risadas por qualquer coisa. Conversar em francês é, segundo ela, totalmente diferente. Sua imagem se assemelha à de fogos de artifício. Seu objetivo é interagir e vivenciar momentos com alguém. A ordem é definida pelo ritmo das intervenções. As notas dissonantes remetem a explicações trabalhosas, à ausência de variedade e a longas respostas.

No primeiro caso, os interlocutores se ouvem e revezam, cada um na sua vez, um tópico específico. No segundo, eles discutem com vivacidade, intervindo sempre que julgam necessário e sobre temas que estão sujeitos a grande variação durante a conversa. Como podemos constatar, estamos diante de dois estilos muito diferentes, que podem causar mal-entendidos ou reações agressivas. Para a autora, a conversa francesa que melhor corresponde à conversa americana é a conversa a sério.

Por que não observamos essas diferenças? Podemos em grande medida explicá-las pela história. Para os franceses, oriundos de uma cultura aristocrática, a conversa foi basicamente uma arte por meio da qual era necessário se distinguir. São incontáveis os trabalhos sobre esse assunto que mostram como a vida na corte e, mais geralmente, nos salões foi fundamental na definição das regras de conversação (Fumaroli, 2001). A ascensão da sociedade burguesia encaixa-se nesse padrão. Muitos são também os romances que ilustram a importância de saber conversar e o papel bem desempenhado pelas mulheres a esse respeito. Assim, uma boa anfitriã deverá dispor seus convidados calculando as exigências das conversas que irão se desenvolver. Os norte-americanos têm uma experiência totalmente distinta (Hertsgaard, 2002). A aristocracia tradicional nunca existiu realmente, a conversa nunca foi uma arte. O objeto e o respeito do interlocutor é mais importante em uma cultura dita democrática do que o brilho das trocas. Podemos, portanto, entender por que tanto a forma quanto o conteúdo do discurso do ministro dos negócios estrangeiros francês, Dominique de Villepin, na ONU, durante a crise do Iraque, foram particularmente bem recebidos pelos franceses, quando se deu o contrário com muitos norte-americanos, especialmente os republicanos. Os primeiros recuperaram as armas do discurso francês feito em grande estilo, com citações apropriadas e frases marcantes. Os últimos viram, em contrapartida, uma manifestação da arrogância e do esnobismo do francês (Chesnoff, 2005).

Uma relação especial com a sua língua

Um outro elemento de explicação reside na relação que franceses e norte-americanos mantêm cada um com sua língua. Para os norte-americanos como um todo, a linguagem é antes de tudo uma ferramenta de comunicação. O que impera é sobretudo uma concepção funcional e instrumental da língua. Isso explica, por exemplo, por que um candidato a presidente dos Estados Unidos não pode parecer muito intelectual e nem pesquisar muito para falar. Pois, se esse for o caso, ele pode ser visto como esnobe. Ele tem, sim, interesse em falar para todos. Tivemos um exemplo na última eleição presidencial, na qual Kerry foi caricaturado como esnobe da Costa Leste, ou mesmo *"frenchie"* por falar francês fluentemente. Isso também explica por que a aprendizagem da língua na escola é em geral menos exigente do que na França.

No caso dos franceses, historicamente uma outra visão prevalece. A língua é um tesouro. Isso é algo tão importante que até uma academia foi dedicada a ela desde o século XVII. Falar francês corretamente é obrigatório tanto para os próprios franceses quanto para os estrangeiros que aprendem a língua. Todo político e homem público tem essa consciência. É por isso que muitas figuras de destaque na política francesa também mantiveram uma relação estreita com a literatura e os escritores. Ao contrário dos Estados Unidos, seria realmente difícil para um candidato à presidência francesa não cuidar de sua expressão oral, sob pena de ser desqualificado. Vemos mais uma vez as fontes aristocráticas dessa atitude. O prazer da mente passa pelo uso da linguagem. Na terra de Luís XIV, dos salões literários e da sacralização da língua, era e continua sendo inconcebível não saber se exprimir com conhecimento quando se ocupa uma posição oficial.

Essa valorização da língua permite-nos também compreender por que os franceses tendem a repreender o seu interlocutor, francês ou estrangeiro, quando este comete um erro. Isso leva alguns estrangeiros a verem os franceses como instrutores demasiadamente meticulosos, embora eles visem somente que seu interlocutor fale melhor. O sucesso experimentado há muito tempo pelos concursos de ditado sob a influência de Bernard Pivot é um bom exemplo. Em contrapartida, não surpreende o fato de que os norte-americanos tenham desenvolvido uma maior tolerância em relação aos erros linguísticos. Para eles, o essencial não é se comunicar em um contexto a que muitos interlocutores acabam de chegar e onde a língua é acima de tudo ferramenta de comunicação?

Se, até agora, as funções estética e poética da linguagem foram valorizadas na França, podemos compreender melhor por que certos intercâmbios culturais podem ser problemáticos entre alguns franceses e alguns estrangeiros. A esse respeito, como observou Jean-Pierre Dupuis (2005), a relação diferencial com a língua, tanto em estilo de conversação quanto no uso das palavras, é um dos elementos de tensão entre executivos franceses que trabalham no Quebec e colegas quebequenses. As relações interculturais tropeçam portanto nessa relação singular que cada um de nós mantém com a língua, essa relação de raízes sócio-históricas.

Uma certa relação com o espaço

A relação com o espaço também é um elemento-chave de entendimento de uma cultura e, portanto, do comportamento humano. Cada sociedade, cada grupo humano tem seu próprio território. Remete-se a uma geografia particular, que influencia os modos de viver em conjunto. O hábitat, os padrões de sociabilidade, a alimentação, os hábitos, as mentalidades, a atitude cara a cara com a natureza estão conectadas a esse espaço. Pensemos nos inuits do Ártico canadense, nos índios da Amazônia ou nos mongóis para nos convencermos facilmente.

O espaço não é apenas físico. Também é dotado de história, isto é, os eventos de destaque que ele testemunha, os abrigos de memória e as alterações de fronteira. Ele é marcado pela presença de vestígios do passado, os locais de sepultamento dos antepassados e os traços de caminhos antigos. Ele é atravessado por sucessivas ondas de imigração que têm contribuído para a formação da população atual. A historicidade do espaço nos permite compreender por que a cultura europeia não é a mesma da América do Norte, da África negra ou, ainda, da Ásia, por que o espaço francês é tão distinto do espaço canadense ou do espaço brasileiro. Com efeito, enquanto ele está acima do espaço que domina a experiência norte-americana, é antes de tudo a história que molda as experiências europeia e francesa. Não podemos, portanto, surpreendermo-nos ao ver que, até recentemente, uma pesquisa desenvolvida junto aos franceses mostrou a forte ligação que eles tinham com sua região de origem. Isso é perfeitamente compreensível para as pessoas que vivem em um país onde a história está profundamente enraizada e onde a paisagem muda dentro de alguns quilômetros. Podemos, pelo contrário, entender que norte-americanos, imigrantes vindos de todo o mundo, fortemente marcados por uma história de conquista espacial (o mito da fronteira), tenham geograficamente mais mobilidade do que os franceses. Além disso, seu espaço é menos historicizado e culturalmente mais padronizado, sendo mais fácil de se locomover. As raízes profundas que ligam o francês à sua terra de origem o impedem de ter a mesma mobilidade. Essa relação com o espaço também se dá em nível pessoal e no nível da vida cotidiana.

O antropólogo americano Hall, assim como outros cientistas sociais, bem mostrou como essa relação com o espaço, por um lado, era fundamental a qualquer ser humano, mas, por outro, como ela era influenciada pela cultura do grupo a que se pertence (Hall, 1984; Fischer, 1989, 1990; Fischer e Vischer, 1996). Cada indivíduo precisa de um certo espaço de proteção, é a famosa bolha pessoal que envolve todo ser humano, invisível, mas bem delimitada por cada um de nós. Igualmente, a necessidade de possuir um espaço próprio no qual podemos marcar nosso território por uma forma qualquer de apropriação. Eles são, em última instância, as distâncias que regem nossos tipos de relações sociais (íntima, pessoal, social e pública).

O que nos mostram numerosos trabalhos é que esse relacionamento pessoal com o espaço e a distância é mais uma vez influenciado pelo contexto cultural. É por isso que em algumas culturas tende-se a tocar com mais facilidade, a olhar fixamente sem a sensação de ser invadido (culturas mediterrâneas, latinas e africanas), enquanto naquelas em que o contato é menos fácil e a troca de olhares menos frequente viva-se como tal (culturas nórdicas, germânicas e anglo-saxãs). O exemplo clássico da expressão espacial dessas diferenças é a organização de um terraço de bistrô parisiense. As mesas são geralmente voltadas para que os clientes possam ver o espetáculo da rua e para que os transeuntes joguem olhares à clientela sentada. Tal dispositivo só é possível no caso de uma cultura que enfatiza os contatos visuais (Hall, 1984). E também é observado no espaço público (metrô, trens, jardins públicos etc.). Há lugares no mundo onde os usuários do metrô se entreolham, enquanto em outros se ignoram. Isso pode levar alguns, aqueles que não se olham, por exemplo, mulheres, a pensar que possam ser assediadas, enquanto no outro caso, elas experimentariam uma sensação oposta, a de falta de interesse. Quantos franceses ou italianos têm a impressão de que não são olhados na América, enquanto os norte-americanos sentem o contrário na França e na Itália. E quanto às pessoas de culturas do Sul que se encontram com as do Norte, tamanha distância! Notamos também os desentendimentos e os conflitos potenciais que podem acontecer quando não se pertence ao mesmo mundo espacial. Onde alguns veriam invasão e falta de boas maneiras, outros interpretariam como curiosidade e civilidade.

Podemos também entender por que alguns conceitos de ordem espacial tiveram dificuldade de se impor em determinadas culturas. É o caso, por exemplo, do conceito de escritório de paisagismo ou de área aberta. Inventado por dois alemães após a Segunda Guerra Mundial, teve pouco sucesso na Alemanha. Os dois inventores partiram para os Estados Unidos, onde seu conceito chamou a atenção e foi adotado por muitas organizações (Fischer, 1990). Essa recepção diferenciada remete à relação que alemães e norte-americanos têm com seu espaço pessoal, aqueles privilegiam espaços fechados e estes preferem o ar livre (Hall, 1984). Pode-se ver de quantas maneiras a concepção do espaço, incluindo a da área de trabalho, é influenciada pelos padrões socioculturais. Podemos, então, entender por que o espaço de interação social e de gestão dos espaços de trabalho pode criar dificuldades quando se ignora a relação que as pessoas de uma cultura têm com seu espaço. Reconhecendo que o espaço desempenha um papel importante na construção e manutenção de laços sociais, não podemos deixar de levá-lo em conta. Mas essa relação com o espaço não é completamente separada da relação com o tempo.

Uma certa relação com o tempo

Um movimento no espaço é sempre um movimento no tempo. Mas, se a ação humana é parte de um contexto espaço-temporal, resta que a relação com o tempo também varie de acordo com os parâmetros culturais. Como mostram numerosos estudos, os seres humanos nem sempre têm a mesma visão de tempo. Entre o tempo das sociedades de caçadores-coletores, das sociedades agrícolas, das sociedades industriais e as que conhecemos nos últimos anos em nosso país existem diferenças significativas (Gasparini, 1990; Kamdem, 1990; Sue, 1994; Aubert, 2003). Tais diferenças existem no mundo hoje. Todos os habitantes do planeta não vivem de fato os mesmos imperativos temporais. O agricultor de Burkina Fasso, o lojista de Bombaim, o guarani da floresta amazônica, o motorista das montanhas do Peru, o financista de Wall Street, o fazendeiro da Beauce ou a caixa do supermercado de Londres não são regidos pelas mesmas exigências do tempo. Na era da globalização, ainda há tempos sociais diferenciados. Fruto da organização e do nível de desenvolvimento da sociedade, essas escalas de tempo refletem não somente a diversidade das condições de existência conhecidas por homens e mulheres de hoje, mas também a pluralidade de suas concepções.

De acordo com Hall, a relação com o tempo é de fato marcada por dois grandes tipos ideais. O primeiro, chamado monocrônico, é caracterizado pelo fato de que as pessoas geralmente fazem uma coisa de cada vez, atentam-se a horários, prazos, vencimentos e desempenho das atividades, focalizam-se na tarefa a ser cumprida, comunicam-se sem se referir ao contexto e impulsionam a precisão ao extremo. Esse é o modo encontrado na cultura americana, nas culturas do norte da Europa e nas culturas germânicas.

> O tempo é linear e segmentado como uma estrada ou uma trilha que se desenrola a partir do passado e orienta-se para o futuro. Como se ele fosse algo de concreto que podemos poupar, gastar, esbanjar, perder e recuperar, que corre, que se precipita, desacelera, arraste-se e foge. (Hall, 1984, p. 24)

É evidente a noção de tempo que prevaleceu para a emergência da sociedade industrial. E todas as sociedades tradicionais tiveram de se ajustar mais ou menos a essa visão se quisessem industrializar-se. O que não ocorreu sem problemas. Como apontam historiadores, foi preciso disciplinar os primeiros trabalhadores das zonas rurais para o ritmo industrial, algo completamente novo para eles (Gasparini, 1990).

O segundo tipo ideal, designado policrônico, é caracterizado pela diversidade de atividades realizadas ao mesmo tempo, dando prioridade às pessoas, ao contexto, à pontualidade e a uma facilidade de mudar os programas e projetos. Esse modo é encontrado especialmente em culturas latinas, mediterrâneas e africanas. "O tempo policrônico pode ser representado antes por um ponto final do que por uma trilha ou um caminho, e isso é sagrado" (Hall, 1984, p. 22).

Tal concepção remete à experiência das sociedades tradicionais. É baseada na ideia de que as relações entre os seres humanos são mais importantes do que as relações entre seres humanos e objetos. O tempo passa a ser subordinado ao que as pessoas consideram importante no momento em que se relacionam. Esses dois sistemas são muito diferentes e fortemente opostos. Podemos compreender por que seu encontro pode suscitar problemas. Muitos são os norte-americanos que, como muitos outros ocidentais, irritam-se ao viajar e trabalhar em países com o sistema policrônico dominante. Ao fazerem isso, eles perdem de vista a importância do relacionamento e do contexto. Isso nos leva à última grande relação, a relação com o outro.

Uma relação com o outro

Toda organização, independentemente da sua natureza (empresas, governos, cooperativa, associação, sindicato), tem uma divisão de trabalho e uma hierarquia. Cada direção estabelece sistemas de recrutamento, seleção, remuneração, avaliação e controle. Se esses elementos podem ser influenciados por muitos outros fatores, constatamos aqui o que se depreende do âmbito cultural nacional ou regional propriamente dito. Um dos aspectos mais importantes diz respeito aos significados que as pessoas atribuem a suas condutas e categorias que possam permitir interpretar o que está acontecendo. A cultura, definida como um universo de significados, pode tornar inteligível o que se observa numa organização.

No capítulo anterior, vimos como a partir do trabalho clássico de Philippe d'Iribarne cada universo produz lógicas distintas de ação no contexto francês, americano e holandês.

A história das relações: um aspecto muitas vezes esquecido nas relações interculturais

Nesta última parte, gostaríamos de abordar uma questão que muitas vezes não é destacada na literatura de gestão intercultural: as relações históricas. Na realidade, a relação dos indivíduos na sua vida profissional ou social com outros indivíduos pertencentes a outros mundos culturais não é, na maioria dos casos, uma experiência nova, já que se situa no patamar da história das relações entre os povos que lhe representam. O peso da história, queiramos ou não, em maior ou menor grau, é sempre pano de fundo da relação. Esquecê-la é condenar-se a ofuscar um aspecto importante da compreensão das relações envolvidas, ainda mais quando as relações encrespam, podemos interpretá-las à luz dessa história. Vários exemplos podem ser oferecidos. Escolhemos aqui três casos: o das relações franco-americanas, o dos quebequenses francófonos com os franceses e o das relações entre franceses e magrebinos. Cada um desses casos mostra um relacionamento em um contexto específico: o contexto dos dois países independentes, um na América, outro na Europa; contexto de mãe-pátria e de sua extensão a um novo mundo e ao contexto da conquista colonial.

As relações franco-americanas: mais de dois séculos de contrastes

A recente crise iraquiana que opôs o governo dos Estados Unidos e a maioria do mundo também revelou uma relação tensa com a França, que jogou com a Alemanha a resistência à política americana no seio do Conselho de Segurança da ONU. O episódio rendeu aos Estados Unidos um grande número de artigos de jornais, revistas e televisão pouco favoráveis à França (Chesnoff, 2005). E acarretou uma tentativa de boicote a produtos franceses e uma mudança de termos como *french fries* (batata frita) e *french toasts* (rabanada) não somente no restaurante do Congresso, mas também em outros restaurantes norte-americanos em favor de *liberty fries* e *brinde toasts*. A Alemanha não sofreu o mesmo tipo de retaliação, apesar de adotar a mesma posição que a França.

Tal reação explica-se, evidentemente, em termos políticos clássicos e pelo fato de que o peso demográfico dos norte-americanos de origem francesa é baixo se comparado ao dos norte-americanos de origem germânica, que historicamente constitui um dos principais grupos de imigrantes. Em contrapartida, ela só pode ser entendida à luz da história das relações entre os dois países. Muitos críticos fizeram eco à ingratidão francesa que, tendo sido ajudada por duas vezes no século XX, durante a Primeira e a Segunda Guerras, não veio para ajudar os seus amigos norte-americanos quando eles precisavam. Esses mesmos norte-americanos muitas vezes esquecem o apoio crucial que a França tinha dado à jovem república americana durante sua Guerra de Independência. E, mais recentemente, a plena cooperação da França na primeira guerra do Iraque e na intervenção no Afeganistão, a visita do presidente francês a Nova York, o primeiro da fila, na sequência dos ataques ao World Trade Center, e o editorial do diretor do jornal *Le Monde*: "Somos todos norte-americanos", escrito após esse trágico evento.

O que essa tensão colocou em jogo foi definitivamente os elementos subjacentes recorrentes. Na verdade, essa não é a primeira vez que ambos os governos se opuseram. Desde o nascimento dos Estados Unidos, os historiadores lembram-nos das tensões entre George Washington e outros norte-americanos com oficiais franceses, estes últimos sendo vistos pelos primeiros como pessoas arrogantes e esnobes. Durante a Segunda Guerra Mundial, a relação entre Roosevelt e De Gaulle estava muito ruim. E o general francês fez de tudo para se distanciar dos norte-americanos quando julgou necessário. Ele deixou a Otan com essa finalidade. Ainda que com o início da reconstrução europeia, os franceses tenham militado por uma Europa poderosa e independente aliada aos Estados Unidos. Essa atitude crítica enraiza-se em uma oposição entre dois modelos de universalidade.

A universalidade na versão americana insere-se historicamente em uma experiência democrática, que tem sido incorporada ao longo do tempo, como lembra o famoso filme de Elia Kazan *América, América*, a terra de todas as oportunidades para inúmeros imigrantes pobres, perseguidos, que lutavam com a fome e as guerras em outras partes do mundo. É também uma experiência de conquista continental na qual a economia de mercado goza de amplo apoio, a ação do Estado é bastante malvista, as desigualdades socioeconômicas são toleradas e a religião desempenha um grande papel na experiência humana (Lieven, 2005).

A universalidade na versão francesa, enquanto partilha de alguns elementos com a americana, inscreve-se num contexto completamente distinto. Após a Revolução Francesa, a experiência da França foi profundamente influenciada por sua longa história aristocrática, por sua monarquia centralizada e pelo resplandecer de sua cultura. A antiga nação, orgulhosa do seu passado, sempre procurou, apesar do declínio gradual e relativo de sua influência, conservar de alguma forma sua posição. Essa atitude por vezes tem o dom de irritar com razão até os melhores amigos. No caso específico, a crise do Iraque, o mundo e a França é que estavam certos. Mas a maneira como os protagonistas vivenciaram-na é historicamente bem conhecida.

Essa relação é ainda mais complicada por se caracterizar simultaneamente por um fascínio mútuo, especialmente em certas categorias sociais. Se, hoje, a maioria dos norte-americanos tem uma visão pouco clara da França, uma grande falta de conhecimento em alguns meios intelectuais e culturais norte-americanos, a França continua a ter uma boa imagem e a ser associada a um estilo de vida. Por exemplo, enquanto alguns parlamentares exigiam o boicote à França, a Universidade de Cornell organizava uma semana da França para reagir a seu modo ao "French bashing" (ataque francês) que se tornava tão popular, especialmente entre os republicanos. Na França, a imagem dos Estados Unidos, embora às vezes possa ser muito negativa, também tem um reservatório de admiradores que não pode ser esquecido, no mesmo universo a que se compara regularmente.

Essas duas experiências históricas afetaram a forma de considerar a alteridade e a relação com a diferença. No contexto francês, a República é a guardiã da liberdade, da igualdade e da solidariedade nacional. Não faz nenhuma alusão às comunidades que a constituem. Por isso não existem estatísticas oficiais por origem étnica, o que, apesar de recentes debates, a maioria dos pesquisadores não quer. Essa concepção do cidadão francês explica por que a questão da discriminação e do racismo é abordada de maneira diferente na França e nos Estados Unidos. No caso da França, a assimilação é o processo aclamado pela grande maioria dos franceses, enquanto no caso dos Estados Unidos, opta-se por modos diferenciados de adaptação à realidade americana. Portanto, se o racismo contra os negros é fraco na França em comparação aos Estados Unidos por várias razões históricas, ele também se deve à própria definição de cidadania francesa. Em contrapartida, as atitudes em relação aos magrebinos, mais particularmente aos argelinos, são desde sempre mais negativas pelas mesmas razões, especialmente por causa da fé muçulmana e de certas práticas (condição das mulheres, uso do véu, proibições alimentares, o abate de carneiros etc.).

Michèle Lamont (2002, p. 279-80), socióloga do Quebec e autora de uma pesquisa comparativa Estados Unidos-França, coloca a questão desta forma:

O republicanismo (francês) desempenha um papel contraditório: ele "deslegitima" uma forma de racismo, mas reforça uma outra fazendo uma clara distinção entre aqueles que partilham a cultura política universalista – os cidadãos franceses – e aqueles que não a partilham – os imigrantes [...] Essa situação é completamente diferente no caso dos Estados Unidos, onde a assimilação dos imigrantes não representa um problema em si. Enquanto eles seguem diferentes modos de adaptação à vida norte-americana [...], eles podem, em princípio, participar da vida cívica e política sem ter de abandonar a sua cultura de origem ou sua identidade.

Temos, porém, de compreender que essa diferença é também o produto de uma história e de uma narrativa singular sobre si mesmo. Não podemos comparar uma sociedade que tem uma história muito longa, e que, ao longo dessa, incorporou inúmeros elementos culturais e demográficos de diferentes horizontes, a uma sociedade que tem pouco mais de três séculos de existência, que foi constituída, após sua independência, por um projeto democrático utópico envolvendo milhões de emigrantes que vieram compartilhar essa visão. Em um caso, estamos diante de uma sociedade cujas raízes aprofundam-se no passado, no outro, estamos a lidar com uma construção nova e voluntária orientada rumo ao futuro. A América como Novo Mundo não está isenta de grandes contradições, uma vez que ela foi, em parte, edificada sobre a destruição das culturas indígenas e a escravidão dos negros. Esses, como todos sabem, são muitas vezes os elementos reprimidos de certos discursos norte-americanos. No entanto, a discriminação na França contra os magrebinos revela antes a não conformidade sentida por determinados franceses, o experiente francês em relação a elementos da República, do que uma rejeição fundamental do outro (Todd, 1993; Weil, 2005). A popularidade de um Zinedine Zidane, capitão da seleção francesa de futebol, ou de Abdelatif Benazzi, ex-capitão da equipe nacional de rugbi, está aí para ilustrar.

As relações franco-quebequenses: uma história complicada

As relações franco-quebequenses têm sido amplamente desenvolvidas ao longo de quarenta anos. Na verdade, esses são os acordos assinados pelo primeiro-ministro Jean Lesage e pelo governo francês no início dos anos 1960 que ajudaram a reconstruir uma relação muito tensa por mais de dois séculos entre a França e o Quebec. A conquista inglesa e a evolução posterior do Canadá francês reduziram as relações franco-canadenses.

A história de duas sociedades que evoluíram em sentidos contrários, o reencontro, pouco caloroso, conduziram ao longo desses quarenta anos a incompreensões e mal-entendidos que nem sempre são dissipados.

Vários fatores argumentam nesse sentido. Um deles baseia-se em uma série de investigações jornalísticas que mostram que os franceses que emigram para o Quebec costumam retornar após alguns anos vividos na bela província (os números são difíceis de ser estabelecidos, mas fala-se em 50% após dois anos). O segundo fator advém de alguns trabalhos, poucos até agora, que incidem sobre a aculturação do francês no Quebec (Saire, 1998; Dupuis, 2005). E o terceiro é ilustrado pela frase "Maldito francês", amplamente utilizada no Quebec.

Esses três fatos nos levam a crer, portanto, que as relações interculturais franco-quebequenses não são tão simples como podem parecer à primeira vista. O que parece ser importante considerar para compreender essa relação complicada do ponto de vista antropológico? Parece que também aqui a história é esclarecedora.

Apesar de pertencer a uma língua, e na maioria dos casos a uma origem demográfica comum, o Quebec foi formado mediante uma experiência diferente. Oriunda da antiga Nova França, a comunidade do Quebec de hoje é produto de uma coletividade que viveu sucessivamente uma vida de pioneiros, a retirada ou mesmo o abandono da mãe-pátria em 1763, então a chegada dos ingleses, a construção de uma nação canadense que há muito tempo constituiu a maior parte do que foi chamado nos anos 1960 de Canadá francês e, finalmente, os últimos quarenta anos de afirmação da identidade do Quebec. Essa história forjou uma personalidade coletiva distinta da francesa. Entre as diferenças centrais, verificou-se o pertencimento ao continente americano, a minoria francófona na América e o papel desempenhado pela Igreja católica. Da experiência norte-americana, os quebequenses mantiveram uma certa ligação com a natureza e o espaço, uma organização social igualitária, uma certa relação com a linguagem e um certo respeito ao tempo. Do caráter minoritário, a comunidade francófona quebequense incorporou uma forma de vulnerabilidade e uma angústia histórica de sobrevivência. Da influência da Igreja, pró-natalista e historicamente forte ultramontana, e muito contrária aos ideais da Revolução Francesa e ao secularismo, uma sobrevivência demográfica e uma desconfiança quanto aos franceses modernos. Como reforça Jean-Pierre Dupuis (2005) em seu estudo, a ideia de que os franceses são potencialmente perigosos para a identidade franco-canadense é difundida entre o clero há mais de um século.

Confrontados com quebequenses que se formaram num contexto popular e igualitário, os franceses vindos de uma cultura fundamentalmente aristocrática, republicana e laica, parecem bem diferentes. No ponto em que os franceses gostam do debate em um idioma pesquisado e criticam de bom grado as coisas que ocorrem, os quebequenses os veem como "críticos", "chatos", até esnobes. Aqui encontramos uma postura semelhante à de muitos norte-americanos, já mencionada anteriormente. O que na França distingue-se pela classificação e sentido de honra (d'Iribarne, 1998, 2006), no Quebec, pretende-se continuar a ser membro do grupo e a se submeter à lógica do consenso. Esses modos de funcionamento são fontes de incompreensão e até de conflitos. Se tais choques podem ser mais comuns entre pessoas pertencentes às classes média e baixa, os executivos franceses, como vemos muito bem no estudo de Dupuis, também podem sofrer ao trabalhar em empresas francófonas do Quebec. Em contrapartida, os executivos quebequenses que trabalham na França não parecem sofrer ostracismo semelhante.

Se as relações interculturais cara a cara sempre implicam um pano de fundo sócio-histórico, um dos elementos para reduzir essa lacuna é tomar consciência dos mecanismos que nos inspiram e das estruturas simbólicas em que cada um interpreta o que é dito ou feito pelo outro. No caso das relações franco-quebequenses, o desafio também vem do fato de que os interlocutores falem a mesma língua, mas de maneiras diferentes. Essa armadilha é encontrada em outros casos, tais como o que viveram ou ainda podem viver os britânicos e norte-americanos, os espanhóis e os latino-americanos ou os brasileiros e os portugueses. No entanto, no caso do Quebec, o peso dos números fica do lado da França, o que não é o caso dos outros exemplos mencionados, isso levanta a questão da norma e do padrão a ser seguido, uma fonte inesgotável de debate ao longo da história do Quebec. Embora hoje em dia essas discussões pareçam apaziguadas e que uma norma esteja estabelecida, rejeitando ora o *joual* (gíria popular), ora uma fonética muito franco-francesa, a verdade é que a relação entre os linguajares franceses e quebequenses permanece traiçoeira. Apesar da língua e por meio da linguagem desenvolve-se um modo diferente de estarem juntos.

Os franceses vêm historicamente de uma sociedade aristocrática pela qual a lógica de classificação e de honra marca em grande medida suas formas de reagir. Nesse contexto, o contraste entre a nobreza e os reles mortais é chave para a compreensão dos comportamentos. Muitos equívocos vêm da incompreensão dessas categorias por muitos quebequenses cujo universo de referência baseia-se tanto em elementos norte-americanos quanto em um funcionamento de estilo escandinavo. Podemos, então, entender por que as tensões podem surgir no trabalho ou na vida cotidiana. No mundo da gestão, é imprescindível a abordagem das diferenças de ambos os lados do Atlântico para evitar reações instintivas que podem ter consequências prejudiciais aos indivíduos em causa. No momento em que as relações franco-quebequenses nunca foram tão frequentes, uma reflexão séria sobre as relações interculturais entre os dois parceiros se impõe ainda mais. Um desvio pela história é absolutamente necessário para compreender o que os une, mas também distingue os dois primos das duas margens do Atlântico.

As relações franco-magrebinas: uma experiência histórica entre a tragédia e o fascínio

Os distúrbios ocorridos nos subúrbios franceses em novembro de 2005, um ano após o debate sobre o uso do véu islâmico na escola, tocaram a opinião internacional. Eles também chamaram a atenção para o estado das relações entre a maioria de franceses e as minorias de origem imigrante, especialmente os jovens de origem magrebina. As interpretações têm se proliferado. Inúmeros comentaristas anglo-saxões propuseram enterrar o modelo de integração francês em benefício do modelo anglo-saxão de integração. Se alguns desses comentários não vinham isentos de considerações políticas a partir da posição assumida pela França durante a crise do Iraque, o problema das relações franco-magrebinas ressurgia no encalço de outros movimentos cívicos, como a passeata dos *beurs* (jovens magrebinos nascidos na França) nos anos 1980.

Essa questão é particularmente complexa por várias razões. Sua origem é diversificada em nível nacional (Marrocos, Argélia e Tunísia) e social (comerciantes, trabalhadores, intelectuais, executivos), e seu grau de integração e de sucesso varia muito. Enquanto muitos se sentem excluídos, alguns são muito bem-sucedidos, tornam-se mesmo símbolos como alguns grandes atletas, cantores, artistas e comediantes. Além disso, muitos são aqueles que se casam fora do seu grupo original. A França é, de fato, a esse respeito, o país que tem uma das maiores taxa de casamentos interétnicos na primeira geração (Todd, 1993).

Qual é, portanto, o problema nesse relacionamento? Vários fatores parecem combinar-se aos olhos dos observadores. Em primeiro lugar, a grande concentração de populações de imigrantes nos mesmos espaços; em segundo, os problemas de integração econômica vividos pelos pais, uma presença pouco visível nos principais agrupamentos políticos e um recuo de alguns em relação aos valores de um Islã conservador. Todos esses fatores se combinam para tornar difícil a realização escolar e o desenvolvimento socioeconômico. Essa é a primeira vez que a República enfrenta tal problema. Porque, até agora, o modelo francês de integração funcionou muito bem. Mas vimos que, apesar da xenofobia ambiente que poderia acometer os pais, havia um forte desejo de ser francês por parte de pais e filhos. As escolas e instituições públicas tiveram um papel importante nesse processo de assimilação. Tal processo ainda existe para muitos jovens de origem imigrante, notadamente magrebina, que respeitavam as regras do jogo. Atualmente, existem muitos pais que estão se mobilizando para impedir a deportação de crianças imigrantes por essas razões. O que mudou, nesse sentido, foi a distância sociocultural que alguns experimentam ao relacionarem-se com a cultura da maioria. A relação com a linguagem (gíria), com os outros (civilidade) e, em alguns casos, os comportamentos ostensivamente religiosos chocam a maioria dos franceses, tão ligada a uma concepção republicana de vida em comunidade. Tais elementos contribuem significativamente para as dificuldades de integração no cotidiano. Mas outros também podem ser adicionados. A história passada e a história presente podem ser combinadas em alguns casos para aumentar as dificuldades (*Le Monde*, 2004). No caso dos imigrantes argelinos, a guerra na Argélia teve papel determinante para algumas atitudes xenófobas e racistas por parte do francês logo após a independência. Pelo lado francês, a perda da Argélia foi traumática para algumas pessoas, especialmente para os franceses que tinham se estabelecido por lá e que tiveram de ser repatriados para a França por conta da independência e também para aqueles nostálgicos dos tempos do Império. Pelo lado da Argélia, a história da guerra colonial permanece no conjunto de relações, como declarações do presidente argelino demonstraram recentemente. A forte reação dos argelinos e de outros países contra a legislação introduzida no início de 2006 na Assembleia Nacional Francesa sobre os benefícios do colonialismo ilustra as profundas cicatrizes deixadas pela história nas relações contemporâneas. Tal pano de fundo é mobilizado sempre que as relações se tensionam. Quando as tragédias da história são reprimidas por seus atores, aqui por funcionários franceses, afetam não apenas as relações oficiais, mas também os relacionamentos comuns. Mas o peso da história do passado não é o mesmo de um país para outro. Marrocos e Tunísia não vivem a mesma relação com a França. Eles não tiveram uma guerra de independência a fazer nem foram considerados departamentos franceses. Essas diferenças fazem parte de uma relação mais calma e de uma visão mais positiva dos franceses, assim como de uma visão mais positiva dos marroquinos e tunisianos pelos próprios franceses.

No caso dos imigrantes da Argélia e de muçulmanos franceses, outros itens acabaram adicionados durante os últimos quinze anos. Um deles foi a ascensão do islamismo fundamentalista e militante no mundo islâmico e a guerra civil que acometeu a Argélia. Esses acontecimentos tiveram repercussões em todo o mundo ocidental, especialmente na França, que tem a maior população de imigrantes de origem árabe-muçulmana na Europa. As imagens terríveis da Argélia e de outros cantos tiveram como decorrência uma visão particularmente negativa desses países e do islamismo. A contestação do secularismo em torno do uso do véu por uma minoria de muçulmanos franceses feriu o conceito da França republicana. Contudo, a lei sobre o véu tem sido amplamente apoiada pelos franceses. Recentemente, o negócio das caricaturas reavivou o debate sobre o papel que a sátira tem em um ou em outro lugar. Se depende de cada um que as relações interculturais sejam mais harmoniosas entre o francês de origem magrebina e o francês de estirpe mais antiga, muitos casos as ilustram amplamente, essa harmonia pode ser construída em um contexto em que os imigrantes aceitem as leis da República e o secularismo, e em que os poderes públicos franceses façam de tudo para evitar exclusões e incentivar a meritocracia.

Como podemos ver, as relações interculturais entre pessoas pertencentes a grupos distintos mobiliza elementos históricos. Esses elementos fazem parte do quadro de entendimento. Sem esse olhar, há coisas que podem nos escapar. Em alguns casos, isso irá esclarecer as proposições e/ou os comportamentos observados que de outra maneira seriam incompreensíveis. A gestão em um contexto intercultural não pode se esquecer disso, porque, além dos pontos já mencionados, a historicidade das relações é parte integrante da estrutura interpretativa das relações, mesmo que permaneça na maior parte do tempo invisível aos olhos dos interlocutores.

As práticas de gestão que vemos na Europa e em outros lugares estão intimamente ligadas a universos de sentidos. Recorrer a análises que apelam ao simbolismo da ação pode esclarecer as tensões que podem surgir entre os diferentes universos culturais em torno do que se entende por decisão, ética, qualificação, competência, qualidade etc. Mediante o acúmulo de casos nas diferentes sociedades, essas análises podem ajudar a construir uma tipologia de culturas e a mostrar a dinâmica dos valores próprios de cada país ou área da civilização (d'Iribarne, 1998; Dupuis, 2004; Davel et al., 2008). Pois é na articulação singular de elementos-chave da cultura que reside a compreensão do universo estudado. Se de fato podemos encontrar referências comuns a várias culturas europeias e ocidentais, por exemplo, indivíduo, igualdade, liberdade, comunidade, cada um desses termos terá um significado especial no contexto da cultura estudada. Isso é o que a pesquisa em gestão intercultural fundamentada em culturas como universo de sentidos vinculados mostra.

No contexto do discurso sobre a globalização e as práticas de gestão nas relações internacionais, essa abordagem está longe de ser descompromissada. Diante de todos aqueles e todas aquelas que pensam que só há uma maneira de gerenciar, ela dá esperança à pluralidade de experiências. Para a Europa como para os outros países que estão atados à invasão de ferramentas de gestão de inspiração anglo-americana, essa questão é realmente importante. Para a gestão das empresas europeias, é melhor ter em conta essa questão em seu próprio espaço e lembrar-se que proximidade nem sempre rima com similaridade (Futuribles, 2002; Sorge, 2003). A chegada de novos parceiros na União Europeia e as dificuldades existentes nessa área devem acentuar o interesse por este tipo de questionamento.

Para os países emergentes ou em desenvolvimento frequentemente vistos como incapazes de desenvolver práticas de gestão eficientes por causa de sua cultura, isso é igualmente essencial, uma vez que os trabalhos de campo existentes demonstram que ter em conta o universo de sentidos próprios da cultura é muitas vezes um pré-requisito para o sucesso nas experiências de modernização (d'Iribarne, 2003). Se a diversidade cultural a que todos são vinculados passa pelo diálogo intercultural e pelo respeito pelas diferenças, o mundo da gestão não pode ignorar aquilo que está em jogo. Muito pelo contrário, estando no centro das mudanças contemporâneas, o rodeio antropológico deve tornar-se um imperativo para todos que gerem as organizações na Europa e pelo mundo. Não existindo a gestão universal abstrata, sua *performance* socioeconômica no mundo globalizado ganha o mesmo preço.

capítulo 3

Ação Humana, Espaço e Organização

O espaço tem sido sempre uma dimensão fundamental dos seres vivos e, claro, da experiência humana. Como um *locus* da sobrevivência biológica, um *locus* de existência psicológica e um *locus* de sociabilidade, o espaço é uma questão-chave para a organização humana. Apesar de sua importância existencial, é interessante ver que não era uma questão central no pensamento gestacional até recentemente (Chanlat, 1990; Hatch, 2000; Hernes, 2003; Clegg e Kronberger, 2006), mesmo que pudéssemos registrar algumas pegadas entre a história e a literatura em gestão.

Espaço organizacional: alguns elementos-chave

No campo dos estudos das organizações, o espaço tem sido estudado por alguns pesquisadores, especialmente provenientes da psicologia, da psicologia social, da sociologia, da antropologia e da geografia (Steele, 1973; Moles e Romer, 1978; Fischer, 1980, 1989; Gagliardi, 1990; Chanlat, 1990; Fischer e Vischner, 1997; Sundstrom e Sundstrom, 1986; Duffy, 1997; Hatch, 1999; Strati,

2004; Lautier, 1999; Clegg e Kornberger, 2006). Suas reflexões dão as características fundamentais de um espaço organizacional. Podemos resumir aqui esses elementos: 1. Espaço organizacional como um espaço dividido; 2. Espaço organizacional como um espaço controlado; 3. Espaço organizacional como um espaço imposto e hierarquizado; 4. Espaço organizacional como um espaço produtivo; 5. Espaço organizacional como um espaço personalizado; 6. Espaço organizacional como um espaço simbólico; 7. Espaço organizacional como um espaço social.

Espaço organizacional como um espaço dividido

Cada espaço organizacional apresenta uma divisão dupla. Por um lado, uma divisão entre os mundos interno e externo; por outro, uma divisão dentro da organização em si. Esse universo dividido é mais ou menos aparente. Se era muito claro no passado, podemos pensar na tradicional fábrica de automóveis, não é tão evidente hoje em algumas áreas, notadamente na organização virtual. Com efeito, essa divisão histórica foi claramente incorporada no espaço. Eram portas, paredes, barreiras, tutores, relógio, construção etc. Essa separação entre o interior e o exterior foi fundamental para a identidade dos trabalhadores, capatazes, empregados e gestores. Hoje, se essas limitações não deixam de existir, podem-se encontrar diferenças em algumas áreas organizacionais. Podemos pensar nas pessoas que trabalham em casa ou num centro de telemarketing. Eles poderiam trabalhar para uma organização sem estarem dentro dela. Mas, novamente, essa realidade não é nova na história do capitalismo industrial. Podemos lembrar a introdução do sistema no fim do século XVIII. A divisão existe também no interior. Como todos sabem, quando estamos visitando uma configuração organizacional, enfrentamos uma divisão espacial, horizontal, por um lado, entre escritórios, oficinas, refeitório, banheiros, corredores, salas...; e vertical, por outro, entre os diferentes andares e pavimentos. Esses limites físicos estavam no centro das reflexões gestacionais tradicionais sobre o espaço.

Espaço organizacional como um espaço controlado

Cada espaço organizacional é em geral altamente controlado. Temos diferentes tipos de controle: visual e na presença de pessoas, as quais trabalham como supervisores de um grupo de trabalhadores; visual e distante, como um guardião inspecionando por meio de uma câmera de vídeo em um supermercado ou um banco; eletrônico, como um gerente controlando eletronicamente o trabalho de seus empregados. Também podemos ter os três sistemas ao mesmo tempo. Segundo alguns estudos, a sensação de ser controlado tem sido crescente nos locais de trabalho nos últimos anos. Alguns estão dizendo que a metáfora do Big Brother, de George Orwell, é uma realidade para muitos de nós. Mas, desde o *panóptico* de Jeremy Bentham, o conceito de vigilância tornou-se um elemento-chave do movimento pendular descrito por Foucault (1975). Cada vez mais, esse controle organiza e controla a comunicação, impõe formas de circulação, canais formais e estrutura a informação em bases funcionais. Não nos comunicamos com quem queremos. É por isso que se observa em qualquer organização outros canais, mais informais, que estruturam a informação e a comunicação em relações sociais e pessoais.

Espaço organizacional como um espaço imposto e hierarquizado

Quando trabalhamos em uma empresa de negócios ou em qualquer organização, é raro que as pessoas possam escolher seu local de trabalho. A maioria dos locais de trabalho é imposta pela hierarquia de gestão de acordo com diferentes critérios (função, *status*, unidade, localização geográfica etc.). Como podemos ver, essa disposição do espaço está, além de tudo, intimamente relacionada a um sistema hierárquico. Com efeito, cada organização é mais ou menos dividida hierarquicamente.

Cada hierarquia é visível no espaço. A localização de um escritório, seu tamanho, o número de janelas, o tipo de mobiliário, a decoração são geralmente relacionados ao *status* associado com a pessoa. Naturalmente, esse aspecto também está relacionado com a cultura da organização, a natureza do trabalho, a filosofia de gestão, as culturas regionais ou nacionais (Hall, 1966, 1979, 1984; Chanlat, 1990; Hofstede, 1994; Trompenaars, 1999; d'Iribarne, 1998, 2003).

Espaço organizacional como um espaço produtivo

Qualquer organização é um espaço produtivo por ter de cumprir seus objetivos. As organizações formais são definidas como sistemas sociais orientados por objetivos (Blau e Scott, 1962). Assim, em cada contexto organizacional, o pessoal produz um bem ou um serviço para cumprir esses objetivos. Nesse sentido, um hospital, uma universidade, um centro de pesquisa, um escritório público, uma planta são diferentes espaços produtivos por causa de seus próprios objetivos. A organização do espaço vai se relacionar com os requisitos do sistema produtivo de cada uma dessas organizações. É a razão pela qual um corpo docente não está organizado como uma fábrica ou uma clínica médica. Na gestão, esse elemento foi amplamente levado em consideração por causa da orientação de eficácia de qualquer processo de gestão.

Espaço organizacional como um espaço personalizado

Se o espaço organizacional é concebido e restringido por todos os aspectos precedentes, é também o *locus* de um investimento afetivo. Historicamente, os seres humanos têm sido seres territoriais. Assim, o trabalho é investido pelos trabalhadores ou empregados. Eles tentam viver nele e transformá-lo. O processo de apropriação como comportamento é importante para o bem-estar no trabalho. Ele desenvolve um sentimento de intimidade. Podemos observar como o local de trabalho é personalizado pelos limites territoriais e pelo processo de apropriação aparente (o nome na porta, na mesa) por meio da decoração e do estilo do escritório. Mesmo na situação mais difícil, por exemplo, um trabalhador em frente de uma linha de produção, podemos perceber uma forma de apropriação do espaço por meio de uma foto pendurada em uma parede ou num pilar próximo. Em todos os casos, observamos essa privatização em um contexto em que, em geral, o espaço, em maior ou menor grau, sempre pertence a alguém. Esse processo individualizado é uma regulação espacial que pode ser influenciada por muitas coisas: a orientação dos espaços, a sua dimensão, a existência de paredes ou não, a qualidade dos materiais, as normas e políticas organizacionais. Por exemplo, um isolamento acústico ou visual pode criar algum tipo de remissão ao lar, mas também pode ser visto como uma forma de distanciar as pessoas. Toda mudança espacial terá algum efeito sobre este tipo de assentamento (Fischer, 1990).

Espaço organizacional como um espaço simbólico

Cada organização tem sua própria cultura. Esta é o produto de muitos fatores internos (natureza da atividade, natureza da propriedade – privada, pública ou associativa –, características do pessoal – idade, sexo, nível de qualificações, origem social, origem étnica etc.), tecnologia, filosofia de gestão, personalidade dos executivos principais e influência de fatores externos (contexto econômico, regime político, estrutura social, sistema educacional, valores e cultura). Essa cultura alimenta a identidade organizacional e a configuração espacial, enquanto a estética participa do universo simbólico da organização (Turner, 1990; Gagliardi, 1990, 1996; Strati, 2004). É a razão pela qual as formas espaciais, a arquitetura, a estética e os materiais dos edifícios, escritórios e fábricas estão repletos de significados. Podemos pensar em uma fábrica fordista em Detroit, no Chrysler Building em Nova York ou no Parlamento Europeu em Estrasburgo para ilustrarmos isso. O espaço organizacional contribui para a representação simbólica não só do pessoal, mas também das pessoas de fora (clientes, transeunte, concorrentes, fornecedores etc.). É um emblema, um ícone que produz a organização. Todos os movimentos de ajuste implicam uma discussão sobre o que a organização é e o que gostaria de ser. Em outras palavras, o espaço contribui para a construção do universo de significados.

Espaço organizacional como um espaço social

Cada espaço organizacional possui um espaço humano, é um meio social. Nele, encontramos diferentes pessoas organizadas em um sistema social. De acordo com a natureza da organização, vamos encontrar um determinado tipo de divisão do trabalho (sexual, etária, profissional e étnica) que não só desempenha um papel para a produção de uma cultura organizacional, como já mencionamos anteriormente, mas também estrutura muitas vezes o espaço organizacional. Podemos regularmente ouvir comentários como: "Ali é o escritório de Black; aqui, é o canto das mulheres; esta unidade do prédio está cheia de portugueses e árabes; o Parlamento é um lugar para os homens". Evidentemente, essa divisão do espaço será influenciada por certas categorias culturais (sistema de significados) e pelas relações de poder que existem entre os diferentes atores sociais. É a razão pela qual, quando visitamos uma organização, a descobrimos conforme nossa circulação por ela, pela diversidade e pelo sistema de relações sociais. Desse ponto de vista, qualquer espaço revela algo sobre a sociologia e a antropologia da própria organização.

Como podemos ver, cada organização pode ser entendida de acordo com uma leitura espacial. Na próxima seção, vamos analisar o lugar reservado ao espaço que podemos encontrar no pensamento de gestão desde o seu início no ponto de transição do século XX.

Espaço organizacional no pensamento gerencial: principais visões

A reflexão sobre a gestão tem agora mais de um século. Como sabemos, as primeiras formas sistemáticas e princípios aparecem no fim do século XIX (Wren, 1994; Bouilloud e Lécuyer, 1995). Ela está relacionada ao surgimento do que o historiador norte-americano Alfred Chandler (1977) tem qualificado como a mão invisível, que é a gestão e a aparência do ator social responsável por ela: o gerente. Desde então, temos observado a institucionalização da gestão e a uma variedade de contribuições intelectuais para sua reflexão. Entre as principais correntes, vamos analisar o que era o lugar do espaço em suas reflexões.

Espaço no movimento organizacional científico (taylorismo, fayolismo e fordismo)

Uma das primeiras reflexões sistemáticas sobre o gerenciamento foram os livros de Taylor: *Princípios de administração científica* (1911) e *Gestão de loja* (1919). No primeiro, Taylor (1911) propõe um método para melhorar a eficiência no trabalho. Por esse método, ele quer resolver o problema da produção, da produtividade e da riqueza. Quando lemos suas publicações, podemos facilmente ver que o espaço não é explicitamente discutido. Mas podemos também observar que o espaço, apesar de tudo, está presente implicitamente. Na realidade, o espaço no pensamento de Taylor é produtivo, controlado, dividido, hierarquizado. Obcecado pela otimização e racionalização do trabalho pela análise das tarefas, Taylor organiza o espaço de acordo com suas opiniões. Isso significa que podemos observar uma estrita divisão do trabalho (a especialização de tarefas, a divisão entre execução e concepção), um controle pelo supervisor e a racionalização dos métodos de trabalho.

"A utilização desses dados científicos exige a instalação de um escritório onde os elementos são classificados e onde a pessoa que o usa pode estabelecer-se calmamente para determinar os elementos de que precisa" (ibidem, p. 93). Assim, o tratamento do espaço nos escritos de Taylor enfatiza o elemento produtivo e a necessidade da gestão para organizar cientificamente o trabalho. Seu espaço de referência é o escritório em um processo descontínuo de produção. A figura de peso é o engenheiro metódico que organiza muito precisamente o processo de trabalho. Como alguns especialistas do movimento científico têm notado, o taylorismo é uma política econômica para o escritório (Hatchuel, 1994). Essa visão econômica tem apresentado grandes resultados do ponto de vista da produtividade. Mas, como um utópico, Taylor tinha um objetivo social também. Por causa do uso do método científico, o ambiente de trabalho poderia se tornar também um espaço de conciliação de interesses entre os trabalhadores e os patrões. Sabemos como Taylor criticou fortemente os patrões que não aumentaram os salários quando houve aumento de produção. Como um engenheiro norte-americano doutrinário com grandes esperanças científicas, Taylor foi um bom representante do cientificismo na passagem do século XX. Em um período de lutas de classes, o ambiente de trabalho foi organizado cientificamente como o lugar de sua esperança.

No mesmo período, na França, um outro engenheiro, Henri Fayol, também foi ativo no campo do pensamento em gestão. Como diretor geral bem-sucedido de uma empresa mineradora, ele foi o exemplo da ascensão dos gestores de empresas de negócios já descritas por Chandler (Saussois in Bouilloud e Lécuyer,

1995). Em seu livro mais conhecido, *Administração industrial e geral*, Fayol apresenta suas principais ideias de gestão. Ao contrário de Taylor, que focaliza a gestão do escritório, ele enfatizou a empresa como um todo. Sua visão é a de um gerente geral, e no que diz respeito à função administrativa, ele tem a seguinte posição: "A função administrativa tem apenas como órgão e instrumento o corpo social. Enquanto as outras funções trazem à tona fatos e máquinas, a função administrativa atua apenas sobre o pessoal".

Como Taylor, o pensamento de Fayol sobre o espaço está implícito. De seus escritos, podemos ver uma ampliação do espaço organizacional da oficina para a empresa. Podemos também observar o aparecimento de uma preocupação social. A empresa tem de manter um espírito de corpo, garantindo a estabilidade do emprego e a atitude paternalista do patrão. O espaço organizacional é naturalmente dividido, controlado, disciplinado, hierarquizado e, acima de tudo, é um ambiente administrativo e social em que a obrigação é colocar a pessoa certa no lugar certo. Assim, encontramos uma grande preocupação com a harmonia social. Apesar de também ser engenheiro, ele pensava mais como gerente. Sua concepção de espaço está claramente incorporada à sua visão administrativa que tenta manter todo o pessoal junto. O espaço é implicitamente um elemento dessa política. Como em outras empresas francesas no período, os trabalhadores eram acomodados pela empresa perto da fábrica ou da mina, como no caso de Fayol. Em outras palavras, havia uma inscrição espacial da empresa fora dos seus limites físicos. Paradoxalmente, o pensamento de Fayol foi menos popular entre os engenheiros franceses do que o de Taylor, e isto em razão do papel desempenhado pela Sociedade Taylor na França, animado por um engenheiro francês muito influente, Henri Le Chatelier (Hatchuel, 1994). Foi a tradução inglesa feita por Urwick (1949) que popularizou as reflexões de Fayol na América do Norte. Como sabemos, suas questões principais formavam a base dos livros introdutórios de administração nos Estados Unidos nos anos 1950 (Koontz e O'Donnell, 1955; Wren, 1994).

Se Taylor foi o analista de tarefas de escritório e Fayol, o pensador administrativo dos negócios da empresa, Henry Ford foi o homem que mudou não apenas o sistema de produção, mas também toda a sociedade (Boyer e Durand, 1993). Com o fordismo, temos o surgimento da grande fábrica e da sociedade de consumo de massa. Com efeito, o criador da linha de produção configurou o grande espaço organizacional do século XX: a fábrica de automóveis. Ao fazer isso, Ford construiu um espaço dividido, controlado e hierarquizado, mas também fundou uma nova maneira de produzir e um novo espaço industrial. Ao contrário do espaço de Taylor, que é essencialmente o dos escritórios em relação uns aos outros em um processo descontínuo (Hatchuel, 1994), o universo espacial de Ford é uma grande fábrica em que encontramos milhares e milhares de operários que trabalham em um lugar específico na frente de uma linha de produção e são regidos por uma hierarquia. Essa imagem foi imortalizada por Chaplin em *Tempos modernos*. Com seu tamanho enorme, a fábrica fordista será também associada a movimentos sindicais e ao desenvolvimento de uma consciência de trabalho em todo o mundo industrializado. Podemos lembrar a famosa frase de Sartre nos anos 1950: "Não se desespere, Billancourt". Como um bom exemplo da importância de uma grande fábrica de automóveis na época, Billancourt era o local de um complexo de edifícios que produzia carros Renault. A proximidade e o compartilhamento dessa experiência humana provocaram inúmeras críticas ao processo de dominação, exploração e alienação associada a esse universo fordista (Weil, 2005; Friedman, 1954).

Espaço no pensamento burocrático

Entre os clássicos do campo da gestão, a teoria da burocracia desempenha um importante papel (Mouzelis, 1968; Séguin e Chanlat, 1983; Morgan, 1986; Clegg, 1990). Produto da história das sociedades modernas, o pensamento burocrático é uma ilustração do processo de racionalização da experiência humana moderna (Weber, 1991). Analisado por Max Weber na virada do século XX, esse modelo tem sido muito popular não só entre os setores público e os órgãos do Estado, mas também entre as grandes organizações privadas e associativas. Qual o lugar do espaço no pensamento burocrático? Quando consultamos a literatura sobre o assunto, podemos perceber alguns elementos compartilhados com o pensamento precedente, especificamente naquelas que resultam num espaço dividido, controlado e hierarquizado. Mas também podemos observar diferenças. A burocracia foi primeiramente aplicada aos serviços públicos, trazendo algumas novidades. A primeira diferença é que ela criou uma nova representação espacial, a mesa e os envelopes. Então, a realidade espacial é muito diferente do escritório, da fábrica ou da empresa. Na comparação entre o escritório e a fábrica, estamos em um espaço de serviços produtivos. Em seguida, a imagem de um burocrata em limpas camisas brancas contrasta com a imagem de ferramentas mecânicas, máquinas, linha de produção e sujeira operária associadas às fábricas fordistas. A segunda diferença, ao contrário, da família e empresas privadas, a burocracia separa a esfera privada do setor público. Terceira, insiste na neutralidade da mesa e na impessoalidade do burocrata de acordo com as regras igualitárias que prevalecem em tal sistema. Quarta, simboliza a defesa do bem comum e do interesse geral (Du Gay, 1994) em contraste com os interesses privados e comerciais associados ao sistema de mercado. Quinta diferença participa da criação de um espaço social que produz novas identidades no trabalho: a de "funcionário público", especialmente no Reino Unido ou na França. Em outras palavras, a burocracia permite a criação de uma identidade profissional especialmente graças à segurança de emprego. Como afirma Weber (1991):

Pelo contrário, o ingresso em um escritório, incluindo-o na economia privada, é considerado aceitação de um direito específico de fidelidade ao propósito do cargo em troca da concessão de uma existência segura. É decisivo para a moderna fidelização a um escritório que, em sua forma pura, não estabeleça um relacionamento com uma pessoa.

A condição do modelo de burocracia está claramente relacionada a uma noção de espaço protegido. Esse conceito também será estendido às organizações de grande porte privadas ou associativas após a Segunda Guerra Mundial. Enfim, é um espaço de eficiência baseado na competência, ao contrário das antigas formas de trabalho administrativo, baseadas nos laços familiares e no dinheiro.

O espaço burocrático que era uma referência durante quase meio século foi particularmente criticado por sua ineficiência ou suas inúmeras disfunções nas últimas duas décadas. Mas, como Paul du Gay mostrou, temos que ter cuidado com tal crítica. Pois podemos jogar a criança com a água do banho, especialmente se não voltarmos ao pensamento weberiano sobre essa questão. O espaço burocrático nem sempre é um espaço ineficiente. Ao contrário, quando se trata de bens ou serviços de interesse público, pode ser muito mais eficaz do que seu homólogo, o mercado (Kuttner, 1999; Stiglitz, 2002). Saúde, meio ambiente, metrô e sistema de transporte nacional de trem são bons exemplos disso. A atitude também é diferente de acordo com as sociedades. Historicamente, a Europa em geral, e a França em particular, tem uma melhor apreciação da burocracia do que os Estados Unidos. Essa exerceu um papel central para a construção do Estado-nação durante o desenvolvimento dessas sociedades, o que se revela menos impactante no caso da América (Meyer, 1995; Zinn, 2000).

Espaço na escola de relações humanas

Nos anos 1930, o taylorismo foi objeto de críticas de alguns pesquisadores organizacionais (Mayo, 1933; Roethlisberger e Dikson, 1939). Essa crítica resultou num movimento intelectual conhecido por Movimento das Relações Humanas (Mouzelis, 1968; Séguin e Chanlat, 1983). Ele começa a partir do famoso experimento de Hawthorne na Western Electric, em um subúrbio de Chicago, e desenvolve uma nova visão do ser humano na organização, muito influente nas décadas seguintes (1940-1970). Esse movimento é muito diversificado. Ele inclui psicólogos industriais e sociais, sociólogos, etnólogos e gestores (Mouzelis, 1968; Desmarez, 1987). Sua concepção espacial começa com uma inspiração taylorista nos primeiros experimentos de Hawthorne e a partir dos resultados inconclusivos iniciais; acaba construindo uma nova concepção do comportamento humano em ambientes organizacionais. Mesmo se os dados do experimento de Hawthorne tenham sido amplamente discutidos pelos historiadores nos últimos quarenta anos (Lécuyer in Bouilloud e Lécuyer, 1994), é evidente que o Movimento das Relações Humanas tem sido um fator-chave no desenvolvimento do comportamento organizacional. Sua contribuição tem seguido diversos rumos, como os de Mayo, Warner, a Escola de Chicago e o atual movimento interacionista.

A obra clássica de Mayo e seus principais colaboradores, Roethlisberger e Dickson, introduziu a ideia de uma relação entre o desempenho no trabalho e a dinâmica de grupo. Os experimentos de Hawthorne e outros estudos demonstraram que a organização formal não podia oferecer uma perspectiva real do que estava acontecendo na organização. Eles desenvolveram a ideia de relações informais entre os trabalhadores e os empregados. Se alguém sabia que panelinhas e redes de amigos poderiam existir nas organizações, Mayo foi o primeiro a vincular esse aspecto com a moral e a produtividade. Os valores partilhados pelos membros do grupo se tornaram elemento essencial da dinâmica social de uma organização industrial. Assim, a gestão deve levar em conta essa realidade informal.

Por essa análise, Mayo e seus principais colaboradores focalizam o espaço organizacional como um espaço social. A concepção do espaço físico tornou-se um fator na construção da relação social, organizando espacialmente as relações formais e informais em uma fábrica. Adicionalmente, criou uma sensação de pertencimento que permite um investimento simbólico no trabalho realizado e na vida profissional. Para Mayo, esse conhecimento deve levar a uma melhor organização e harmonia social. A empresa torna-se um *locus* de integração social e realização e, por isso, uma organização eficiente. Na crise dos anos 1930, podemos entender tal preocupação inspirada por Durkheim e Thinkings Pareto.

Se Mayo, australiano recentemente chegado aos Estados Unidos, desempenhou um importante papel no surgimento da Escola de Relações Humanas, outros pesquisadores também deram sua contribuição para esse movimento. W. L. Warner e o comitê de Relações Humanas na Indústria da Universidade de Chicago fizeram sua parte ao dar ênfase aos aspectos que vinculam a empresa ou a fábrica a seu ambiente social (Warner e Low, 1947). Diferentemente de Mayo, que não observou atentamente os determinantes sociais externos à fábrica, Warner, antropólogo e um dos pioneiros nos estudos de Hawthorne, estava interessado em analisar como a tecnologia, o mercado, o tamanho da empresa e a estratificação social influenciavam não apenas a comunidade, mas também determinavam o comportamento no trabalho. Seus alunos irão ampliar o foco em educação familiar, raça, classe social, religião e sindicatos de trabalhadores. Este último fator será um elemento importante da análise. Negligenciados por Mayo e seus colaboradores, os sindicatos tornaram-se aceitos e integrados pela dinâmica organizacional e gerencial (Gardner, 1957). Por essa reflexão, Warner e seus alunos expandiram o espaço social da organização e introduziram a ideia de negociação no espaço interno. Desse ponto de vista, o espaço organizacional é o resultado de uma ordem negociada. Para a gestão, o clima social entre os diferentes atores é uma consequência dessa negociação social e se torna um fator-chave de sucesso e desempenho organizacional. Em outras palavras, o espaço de organização torna-se um espaço social de negociação. Sabemos que essa ideia será uma das características-chave do fordismo na descrição dele feita pelos teóricos da regulação franceses (Boyer, 1994). A corrente interacionista será também influenciada pelo trabalho seminal de Mayo, no entanto avança para desenvolver uma outra perspectiva. A teoria da interação foi primeiramente desenvolvida por Chapple e Arensberg, em Harvard (1940). W. F. Whyte (1946, 1948), G. Homans (1950) e L. Sayles (1957) serão os pensadores mais famosos influenciados pelo veio interacionista. Ainda que possamos notar algumas diferenças entre essas correntes de pensamento, todas concordam em considerar que os primeiros trabalhos do campo das Relações Humanas focalizaram em demasia as maneiras de pensar das pessoas e menos as atividades destas últimas ou a maneira como interagem.

Para eles, as interações, as atividades e os sentimentos é que formam o sistema social. A mudança de um aspecto tem efeito imediato sobre outro. Mas os modelos de interação desempenham um papel importante na dinâmica interna. É a razão pela qual eles sustentam a ideia de que o trabalho mais importante é observar e identificar a estrutura das interações (sistema de identificação dos atores, interação entre os atores, medida da frequência de interação e da extensão delas). O livro *Human relations in the restaurant industry* de Whyte (1948) é um bom exemplo desse tipo de trabalho. Nas perspectivas interacionistas, o espaço é um sistema de interações sociais condicionadas pelas configurações físicas e contextuais. A mudança das atitudes dos trabalhadores passa pela modificação dessa interação e pelo sistema tecnológico. Pelo uso de métodos etnográficos e por apresentar uma visão mais global do sistema social atuante em uma organização, essa corrente trouxe maior sensibilidade a respeito de questões espaciais na compreensão do comportamento humano no trabalho.

Se, na corrente interacionista, a principal visão do espaço é uma concepção social, uma crítica a ela endereçada foca em sua visão funcionalista e em seu *microapproach*. A maioria dos integrantes da corrente esqueceu que o sistema social de uma fábrica é também um campo de poder em que os conflitos de interesses e valores são comuns. Desse ponto de vista, qualquer mudança não pode ser realizada sem um processo político.

Espaço no pensamento gerencial de Follett e Barnard

Nesta seção, vamos apresentar dois pensadores-chave que foram e sempre são influentes no mundo da gestão. Começamos com Mary Parker Follett, que foi redescoberta na década passada tanto no mundo anglo-saxão (Graham e Mary, 1995; O'Connor, 1999) como no francófano (Mousli, 2002). Muito conhecido nas primeiras duas décadas do século XX, o pensamento de Mary Parker Follett desaparece quase por completo depois de sua morte, em 1933. Seus escritos se tornam novamente populares na segunda metade dos anos 1990 por causa de uma nova edição de seus principais artigos em um livro editado pela Harvard Business School Press (Graham e Mary, 1995). Nesse livro, Follett desenvolve algumas ideias que estão relacionadas com o espaço, mesmo que esse não seja explicitamente mencionado. Para essa cientista política, muito envolvida com as questões sociais do seu tempo e com a reflexão política sobre o Estado, experiências de gestão tornaram-se uma ideia-chave. Influenciada pelo pragmatismo, ela defende a experimentação como um processo de criação. Para ela, as organizações surgem como espaços de experiência social em que o observador é parte da experiência: "Não podemos olhar para uma experiência sem participarmos dela. A vida não é um filme, não podemos ser espectadores da vida, porque fazemos sempre parte dela". Mas essas experimentações serão bem-sucedidas se forem compatíveis com a cultura organizacional e o sistema social.

Ao definir formalmente a lei da situação, Mary Parker Follett enfatiza a contingência organizacional muito tempo antes dos teóricos da contingência. Contrariamente a Taylor e Fayol, ela insiste sobre o papel desempenhado por grupos e sobre a importância do conhecimento na matéria pelos gestores. Considerada hoje por diversos autores (Graham e Mary, 1995; Mousli, 2002; O'Connor, 1999) muito à frente de seu tempo, Follett desenvolveu uma perspectiva socioconstrutivista do espaço organizacional, produto das ações dos diferentes atores e não apenas da decisão de gestores. Essa é a razão porque ela tinha também uma visão positiva do conflito. Assim, Follett, por sua modernidade, merece reconhecimento por essa visão geral sobre o espaço, porque muitas questões contemporâneas foram levantadas por essa senhora de Boston que teve uma intensa vida social e profissional.

Barnard é uma outra figura-chave do pensamento de gestão norte-americano. Gerente de negócios como Fayol e grande admirador de Mary Parker Follett, ele escreveu um livro muito influente, *As funções do executivo*, em 1938. Sua obra é considerada até hoje um importante elo entre a escola clássica e as correntes que surgiram no pós-Segunda Guerra (Andrews, 1971; O'Connor, 1999). Reeditada regularmente desde então, Bernard desenvolve, como outros pensadores mencionados anteriormente, uma concepção implícita do espaço organizacional. Sua grande ideia é construir uma teoria da organização que atribui à cooperação um lugar central. Assim, em sua concepção de gestão, a organização é acima de tudo um espaço de cooperação e a finalidade da organização é sua sobrevivência em um ambiente em transformação. Para isso, ele será um defensor, junto a Alfred Sloan, da estrutura multidivisional.

Espaço no pensamento gerencial sistêmico

Após a Segunda Guerra, observamos o desenvolvimento de uma corrente sistêmica de pensamento gerencial inspirada pelo curso de Ciências da Vida (Von Bertalanffy, 1973), ao qual importa a ideia de um sistema orgânico e a aplica à administração e à análise organizacional (Morgan, 1986). Ao contrário do pensamento clássico de gestão da primeira parte do século XX, que mantém uma concepção mecânica e bastante restritiva da organização, os teóricos sistêmicos insistem sobre a relação entre a organização e o ambiente, assim como sobre a relação entre os elementos internos de cada organização, ampliando o conceito e os limites desta última. Eles enfatizaram, entre outras, as noções de adaptação, homeostasia, variedade necessária, entropia, neguentropia, equifinalidade. Ao fazê-lo, mudam a visão espacial da gestão. Com efeito, a partir de então, temos de pensar em diferentes elos ligando os diversos componentes do sistema organizacional e as relações desse sistema com seu próprio ambiente. Essa visão irá se tornar muito popular e gerar inúmeros e diversificados estudos. Podemos pensar em uma abordagem sociotécnica de sistemas (Trist e Bamforth, Miller e Rice), da teoria da contingência (Burns e Stalker, Lawrence e Lorsch, Pugh et al., Donaldson, 2001), da escola de configuração (Kwandallah, Mintzberg, Miller e Friesen, Miller) da ecologia organizacional (Hannan e Freeman, Singh). Além disso, a ideia de sistema tem sido incorporada ao senso comum sobre a organização. Com a crítica ecologista real e a crise, deve mais uma vez conhecer uma popularidade crescente. O ambiente também não é um espaço ilimitado de recursos naturais.

Espaço no pensamento cognitivo gerencial

No período, observamos o surgimento de uma nova abordagem para a reflexão sobre a gestão, a cognitiva. O psicólogo Herbert Simon é o representante mais proeminente dessa corrente. Sua primeira publicação importante, *Comportamento administrativo*, foi influenciada pela concepção da organização de Barnard, que escreveu o prefácio do livro. Em suas publicações sucessivas, ele tenta construir uma reflexão sobre as ciências artificiais. Para isso, trabalha na tomada de decisão, na inteligência artificial e nas organizações. A partir dessa importante obra, podemos escolher dois elementos reflexivos sobre o espaço organizacional. O primeiro é sobre as fronteiras entre mercados e organizações. Mostrando que 80% das atividades humanas dentro da economia norte-americana são incorporadas ao ambiente interno das organizações, e não ao ambiente externo ou das relações interorganizacionais, Simon (2003) mostra a força do espaço interno da organização. O segundo lida com a função cognitiva do contexto organizacional. Ele também mostrou como a lealdade que chama de identificação organizacional desempenhou importante papel na definição dos membros da organização cognitiva. Ele não estava sozinho nesse processo. Com outros importantes pesquisadores da escola de Carnegie, como March e Cyert, eles descobriram as novas ciências administrativas nos anos 1950 e deram aos processos de cognição um papel central. A partir disso, outros vieram influenciar notavelmente pelo enorme desenvolvimento das neurociências, inteligência artificial e ciências da computação (Dupuy, 2000) e deram ao campo de gestão uma forte corrente cognitiva (Weick, 1996).

Segundo Hernes (2003), esse movimento pode ser dividido em três grandes grupos. O primeiro trabalha na escolha e nas decisões gerenciais e propõe a noção de racionalidade limitada. Ao fazer isso, mostra que o decisor é racional apenas em seu próprio contexto espacial com base nas informações à sua disposição. A tomada de decisão, portanto, é um processo espacial incorporado.

O segundo grupo está interessado em aprendizagem organizacional. Nesse caso, ensino e aprendizado também estão estreitamente relacionados a considerações espaciais do conhecimento. Podemos ir além dos limites do conhecimento existente ou não?

Essa é a questão levantada por March e Cyert, quando falam em um comportamento de busca de mentes simples *versus* um comportamento de busca mais complexa, que transforma os objetivos que lhe estão subjacentes, ou por Argyris e Schon, quando fazem uma distinção entre a aprendizagem de ciclo único e ciclo duplo.

O terceiro grupo está relacionado com a corrente neoinstitucional. Como salientado por Hernes, esse grupo localiza explicações "dos processos organizacionais nas estruturas cognitivas dos atores e em seu contexto social". Incluem-se as consequências do ambiente institucional, nomeadamente proveniente do Estado, dos mercados, dos movimentos sociais, das profissões etc. Como Hernes (2003) escreve: "Neoabordagens institucionais introduzem suas próprias formas de espacialidade em estudos de organizações por meio da noção de campos, que de acordo com DiMaggio e Powell, dizem respeito a organizações que constituem uma área reconhecida da vida institucional por virtude ou similaridade".

Para esse fluxo cognitivo, isso significa que a cognição organizacional é um espaço mental que pode permitir a emergência de novos contextos. É por meio da partilha de um espaço mental comum que os atores podem compreender-se e desenvolver ações coletivas. É também quando o espaço mental permite transgressões dos espaços físicos e sociais que novas ideias e possibilidades podem existir. Mas o espaço mental pode ser conservador também, e isto quando ele contribui para a consolidação de padrões existentes. A cartografia cognitiva é um meio para descobrir os esquemas de pensamento dos atores organizacionais e gerentes (Weick e Bougon, 1986; Cossette, 1994, 2004). Isso pode produzir um processo reflexivo entre os atores para melhorar as ações de gestão (Audet, in Audet e Malaoruin 1986). É uma ilustração desse espaço mental em ação.

Espaço no pensamento crítico de gestão

A história do pensamento em gestão é amplamente dominada por pensamentos funcionalistas, utilitários e instrumentais. Se sempre existiu uma crítica externa ao pensamento de gestão conduzida por sociólogos, filósofos e representantes de diversos movimentos sociais (trabalhadores, consumidores, feministas, grupos étnicos, ecologistas), temos observado o desenvolvimento de uma crítica de gestão interna desde o fim dos anos 1970. Hoje, esse movimento é reconhecido e institucionalizado no domínio de fala inglesa sob a seguinte designação: Critical Management Studies (Casey, 2002). Esse movimento se concentra nos aspectos negativos da organização e nas práticas gerenciais (Alvesson, 2003). Ele existe também nos países onde se fala o francês (Dufour e Chanlat, 1985; Aktouf, 1989; Collectif, 1987; Chanlat, 1990; Le Goff, 1992, 2000; Golsorkhi Huault e Leca, 2009).

Como um movimento, o pensamento crítico de gestão é muito diversificado. Para este capítulo, apresentaremos os elementos mais importantes sobre o espaço desenvolvido pelas correntes que tiveram grande influência. Podemos selecionar cinco grandes correntes de crítica: a anarquista, a marxista, a feminista, a ecologista e a pós-moderna.

Até agora, vimos que o espaço organizacional foi tratado especialmente como um espaço produtivo, funcional e social. As principais características de um ambiente organizacional são fundadas sobre a produção, a divisão de controle, a imposição e ideias de hierarquia. O pensamento crítico de gestão vai discutir essa visão funcionalista e utilitarista das organizações.

Historicamente, as primeiras críticas vieram de pensadores influenciados pelo anarquismo e pelo marxismo. Para os primeiros, a empresa capitalista é uma organização não democrática em que os indivíduos e os desejos são esquecidos. É por essa razão que os anarquistas inspirados por pensadores organizacionais do século XIX como Proudhon, Malatesta ou Cesar Paepe apoiaram novas formas de organização democrática, como sindicatos, cooperativas, uniões de crédito, comunidades socioeconômicas, e lutaram para o federalismo. Para eles, o mercado e as organizações estatais são espaços não democráticos. O objetivo da revolução é transformá-los em estruturas democráticas que permitam a ascensão da democracia. Esse pensamento foi bem influente em alguns países, como os latinos, onde o anarcossindicalismo foi bastante forte. Cooperativas, uniões de crédito, comunidades, uniões de trabalhadores são algumas das criações de organizacionais desse movimento. Esse fato não é bem conhecido pelos teóricos da organização por causa das origens especialmente latinas e russas desse movimento (Séguin e Chanlat, 1983).

Os marxistas foram inspirados por Marx, seus sucessores e pelas correntes que, de modo geral, foram influenciadas não apenas por ideias marxistas, mas também por outras contribuições intelectuais do século XX, como a Escola de Frankfurt, a psicanálise, o existencialismo, Foucault. Essa crítica marxista foi bastante ativa na teoria da organização no fim dos anos 1970 (Benson, 1979 in Séguin e Chanlat, 1987) e no início dos anos 1980, notavelmente no Reino Unido (Clegg e Dunkerley, 1977). Mesmo que tenham permanecido marginais no campo dos estudos organizacionais, trouxeram com seu pensamento uma outra visão do espaço organizacional: a empresa de negócios tornou-se uma dominação, exploração e alienação do espaço. Se essa visão não era exatamente nova nas Ciências Sociais, dentro do campo da gestão e organização era absolutamente nova.

Outro grupo crítico importante que trouxe um complemento a essa crítica social foi o movimento feminista. Inspirado por diferentes tradições intelectuais (Smirchich e Calas, 2008), colocou a ênfase nas questões de gênero. Até então, a organização era vista como um espaço assexuado e a gestão, uma esfera masculina. Ainda que muitas pesquisas, incluindo os experimentos de Hawthorne, envolvessem mulheres que trabalhavam, era raro encontrar alguma referência a isso nas obras clássicas. Assim, a pesquisa feminista transformou a visão tradicional do espaço. Agora, o homem da organização, para tomar o título de um famoso livro dos anos 1950, também é uma mulher! Consequentemente, o espaço organizacional é o local das relações de poder entre os sexos. Essa contribuição vai mudar muitas coisas no ensino do comportamento organizacional, especialmente na Escandinávia (Aaltio e Kovalainen, 2003) e nos países anglo-saxões (Smirchich e Calas, 2008). As questões de gênero estão hoje integradas ao ensino de gestão. Em países da América Latina, esse movimento parece ser mais lento nas esferas de gestão.

Se as feministas sexualizaram o pensamento do espaço organizacional, empurradas também por um forte movimento social entre os países mais desenvolvidos, os críticos ecologistas introduziram outro elemento na discussão: o meio ambiente. O assunto não é conhecido: podemos pensar no relatório Meadows ou nas publicações do Clube de Roma no início dos anos 1970 para observá-lo. Desde então, essa crítica ecologista tem demonstrado a importância do ecossistema e da influência da atividade da empresa para o equilíbrio ambiental (Cromwell, 2001). Uma questão como essa é hoje particularmente legítima e discutida em muitos fóruns. Ao introduzir essa análise, os ecologistas levaram o espaço exterior para a reflexão sobre a gestão. Antes dessa crítica ecologista, que surgiu durante os anos 1960 e 1970, ele foi totalmente ignorado pelo pensamento de gestão (Clarke e Clegg, 2000). Hoje, essa visão foi popularizada com o nome de sustentabilidade e trouxe a ética para a esfera empresarial.

O pensamento crítico de gestão trabalha sobre dominação organizacional (sexual, profissional, social, étnico), em discursos (distorções, introversão, violência simbólica, ideologia), na ética e na alienação do sujeito (Spicer, 2008). Ao contrário de uma visão tradicional, geralmente positiva da empresa, as obras dessa corrente proteiforme insistem em questioná-la e o espaço organizacional atual já possui um campo social no sentido de Bourdieu (1989) "que é um terreno estruturado pelos atores das relações de poder em que o que está em jogo é a legítima dominância social". Para atingir esse objetivo, os atores mobilizam diferentes capitais (econômico, social, político, cultural, simbólico). No mundo de hoje, observamos mais e mais conflitos em torno do lugar do outro no processo da globalização e da posição no espaço nacional.

O pensamento pós-moderno nos estudos da organização é uma corrente que surge no fim dos anos 1980, especialmente na Escandinávia e nos países liderados por tradições intelectuais britânicas (Burrell e Cooper, 1988; Clegg, 1990; Hassard e Parker, 1993). Influenciados por obras de filósofos franceses como Derrida, Lyotard, Baudrillard, Foucault, os acadêmicos organizacionais desconstruíram a concepção moderna de organização e passaram a dar ênfase à representação, à reflexividade, à escrita, à diferença, à descentralização do sujeito. Assim, eles querem sair dessa concepção de referência como uma relação unívoca entre as formas de representação e os objetivos da organização. Em sua visão, como John Hassard (1993, p. 2) declarou, "Não há nenhum espaço real para o ator voluntário, em vez disso, o espaço do ator é encontrado na noção de ação em que se 'joga' mais do que se 'agencia'".

Em contraste com o pensamento organizacional moderno, que se promoveu de acordo com a razão, a objetividade e o progresso, algumas formas organizacionais, como burocracia, taylorismo, fordismo etc., no contexto de realidade social das organizações dos anos 1980, de acordo com os pensadores pós-modernistas, começaram a mudar ao promoverem a especialização flexível, as redes de trabalho, o pós-taylorismo, o fordismo e as estruturas burocráticas.

A partir dessa observação e de empréstimos conceituais provenientes de estudos de cultura, arquitetura, arte, literatura e teoria francesa, a organização torna-se um espaço textual, sujeito a diversas interpretações em que os seres humanos atuam por jogos de linguagem.

As estruturas formais do espaço não podem ser controladas apenas por um significado nem fixados como antes. Essas posições relacionam-se com a sensação de desorientação e desorganização notadas por muitos analistas (Lash e Hurry, 1987; Bauman, 2005; Touraine, 1992, 2006) e pela literatura popular de gestão que reivindica para a descentralização a flexibilidade, a participação de base, a horizontalidade, a iniciativa e a criatividade (Handy, 1991). Trata-se de uma nova narrativa sobre a organização e uma crítica às primeiras narrativas modernista de organização, especialmente à ordem burocrática. Ela insiste no mercado e nas exigências dos novos consumidores como um fator-chave na evolução dos novos desafios. Seu movimento, paradoxalmente, quase invisível no campo dos estudos organizacionais franceses, ganha alguma popularidade no campo de fala inglesa na última década. Contudo, parece conhecer um declínio nos últimos anos. Para além da moda intelectual, podemos facilmente observar como algumas reflexões sobre o espaço reingressam no fluxo cultural e simbólico.

Espaço na reflexão sobre a gestão cultural e simbólica

Na passagem dos anos 1980, surge um movimento na filosofia de gestão que deu à cultura e ao simbolismo um papel central. Esse movimento teve duas grandes correntes: uma de gestão e uma de antropologia. A primeira, especialmente produzida por consultores norte-americanos e professores de Escolas de Negócios, enfatizou a ligação entre a cultura e o desempenho gerencial (Deal e Kennedy, 1982; Peters e Waterman, 1982; Ouchi, 1982). A segunda, muito diversificada de acordo com o âmbito geográfico, tenta entender o que acontece em uma organização a partir de um estudo cultural e simbólico. Esse interesse deu origem a um movimento dos estudos organizacionais dedicado a ele: o SCOS. Fundado por europeus, especialmente britânicos e escandinavos, reúne um grande número de pesquisadores não conformistas vindos de vários países. Suas obras focalizam mito, ritual, cerimônia, discurso, arquitetura, estética, subjetividade (Turner, 1990; Gagliardi, 1992; Strati, 2004; Czarniawska, 1998; Van Maanen, 1998; Weick, 1995; Linstead, 2000).

No campo da francofonia, esse movimento produziu obras importantes também, especialmente em três grandes linhas: 1. a compreensão das diferentes culturas organizacionais e identidades (Sainsaulieu, 1977; Francfort et al., 1995; Osty e Uhalde, 2007); 2. a importância da linguagem no trabalho (Girin, 1990; Pene et al., 2001); 3. a influência das culturas nacionais sobre as práticas de gestão (d'Iribarne, 1989, 1998, 2003; Chevrier, 2000, 2003; Davel et al., 2008). Nessa linha, o espaço é clara e explicitamente presente. O espaço é um fator de construção de identidades e significados no trabalho. É também objeto de projeções sociais imaginárias e sonhos. São *"lieux de mémoire"* [lugares de memória], como se diz em francês, o que significa que incorporam significados históricos ligados a esse espaço. A organização espacial produz estruturas e relações sociais e alimentam imagens dos membros da organização e também dos forasteiros. O espaço é também estético. Beleza, graça, harmonia são elementos da experiência organizacional de cada pessoa, assim como feiúra, vergonha e desarmonia (Strati, 2004).

Ao contrário da maioria dos trabalhos clássicos em gestão, um pensamento como esse coloca a tônica sobre o universo de significados peculiar a cada organização. Esse universo de significados é um quadro para a interpretação do comportamento observado e o espaço é um elemento dessa estrutura. Deixamos o terreno da racionalidade fria e da funcionalidade para entrarmos no mundo das palavras e da ordem simbólica. O espaço passa a ser um elemento da linguagem organizacional e da ordem simbólica. A espacialidade entra no mundo da gestão como um elemento de um sistema de significação.

Desse ponto de vista, podemos entender melhor por que diferentes espaços sociais têm produzido diferentes discursos gerenciais e de pensamento. Historicamente, a produção dos pensadores da administração norte-americana é obcecada por contrato, pragmatismo, lógica do mercado e coloca as empresas em primeiro lugar. A produção escandinava, por sua vez, privilegiou a organização comunitária e uma visão coletiva da empresa (Byrkjeflot, 2003). A produção alemã focalizou a economia social de mercado e uma visão de partilha de poder nas empresas. Os franceses são sensíveis ao Estado e aos serviços públicos. Por essa variedade organizacional, podemos ver como a história da sociedade, da cultura e a estrutura social formatam a mente dos pensadores de gestão. Tais diferenças podem também explicar por que há tantos mal-entendidos entre todas essas tradições e como o sonho de apenas um modelo de gestão não está pronto para vigorar em um futuro próximo (Inglehart et. al 1998; d'Iribarne, 1998; Chanlat e Barmeyer, 2004; Davel et al., 2008).

Espaço na teoria de organização política

A organização é um sistema social e cultural regulado por relações de poder. A maior parte do pensamento de gestão reluta em integrar o poder e discuti-lo (Chanlat e Séguin, 1987; Clegg, 1989). Ao contrário dos cientistas sociais (Crozier e Friedberg, 1977; Lukes, 1974; Courpasson, 2000), os pensadores de gestão veem o poder mais como um problema do que uma necessidade (Mintzberg, 1973). É a razão pela qual geralmente preferem falar de autoridade. Fortemente inspirados por uma visão funcionalista da organização, negam interesses, conflitos de valores. A harmonia é um *slogan*. O pensamento crítico mostrou como esse discurso mascarava a realidade social.

Alguns pesquisadores não marxistas desenvolveram, porém, uma visão política do espaço organizacional que influencia fortemente certa produção em gestão. No mundo latino, a chamada análise estratégica desempenhou um grande papel. Desenvolvida por Crozier e Friedberg (1977), na França, essa perspectiva apresenta a organização como um espaço de relações de poder em que cada pessoa ou cada grupo social é um ator que mobiliza recursos diferentes, desenvolve estratégias em um contexto de incerteza e de acordo com as regras do jogo para manter sua posição ou alcançar seus objetivos (Bernoux, 1985). Essa perspectiva vê a organização como um espaço político. Nos Estados Unidos, Pfeffer e Salancik (1978) desenvolveram uma abordagem centrada na relação entre organização e seu ambiente. Chamada teoria da dependência de recursos, essa perspectiva tenta entender como as organizações podem assegurar e manter o controle sobre os recursos de que necessitam. Como qualquer organização necessita de uma variedade de recursos (físicos, financeiros, humanos, tecnológicos etc.), deve retirá-los de seu ambiente. Então, elas são dependentes. Para reduzir sua dependência, cada organização desenvolve algumas estratégias. Assim, controlar materiais, pessoas, dinheiro, técnicas torna-se imperativo. Os meios também são muito diversos: relações sociais e interpessoais, linguagem e símbolos, regras e estruturas.

Um trabalho recente sobre o mosteiro de Cluny mostrou como o espaço organizacional foi um elemento de redução da dependência do meio ambiente. O espaço do mosteiro foi um espaço positivo em oposição ao espaço externo submetido ao Diabo. "Igrejas brancas e castelos negros" de acordo com uma expressão da época. É também um espaço de ilusão, excluído do espaço em razão de seu caráter divino. Esse espaço positivo é também um espaço em expansão. Segundo autores clunisianos, a palavra Cluny vem do latim e significa aumentar. Essa é a razão pela qual

Cluny passou por um grande desenvolvimento entre o mundo ocidental e oriental. Outro elemento espacial foi o simbolismo do edifício (tamanho, decoração, objetos). Até a construção da Basílica de São Pedro de Roma, foi o mais importante edifício religioso no mundo cristão.

O objetivo era exaltar nas pedras e, na decoração, o esplendor da potência de Cluny. Qualquer pessoa de passagem deveria ser imediatamente impressionada por tal construção. Cluny usou ainda a integração horizontal e a diversificação para ser menos dependente (Nizet, 2003). Como podemos ver, esse controle espacial foi também a base das primeiras organizações também. Em contraste com uma visão tradicional muito fechada do sistema mosteiro, observamos que Cluny foi um sistema aberto.

Espaço na perspectiva da psicossociologia

O último aspecto a ser apresentado é o trabalho realizado por psicossociologistas das organizações. Essa corrente começou com alguns discípulos do movimento das relações humanas, tais como Likert, que define a noção de moral, ou Lewin, que desenvolve a relação entre o tipo de liderança e o desempenho do grupo. Havia outras fontes de desenvolvimento, como as pesquisas de Tavistock, realizadas pela Bion sobre a dinâmica de grupo, ou as de Elliot Jaques em socioanálises. Mais recentemente, alguns pesquisadores utilizaram conceitos da psicanálise para edificar uma psicodinâmica da vida organizacional, do trabalho e da liderança em gestão.

Na França, essa corrente surgiu no fim dos anos 1950 e desde então tem constituído uma das mais importantes contribuições para o campo latino. Influenciados por algumas obras norte-americanas e britânicas, particularmente Lewin, Moreno, Bion, Jaques, pela psicanálise e pela sociologia crítica, os psicossociólogos franceses produziram importantes e diversificadas publicações sobre a relação entre o indivíduo e a organização (Barus-Michel et al., 2002). Algumas delas se reagruparam sob a denominação psicodinâmica do trabalho e têm explorado a relação entre a vida psíquica e as organizações de trabalho (Dejours, 1993, 2000).

Os psicossociólogos trazem um novo elemento na compreensão das organizações: o papel dos processos psíquicos na organização e na dinâmica de trabalho. O espaço organizacional torna-se, então, um aspecto importante da vida psíquica individual. As estruturas organizacionais restringem os desejos individuais, mas também são produzidas pela dinâmica afetiva e psíquica. Por exemplo, um CEO pode ser megalomaníaco, paranoico ou obsessivo-compulsivo, cada um desses perfis pode conduzir a um tipo de estrutura e influenciar a estratégia (Zaleznick e Kets de Vries, 1985; Schwartz, 1992; Pitcher, 1994; Lapierre, 1995; Enriquez, 1997 a, b e c). O espaço organizacional tornou-se um elemento de projeção, identificação, idealização pelos indivíduos (Morgan, 1986). Nessas obras, o espaço é uma realidade psíquica e as organizações, uma produção da psique humana e do imaginário social (Castoriadis, 1975; Giust-Desprairies, 2003).

Como podemos ver, a diversidade de gestão e do pensamento organizacional produziu representações diferentes do espaço. Enquanto o mundo, há quinze anos, tem conhecido grandes mudanças, estas têm produzido efeitos sobre o espaço organizacional, especialmente com a destruição do Muro de Berlim, em 1989. Em razão desse acontecimento histórico, o capitalismo ganhou novos espaços nacionais e se tornou um único espaço econômico. Tal mudança tem transformado a vida organizacional e redesenha perímetros geográficos. Agora, no início do século XXI, é interessante concluir pela tendência sobre o espaço que observamos no pensamento de gestão recente.

Espaço, organização e gestão na última década: as principais tendências

A maioria dos pensamentos clássicos sobre gestão que acabamos de mencionar desenvolveu as suas ideias em um contexto sócio-histórico muito diferente, em particular nos pós-guerras – os Trinta Gloriosos –, como alguns analistas costumam chamar. A partir do fim dos anos 1940 até a segunda parte dos anos 1970, estávamos no mundo industrializado em um círculo virtuoso: crescimento econômico, aumento da educação, redução da desigualdade, aumento da riqueza. Mas estávamos em competição com um outro sistema: o comunismo. O espaço do mundo foi dividido por uma cortina de ferro em duas partes: o Oriente e o Ocidente. A outra parte do planeta, o Terceiro Mundo, escolheu o seu acampamento. Essa divisão teve um papel central na estruturação espacial e de representação dos povos e nas suas políticas.

Se o desaparecimento do muro foi um grande evento, os últimos quinze anos têm sido palco de outras grandes mudanças na gestão de organizações. Como nos referimos anteriormente, a globalização das trocas, mediante a criação de uniões comerciais, o desenvolvimento da comunicação e a tecnologia da informação, o peso dos mercados financeiros, a mudança no comportamento do consumidor, o surgimento de novas instalações de produção (China, Brasil, Índia, o Leste em transição) empurraram muitas empresas a serem mais flexíveis em todos os níveis (estoque, produção, recursos humanos, tecnologia).

As principais consequências são a fragmentação do trabalho, o deslocamento da produção, a flexibilidade das estruturas e processos e o uso massivo de informações eletrônicas tecnológicas (Bauman, 2005). Novas formas organizacionais foram popularizadas, tais como sistemas de rede e organização virtual. Ao mesmo tempo, observamos mudança no local de trabalho. O desenvolvimento de escritórios virtuais e de ferramentas nômades (telefone celular, computador pessoal, Palm, Blackberry, iPhone) permitiu uma fragmentação do tempo-espaço. Essa constatação não ocorre sem efeitos negativos, como poderemos ver no último capítulo deste livro. Essa experiência também está ligada a uma relação espaço-temporal específica.

capítulo 4

Ação Humana, Tempo e Organização

Ao longo dos últimos vinte anos, como já foi salientado nos capítulos anteriores, a abertura dos mercados, a desregulamentação, o crescente papel desempenhado pelos mercados financeiros na economia global, o enorme desenvolvimento das novas tecnologias, o enfraquecimento dos sindicatos, a hegemonia ideológica do pensamento neoliberal, a crise do *welfare state*, o desaparecimento das experiências socialistas são todos fatores que se combinaram para provocar o panorama atual, em que a globalização, a competitividade, a flexibilidade e o retorno sobre o patrimônio dos acionistas se tornaram o novo *slogan* empresarial (Thurow, 1996, 1999; Coutrot, 1998; Kuttner, 1999).

Tais mudanças não deixam de repercutir sobre os procedimentos de gestão, incluindo a relação que os seres humanos têm com o seu tempo e sua organização (Pronovost, 1995). Tampouco elas deixam de ter consequências sobre o bem-estar dos indivíduos e das sociedades em questão. A crise econômica profunda em curso alimenta novamente o debate em torno da mais arraigada das orientações do capitalismo contemporâneo.

A ação humana no contexto organizado e a relação com o tempo de trabalho

Desde o início da gestão, como somos lembrados pelos historiadores de gestão (Wren, 1996; Bouilloud e Lecuyer, 1995) e sociólogos da empresa (Segrestin, 1992; Sainsaulieu, 1997; Dupuis e Kuzminski, 1997), a ação humana no contexto organizado, especialmente no mundo corporativo, esteve profundamente preocupada com a questão do tempo de trabalho.

Ao longo dos últimos dois séculos, a questão do número de horas trabalhadas foi uma fonte importante de sensibilização e mobilização do movimento sindical na maioria dos países industrializados. Quanto às empresas, a questão do tempo de trabalho é um elemento-chave que subjaz à produção de bens e serviços, incluindo a produtividade dos funcionários; a questão do tempo de trabalho não se refere apenas à sua duração, mas também à sua qualidade (Supiot, 1994). Ambos os aspectos afetam o tempo de vida fora do trabalho e o tempo de aposentadoria, as apostas não são apenas econômicas, mas também antropológicas. Referem-se também a um modelo de existência social.

É por isso que desde o início da indústria o papel do tempo de trabalho suscitou de um modo ou de outro o interesse de todos os teóricos de gestão. Dois dos mais influentes escritores, os norte-americanos Frederick Winslow Taylor e Henry Ford, fizeram dele um dos elementos fundamentais do seu sistema de organização. No entanto, como já mencionamos, o fato é que a grande maioria do pensamento gerencial sobre o assunto foi essencialmente quantitativa, ao passo que aspectos econômicos, socioculturais e qualitativos têm sido amplamente esquecidos (Chanlat, 1990; Hassard, 1990, 1996).

No movimento sindical, e em particular dentro dos sindicatos mais ou menos influenciados pelo marxismo, a luta há muito tempo se dá historicamente em torno do conceito de operações, ou seja, sobre a relação que se estabelece entre o salário recebido e o tempo e o ritmo de trabalho (Coutrot, 1998). O tempo de trabalho aqui fica sujeito a uma relação de forças entre o capital e os assalariados. Como a dimensão temporal, enquanto elemento estrutural da vida empresarial e dos trabalhadores, está no cerne da ação humana no contexto organizado, é interessante ver como o estilo ou o modo de gestão o leva em consideração. Vamos ver o que se entende por estilo de gestão e que lugar ocupa o tempo de trabalho.

Modo de gestão e tempo de trabalho

Por modo de gestão entendemos todas as práticas de gestão implementadas pela administração de uma empresa ou organização para alcançar os seus objetivos. Assim, o modo de gestão inclui a criação de condições de trabalho, organização do trabalho, a natureza das relações de subordinação, o tipo de estruturas organizacionais, sistemas de avaliação e monitoramento de desempenho, políticas em gestão de pessoal e metas, valores e a filosofia de gestão que o inspiram.

Todo modo de gestão é influenciado, em parte, por fatores internos: a estratégia prosseguida, os recursos disponíveis, o pessoal, o uso da tecnologia, as culturas empresariais, a história e a cultura da organização, tradições, a personalidade dos líderes etc. E, em parte, por fatores externos: o contexto econômico (globalização, concorrência, ciclo econômico etc.), o político (políticas governamentais, legislação, papel do Estado), o cultural (valores dominantes, concepção de mundo), o social (estrutura social, movimentos sociais, sindicatos, grupos de pressão) e o ecológico.

Todo modo de gestão possui também duas componentes: uma componente abstrata, prescrita, formal, estática, que chamamos modo de gestão prescrita, e uma componente concreta, real, informal e dinâmica, que chamamos modo de gestão real. Na verdade, é da relação entre essas duas componentes e sobretudo a dinâmica que se dá entre os atores internos (direção, executivos, técnicos, funcionários, operários, sindicatos, membros etc.) e externos (acionistas, representantes públicos, governantes, grupos de pressão, clientes, fornecedores, usuários etc.) que nascerá a questão do tempo de trabalho dentro de cada organização.

Se a concepção que se faz do tempo de trabalho em uma organização, ou seja, sua duração, sua intensidade e sua qualidade, depende de muitos fatores que variam entre as sociedades, organizações, profissões, tarefas e, claro, dependendo de certas características demográficas (sexo, idade, origem social, educação, origem cultural, prática religiosa etc.), continua a ser verdade que cada um dos modos dominantes de gestão de desenvolvimento capitalista impôs algum tipo de relação com o tempo, especialmente reafirmando o caráter essencialmente econômico deste tempo.

Modos de gestão contemporânea e tempo de trabalho

Hoje, existem quatro grandes modos de gestão: 1. o modo taylorista e neotaylorista (que inclui igualmente o modo fordista, que, como todos sabem, é uma variante do taylorismo aplicado a processos contínuos de fabricação); 2. o da tecnogestão; 3. o de gestão baseado na ideia de competitividade, ao qual vinculamos o modo de gestão japonês, que reagrupa o conjunto das práticas gerenciais que surgiram nos últimos anos (excelência, *just in time*, zero defeitos, qualidade total, reengenharia de processos etc.); e, finalmente, 4. o estilo de gestão participativa.

Cada um desses modos tem suas próprias características e concepções de recursos humanos e de organização. No entanto, se essas descrições são um tanto ideal-típicas, pode acontecer de encontrarmos vários modos de gestão que coexistem dentro de uma mesma organização. Hoje em dia, é muito raro encontrar, por exemplo, as organizações que são mais tecnoburocráticas, como escolas, hospitais, universidades ou administrações públicas utilizando práticas tayloristas e mantendo o discurso sobre a competitividade (Carpentier-Roy, 1995; Giauque e Emery, 2004).

O modo de gestão taylorista e neotaylorista

A gestão taylorista e neotaylorista, como seu nome sugere, é baseada em princípios desenvolvidos na virada do século por F. W. Taylor. É caracterizada especialmente por uma divisão de trabalho muito fragmentada, produção sob pressão de tempo, tarefas repetitivas, modos de remuneração por desempenho (em dinheiro, por tempo etc.), uma rigidez de horários, uma separação e um direito de expressão muito fraco, às vezes nulo, uma divisão entre a concepção e a execução e sistemas de controle sofisticados. De acordo com esse modo de gestão, os seres humanos são considerados apenas pessoas com energia física e muscular e movidos exclusivamente por motivos de ordem econômica. A organização é considerada uma máquina e os homens e mulheres que constituem o pessoal, sendo tratados como as engrenagens dessa máquina de produção (Chanlat e Seguin, 1987; Morgan, 1989). Esse modo é, por excelência, o universo do cálculo, da medida e da padronização de tarefas para reduzir custos, aumentar os lucros e controlar o processo de trabalho (Thompson e McNugh, 1990).

Hoje, o encontramos não só no mundo industrial, onde ele nasceu na virada do século, mas também no setor terciário, onde se desenvolveu a partir dos anos 1930. Esse modo é o coração do que os economistas chamam de regulação fordista (Boyer e Durand, 1993) e foi encontrado na maioria das grandes empresas industriais modernas (Chandler, 1977). Ao longo dos últimos anos, a chegada maciça da informática em muitos casos apenas intensificou o ritmo próprio a essa modalidade de gestão. É por essa razão que falamos, nesse caso, em neotaylorismo (Alternatives, 1996).

Nesse modo de gestão, o tempo é visto essencialmente como um recurso econômico em que o trabalhador tem de fazer a produção máxima em tempo mínimo. O salário é geralmente calculado numa base horária. O ciclo de tempo de trabalho pode ser o mesmo, isto é, por exemplo, todos os dias das 8 horas da manhã às 16 horas, ou alternadamente, isto é, de acordo com três turnos, no caso da produção contínua. O prazo fixado por lei geralmente é de oito horas. O ritmo é determinado pela produção ou prestação de serviços. A intensidade, ou seja, o ônus, ora quantitativo, ora qualitativo, é, na maior parte do tempo, muito forte. Associado a pouca autonomia, provoca numerosos problemas de saúde, física e mental (Karasek e Theorell, 1990; Vezina et al., 1992; Chanlat, 1999; Gollac e Baudelot, 2003). Esse modo de gestão do tempo é tradicionalmente associado com o uso do corpo e do espírito, desgaste que, durante os Trinta Gloriosos, foi compensado por salários frequentemente elevados, especialmente em certas indústrias, como a automobilística, e por benefícios sociais. Em outras indústrias, como têxteis e de confecções, os benefícios eram muito inferiores. Hoje, essas práticas, se quisermos acreditar nas estatísticas, não diminuíram. Muito pelo contrário, elas parecem estar aumentando (Alternatives, 1996). O tempo taylorista, ao contrário da afirmação de alguns, está longe de desaparecer. Finalmente, ao passo que esse tempo foi vivido, nos pós-guerras mundiais, em uma alta estabilidade e perenidade do operário que trabalhava na General Motors, Renault ou Mercedes, quase assegurado de seu trabalho, esse não é mais o caso hoje, como já mencionamos anteriormente e como veremos um pouco mais adiante de maneira mais precisa.

O modo de gestão tecnoburocrático

O modo de gestão tecnoburocrático aparece praticamente na mesma época que o sistema taylorista. Max Weber foi o primeiro a estabelecer suas características. Esse estilo de gestão surgiu primeiro na esfera estadual e, em seguida, espalhou-se para todas as organizações de tamanho maior ou menor – a instituição educacional não foi exceção. Ele se caracteriza especialmente por uma pirâmide hierárquica desenvolvida, uma divisão fragmentada do trabalho, regulamentação escrita onipresente, uma grande importância dada a especialistas e técnicos, controles sofisticados, dificuldades de comunicação entre os níveis, uma centralização do poder, uma autonomia relativamente pequena para os níveis inferiores, um direito de expressão muito limitado e uma ética do bem comum.

Em tal modo de gestão, o ser humano é essencialmente sujeito ao domínio do Estado e dos limites por ele estabelecidos em suas atividades. Esse respeito pelo Estado é de fato uma característica fundamental da personalidade de uma organização burocrática. Invocada para controlar a incerteza e reduzir o arbitrário (Crozier, 1964), o modo de gestão tecnoburocrática fundamenta-se na ideia de um *homo rationalis* desprovido de paixão. Como o modo taylorista, vê a organização como uma máquina racional e não apenas mecânica (Chanlat e Seguin, 1987; Morgan, 1989). Nisso, é um produto da racionalização ocidental analisada por Max Weber na virada do século.

Nesse modo de gestão, o tempo é concebido de forma linear e a carreira é vivida na constância e regulamentada pela Antiguidade. Contrariamente ao trabalhador ou empregado sujeito às exigências taylorista, o burocrata beneficia-se de uma carga de trabalho muitas vezes menos intensa e de melhores condições de trabalho. Um estudo recente mostra que na França a semana de trabalho varia entre 31 e 39 horas, dependendo da posição e do governo (Focara, 1999). Estamos no mundo do colarinho branco, muito bem descrito nos Estados Unidos por C. W. Mills (1964), há mais de quarenta anos. Além disso, ele se beneficia notadamente da função pública da segurança do emprego. Essa é adquirida em troca de salários em geral inferiores aos praticados no setor privado. Esse conceito de tempo é atualmente contestado, até mesmo no setor público, por imperativos dos novos modos de gestão que incidem sobre a ideia de competitividade. Por exemplo, no Canadá, a metade dos 400 mil funcionários do governo de Quebec trabalha em tempo parcial ou está em listas de recordação (Désiront, 1999). Um fenômeno que se observa em outros países (Atkinson, 2000; Cohen, 2006).

O modo de gestão baseado na ideia de competitividade

O terceiro modo de gestão compreende precisamente todas as novas práticas de gestão que se espalharam desde o início dos anos 1980, especialmente em nome da competitividade (Peters e Waterman, 1993; Messine, 1987; Handy, 1991, Hammer e Champy, 1993; Porter, 1985). Com base na ideia de fazer melhor do que os concorrentes (nacionais e internacionais), ele enfatiza o primado do êxito, a supervalorização da ação, a obrigação de ser forte, a adaptabilidade permanente, a mobilidade, a canalização da energia individual nas atividades coletivas e o desafio permanente. Esse modo de gestão é frequentemente associado, pelo menos no discurso, a uma maior autonomia no trabalho, uma forte responsabilização, a recompensas materiais e simbólicas individualizadas, relações hierárquicas mais igualitárias, uma flexibilidade e uma polivalência da mão de obra e a um recrutamento seletivo.

Em comparação a outros modos existentes, ele apresenta uma novidade: a mobilização total do indivíduo a serviço da organização. Esta última canaliza a energia física, afetiva, psíquica de seus membros (Aubert e Gaujelac, 1991, 2007). A organização se torna o local de todas as ultrapassagens, de identificação e de todas as projeções individuais (Enriquez, 1997, 2007a).

Se o modo de gestão taylorista e neotaylorista recorre antes de tudo à energia muscular e corporal, o modo de gestão tecnoburocrático recorre à razão, o modo de gestão baseado na ideia de competitividade exige empenho total e um compromisso pessoal. Ele vê o ser humano como uma pessoa dedicada aos desafios e a superar-se. Essa busca pode ser feita apenas dentro de uma organização de excelência reagrupando uma equipe de "ases" prontos a sacrificarem tudo para conquistar o mundo. Durante os anos 1980, esse modo formou sob o nome de "excelência" a resposta ocidental, para não dizer norte-americana, ao desafio do gerenciamento japonês, que, como sabemos, era tradicionalmente baseado na equipe, na qualidade, na dedicação total e na conquista de mercados em longo prazo (Ouchi, 1982). Mas, durante os anos 1990, o discurso e as práticas mudaram um pouco em comparação à primeira formulação (Coutrot, 1998).

Essas alterações afetaram vários elementos do modo de gestão inicial, ou seja, o da excelência. Como já foi dito antes, temos de fato testemunhado nas últimas duas décadas uma crescente flexibilidade, em curto prazo, da rentabilidade competitiva e da hegemonia das finanças. O desempenho da empresa é cada vez mais medido em termos financeiros de curto prazo, tendo por efeito desenvolver novas práticas de gestão, recorrendo marcadamente a empregos cada vez mais atípicos: meio período, contratos de duração determinada, terceirização, trabalho temporário e trabalho episódico. A maioria dos países europeus viu a sua cota de empregos aumentar, sendo o Reino Unido o campeão nessa área, com 51,8%. A ideia de ter um emprego garantido e permanente se torna um objetivo cada vez menos possível para a maioria da população ativa dos países industrializados (Chanlat, 1992; Reich, 1992; Lipietz, 1996). Os Estados Unidos e o Canadá são exceção à regra (Rifkin, 1995, 2004; Thurow, 1996, 1999; Freeman, 1996; Stiglitz, 2004).

A instabilidade profissional tornou-se institucionalizada (Waterman et al., 1994). De acordo com uma representante da empresa AT&T: "De cima para baixo da hierarquia, os funcionários da AT&T devem mudar de atitude: a partir de agora a empresa não fornece mais um emprego, mas simplesmente uma missão profissional" (*Nouvel Observateur*, 1996). A mais ou menos grande estabilidade torna-se intimamente ligada à avaliação contínua do desempenho que é feita pela gerência. Como manifesta uma conselheira norte-americana entrevistada recentemente, "Eu aconselho meus clientes a se perguntarem todos os dias se estão no auge de suas competências, a avaliarem diariamente o que eles trazem para seu empregador" (*Nouvel Observateur*, 1996).

Essa tensão permanente desemboca na generalização do empreendedorismo. A pessoa combativa deve ser empreendedora. Como declara ainda um consultor de gestão de carreira norte-americana (*Nouvel Observateur*, 1996):

> Aqueles que insistem em encontrar o mesmo tipo de emprego em uma empresa semelhante podem permanecer no chão. Em contrapartida, as pessoas que são sólidas o suficiente para colocarem em primeiro plano suas prioridades, abertas o suficiente para examinarem a possibilidade de uma nova vida criarão seu próprio negócio.

O emprego assalariado que constituiu ao longo das últimas décadas a realidade da maioria (Castel, 1995, 2002) desaparece gradualmente sob a pressão de novas práticas de gestão. O núcleo duro não deve mais superar, segundo certos gurus da gestão eficaz, o nível de 40%. A ideia de "empregabilidade" tomou pouco a pouco o lugar do emprego permanente (Coutrot, 1998), incluindo os Estados Unidos (Waterman et al., 1994).

Em nome da globalização, da competitividade e da lucratividade, são recomendadas empresas mais flexíveis, ou virtuais, ou seja, empresas que se concentrem em seus negócios, como afirmam os gestores e aqueles que os aconselham (Drucker, 1993; Beaujolin, 1999). Livramo-nos de atividades que não são consideradas necessárias para o benefício de vários subempreiteiros. Essa terceirização é responsável por muitas das reduções de pessoal e as consequências que acabamos de mencionar, ou seja, instabilidade da carreira, avaliação contínua do desempenho e aumento de empregos autônomos.

Nesse modo de gestão, entendemos, colocamos novamente em questão, tal como batizaram os teóricos de regulação, o compromisso fordista (Boyer e Durand, 1993) sobre o qual se basearam dois modos de gestão precedentes e, claro, a concepção que tínhamos do trabalho e do tempo de trabalho. O emprego não é mais garantido e o tempo de trabalho adapta-se aos contornos de novos empregos. É o tempo do nomadismo profissional contínuo. Como veremos agora em torno de duas questões principais: a questão da flexibilidade e a questão do tempo de trabalho e emprego. Na verdade, entramos, com esse modo de gestão, em um mundo diferente, que revê a relação com o tempo que se desenvolveu durante o pós-guerra e a relação com a empresa. Nesse contexto, a ação humana transforma-se de acordo com as novas exigências.

Flexibilidade e tempo de trabalho: rumo à organização e à ação humana reconfiguradas

Como já dissemos, o tempo é, sem dúvida, o da flexibilidade. Basta consultar os cadernos de economia dos jornais para convencer-se diariamente. Aos olhos de muitos economistas e gestores, a flexibilidade é certamente pavimentada com todas as virtudes na busca do bem-estar econômico. Esse discurso nos últimos anos tem tido consequências reais não só nos Estados Unidos (Thurow, 1999) e na Grã-Bretanha (Purcell e Purcell, 1999), países que estavam por trás desse movimento, mas também, como os números atestam, na maioria dos países industrializados. O aumento de empregos em horários atípicos revela um desenvolvimento espetacular do trabalho flexível, o que corresponde ao conceito atual de empresa.

Deve ser, como muito bem lembra Rachel Beaujolin (1999), uma empresa simultaneamente reduzida, seletiva e fragmentada. Reduzida no sentido em que diminui o nível de empregos permanentes e centra-se novamente sobre "o coração de seu negócio" (o *core compentencies* dos anglo-saxões); seletiva, no sentido em que aumenta os critérios e testes de seleção de pessoal suscetível de fazer parte do núcleo permanente, e fragmentada, no sentido em que usa de uma variedade de formas flexíveis de trabalho e organização, tanto externa como internamente. Neste último caso, a flexibilidade pode ser caracterizada pela flexibilidade dos contratos de trabalho (trabalho temporário, subcontratação, trabalho autônomo etc.), uma flexibilidade do tempo de trabalho (horário flexível, trabalho de meio período, anualização do tempo de trabalho), uma flexibilidade funcional (polivalência, adaptação de competências) e uma flexibilidade de espaços de trabalho (mobilidade geográfica, o teletrabalho).

No contexto da globalização econômica, essas três características da nova configuração são, segundo seus advogados, indispensáveis à realização dos objetivos perseguidos: remuneração do capital investido, conquista de mercados e inovação constante. Se essas práticas estão mais presentes em alguns países do que em outros, particularmente na Grã-Bretanha (Purcell e Purcell, 1999) e na América do Norte (Pfeiffer e Veiga, 1999), são também cada vez mais implementadas em empresas de outros países industrializados (Coutrot, 1998; Veltz, 2002; Bolba-Olga, 2006; Beaujolin Bellet, 2008). Provenientes do setor privado, essas práticas podem também ganhar todas as organizações, incluindo os serviços públicos. São incontáveis as racionalizações efetuadas nos órgãos públicos em nome da eficiência usando tais práticas. Para não mencionar as inúmeras privatizações que supostamente responderiam à "ineficiência natural" destes últimos.

Consequências para as organizações e para os indivíduos

Como demonstrado por uma série de obras, essas novas práticas gerenciais em matéria de gestão, e em particular de gestão de recursos humanos, em nome da competitividade, têm consequências sobre os indivíduos e as organizações. Para os indivíduos, a primeira consequência é muitas vezes econômica. Em muitos casos, especialmente para aqueles que têm pouca ou nenhuma qualificação, isso significa uma redução de salário e a perda de vários benefícios sociais (seguro-saúde, pensões, férias remuneradas etc.). Pois o emprego atípico não oferece jamais as vantagens de um emprego permanente. Somente aqueles que pertencem à elite de sua profissão ou que tenham habilidades em alta demanda viram sua renda aumentar e mantiveram seus benefícios sociais. Esses fenômenos são observáveis em muitos países por mais de duas décadas (Reich, 1992; Thurow, 1995; Rifkin, 1995, 2004; Colamosca e Wolman, 1997; Lipietz, 1996; Thurow, 1999; Meda, 1999; Schwarz, 1998; Castell, 2002; Pirett, 2008). Mas as consequências não são apenas econômicas, há também efeitos especialmente sobre a carga de trabalho, a identidade no trabalho, a vida familiar e a saúde dos indivíduos.

Na verdade, o movimento no sentido de uma maior flexibilidade resulta em um aumento da carga de trabalho. Confiadas a empreiteiros, várias tarefas devem ser realizadas mais rapidamente para satisfazer os termos do contrato. A concorrência é feroz entre os subcontratados e um dos *leitmotivs* é fazer mais com menos. Esse *slogan* também é válido para empregos permanentes. Todas as pesquisas sobre a carga de trabalho mostram o aumento da quantidade de coisas a serem feitas em um tempo reduzido. O resultado é um crescente nível de estresse que se manifesta por diversos sintomas e muitos transtornos à saúde (Huez, 1994; Dejours, 1998; Chanlat, 1999; Gollac e Baudelot, 2003).

No plano da identidade no trabalho (Francfort et al., 1995; Osty e Uhalde, 2007), o desenvolvimento de empregos atípicos afeta a relação estabelecida entre o empregado, seu trabalho e a organização da qual ele é empregado, e pela qual ele trabalha mais ou menos temporariamente. Essa relação atinge, hoje, a maioria dos serviços de uma empresa: recepção, telefonista, informática, vigilância, manutenção, limpeza, salários etc. Como mostra uma pesquisa realizada por um grande jornal francês sobre o assunto (Charvet, 1999), encontramos, na França, várias formas possíveis de pessoa assalariada: emprestada, subcontratada, implantada, sem formalidade, terceirizada, avulsa, compartilhada, segmentada, aplicada e autodependente.[1]

A pessoa emprestada (consultor) é empregada por uma empresa (ou consultoria) e temporariamente emprestada para outra empresa. Por exemplo, um especialista em computação trabalhando oficialmente em uma empresa de serviços informáticos e que recebe uma missão mais ou menos longa em uma empresa de telecomunicações recai nessa categoria. Nesse caso, quanto maior a estada na empresa de acolhimento, mais a pessoa empregada se enraizará e terá dificuldades em deixá-la. Seu relacionamento com a empresa original será tão fraco que ela praticamente nunca mais voltará a trabalhar nela.

A pessoa subcontratada (volante) é a única que trabalha para uma agência de empregos de acordo com a demanda de trabalho aqui ou ali. Ela se movimenta de uma empresa para outra e nunca sabe, no dia seguinte, onde deverá trabalhar. Ao contrário da pessoa emprestada, ela executa tarefas muito curtas: uma manhã, um dia e está em contato constante com seu principal empregador. O

---

[1] Em francês respectivamente: *prêtée, sous-traitée, implant, sans-étiquette, externalisée, détachée, écartelée, partagée, portée et indépendante-dépendante*. Optamos por colocar entre parênteses o termo em português que mais se aproxima ao francês na descrição. (NE)

tempo que permanece na espera não é pago. Empregados em escritórios entram nessa categoria.

A pessoa implantada (temporária) é assalariada de uma agência de trabalho temporário e trabalha em uma empresa cliente. É a pessoa que é vendida juntamente com o serviço.

A pessoa sem formalidade (informal) é vítima das sucessivas alterações de identidade jurídica de seu empregador, uma estratégia usada por alguns empregadores para impedir julgamentos pelos seus empregados. Eles podem vencer no tribunal, mas, com o tempo, a empresa já não é mais condenada. O assalariado não sabe mais que caminho tomar.

A pessoa terceirizada é aquela que tinha um trabalho permanente, ou não, em uma empresa e, como resultado da reestruturação, encontrou-se trabalhando para a empresa que assumiu a atividade terceirizada. Isso se aplica, por exemplo, a um serviço de auditoria interna que é transferido para uma empresa de consultoria. Pode, então, acontecer que o trabalhador volte a trabalhar em tarefas de sua antiga empresa, embora agora pertença a outra. No nível formal, a relação com sua antiga empresa muda em razão da natureza do contrato de trabalho; agora ele é um prestador de serviços, mesmo que não possa desprezar os anos passados com o antigo empregador. Isso pode causar situações difíceis quando os interesses ou pontos de vista do cliente diferem daqueles do serviço.

A pessoa avulsa (prestadora de serviços) é enviada para trabalhar em outro lugar por um tempo específico. É um fenômeno encontrado com frequência no serviço civil francês. Contamos 15 mil, apenas no setor da educação. A pessoa traz habilidades específicas a uma outra administração sem perder o seu estatuto e seus benefícios.

A pessoa (ou empresa) compartilhada é aquela que é paga por muitos empregadores e que trabalha eficazmente em uma outra empresa. É o caso, por exemplo, do empregado encarregado por diferentes companhias de preencher as prateleiras de um supermercado com seus produtos, estando sujeito às exigências do supermercado. Para este, é uma maneira de economizar um assalariado. Para a pessoa, se ela considera o supermercado seu empregador, não é ele quem a paga.

A pessoa segmentada (pessoa jurídica – PJ) é a que partilha seu tempo entre diferentes empregadores. Ela aluga seus diversos serviços e tenta compor sua agenda de acordo com as diferentes demandas. Esse tipo de trabalho é marcado pela discriminação das atividades e competências mobilizadas para esse fim. Trata-se de gestores que muitas vezes foram despedidos na sequência das racionalizações.

A pessoa aplicada (chapa) é aquela contratada por uma empresa de transporte, ou seja, uma empresa que usa quadros de desempregados à procura de trabalho. Isso permite aos trabalhadores encontrar alguma atividade, garantindo, dada a precariedade desses trabalhos, os benefícios de desemprego enquanto não encontra projetos geradores de rendimentos. Havia 15 mil pessoas trabalhando para essas empresas na França no fim dos anos 1990 (Charvet, 1999b).

A autodependente (cooperada) é uma pessoa que trabalha, em teoria, por conta própria, mas, na prática, depende de um patrão. Isso se aplica ao motorista de caminhão, ou taxista, que trabalha para uma empresa que fornece motoristas suplentes a empresas de transporte. Ele é independente e recebe honorários; podendo ou não receber salário e férias.

Como podemos ver, as formas de trabalho flexíveis e de contratos de trabalho a eles associados são muitas e são o resultado da repartição das empresas tradicionais e das novas práticas de gestão que se implantam em outros setores, particularmente no setor público. Essa fragmentação das formas de trabalho e de emprego do tempo também tem sérias consequências sobre a vida familiar, especialmente porque elas são amplamente feminizadas, mas c trabalho em casa continua a ser, como sabemos, uma atividade essencialmente feminina (Majnoni d'Intignano e Sofer, 1999; Meda 2001, 2008).

Consequências na vida familiar

Pesquisa conduzida na França demonstra que a utilização cada vez maior do tempo parcial e de horários flexíveis desestabiliza a família, particularmente entre os baixo assalariados que estão empregados na grande distribuição – os supermercados, os cafés, os restaurantes *fast-food* ou as empresas de limpeza. Os caixas de hipermercados estão sujeitos, de acordo com a socióloga que aplicou a investigação, a uma lógica de "corveia". "Toda a vida fora do trabalho se torna incontrolável e completamente aleatória", escreve ela, "é a instabilidade e a incerteza dos padrões de trabalho que dominam a fim de adaptar os horários do pessoal às flutuações de atividade" (Cattaneo, 1998). Os caixas, por exemplo, muitas vezes têm seus horários de trabalho incompatíveis com a vida familiar. Realmente não é raro ver um caixa começar no início da manhã, passar três horas sem fazer nada no meio do dia, em razão da distância de sua casa, e ficar fora até tarde da noite para cumprir as horas pagas.

Como esse tipo de programação cresce cada vez mais e gradualmente espalha-se para todos os países industrializados, podemos esperar graves consequências para a vida social. Em uma sociedade de consumo em que os *shopping centers* tornaram-se o lugar de passeios por excelência e o consumismo é desenfreado, não é de surpreender. Mas algumas resistências começam a aparecer. O sindicalismo tenta avançar para o *fast-food*; em alguns países europeus tentam defender uma estabilidade nos horários de trabalho. E a eleição de Barack Obama nos Estados Unidos mostrou que os trabalhadores norte-americanos aspiravam, eles também, a uma maior estabilidade do emprego e melhores serviços públicos. Porque os custos sociais associados ao desenvolvimento desenfreado da flexibilidade estão cada vez mais em evidência.

O nível de estresse profissional associado a essas novas práticas está se tornando mais conhecido e muitos artigos e livros relatam a angústia, o medo, o sofrimento, a grosseria, a violência, os problemas de saúde física e mental ligados direta ou indiretamente a essas novas práticas de gestão (Neuman e Baron, 1997; Dejours, 1998; Brunstein, 1999; Philonenko e Guienne, 1998; Cattaneo, 1998; Chanlat, 1999; Anderson e Pearson, 1999). Por sua vez, as organizações que, em nome da eficiência e do desempenho financeiro, recorreram a essas políticas nem sempre percebem o preço que pagam (Pfeiffer e Veiga, 1999).

O desenvolvimento do tempo parcial, usando mais e mais a agência e a terceirização de muitas atividades, levou à dissolução da sociedade e à dissolução dos laços sociais em muitos casos. A ação humana no contexto organizado foi em muitas organizações subvertida. Como de fato faz-se crer que os empregados e executivos fazem parte de uma grande família durante a realização desse tipo de fragmentação? Como manter o envolvimento quando estamos diante da terceira reestruturação e muitos trabalhadores leais e fiéis são demitidos sem a menor cerimônia? Como assegurar uma vida social digna do nome quando o espaço-tempo comum torna-se cada vez mais escasso? Ao tratar empregados como recursos ordinários a agradecer, as organizações serram o galho em que se sentam. Como bem resumiu Rachel Beaujolin (1999, p.262):

> A corrida para a flexibilidade introduz novas linhas de demarcação dentro da empresa: há aqueles que estão no círculo de decisão e aqueles que são meros executores das decisões a que aderem, não necessariamente, há aqueles que trabalham e aqueles que não desempenham o seu papel, há quem ganha e quem perde. Quanto à construção de uma identidade coletiva, é praticamente proibido nesta empresa em guerra consigo mesma: os interesses de cada ser fragmentado, os movimentos de defesa coletiva e o discurso público estão quebrados.

A experiência profissional esteve até agora marcada pela continuidade e certa estabilidade, porém os trabalhadores estão cada vez mais propensos a provar a precariedade e a fragmentação. Essa situação não poupa nem mesmo os executivos.

Consequências para os executivos

Com efeito, esse movimento não afeta apenas os empregados ou trabalhadores, mas também os executivos. A desconfiança, o cinismo, a suspeita são colocados naqueles que deveriam representar a vontade da administração. Depois de passar pelo culto da empresa, as ondas de reestruturação dos anos 1990, o crescimento da terceirização, a expansão dos trabalhadores em tempo parcial levaram os executivos a praticar o que um consultor francês não hesitou em descrever como "absenteísmo moral" (Landier, 2008), outros, de cansaço das elites (Dupuy, 2005) ou ainda, de resistência (Courpasson e Thoenig, 2008).

Nos Estados Unidos, onde, segundo alguns analistas, tudo estava bem até recentemente, o movimento contínuo de reestruturação, a onda de demissões regulares, a célebre redução de efetivos ou "downsizing", apesar dos excelentes resultados financeiros, está alterando a filosofia de trabalho e a relação com a empresa, particularmente entre os jovens profissionais. Os executivos norte-americanos se sentem cada vez menos vinculados. "Não há mais contratos implícitos e quase não há contratos explícitos, escreve a *Fortune*. Não há lealdade. Nem harmonia de interesses. Nenhuma convicção de que o que é bom para a General Motors é bom para nós" (Rifkin, 2004). Dificilmente nos surpreende um consultor financeiro, em um *best-seller*, defender novas relações de trabalho com base nessas cinco grandes ideias: considerar o emprego um trabalho e não uma carreira, estar permanentemente procurando um emprego, privilegiar o curto prazo e os benefícios imediatos, preferir a mudança horizontal à vertical e evitar as intrigas no escritório (Pollan, 1998).

As novas práticas de gestão parecem pouco a pouco dissolver o vínculo que se desenvolveu das décadas anteriores entre o trabalhador, seja o executivo, o operário, seja o empregado e a organização em que ele trabalhava. O oportunismo gerencial, como qualifica um pesquisador norte-americano, é cada vez mais uma característica da carreira dos gestores (Appelbaum e Batt, 1994). Confrontadas com essas reações e o desenvolvimento dessa empresa reduzida, seletiva e fragmentada, as empresas norte-americanas colocam em prática políticas cada vez mais individualizadas (Ghoshal e Bartlett, 1998), pensando, assim, em manter os empregados que fazem tudo. Mas, de acordo com outras pesquisas, os norte-americanos, incluindo aqueles que vivem no Vale do Silício, na Califórnia, aspiram em sua grande maioria a um emprego estável (Lamprière, 1998). Isso é compreensível quando se sabe que estabilidade rima com vantagens sociais e que a maioria experimentou uma queda de rendimento nos últimos vinte anos (Wolman e Colamosca, 1997; Kuttner, 1999; Thurow, 1999). A ideia de um funcionário, empresário de sua própria vida, é acessível a jovens bem formados e em alta demanda nos primeiros anos de suas vidas profissionais. Mas em relação a quem eles se diferenciam? De pessoas com famílias, mais velhas, menos qualificadas, aquelas que estão lutando com a doença... (Meda, 1999, 2008). Os dados são claros a esse respeito.

As organizações contemporâneas e as empresas em particular, que são a base dessas novas práticas, devem pensar duas vezes antes de dispensar, terceirizar em curto prazo ou recorrer a contratos de trabalho atípicos. Porque, se elas pensam que as economias de curto prazo podem satisfazer os seus acionistas, esquecem a maior parte do tempo dos muitos custos escondidos que tais práticas implicam. Essa é razão por que determinadas empresas, até mesmo norte-americanas, desviam-se dessas práticas, especialmente porque os resultados econômicos de longo prazo, quando os analisamos mais detidamente, estão longe de serem conclusivos (Wolman e Colamosca, 1997; McKinley et al., 1998; Pfeiffer e Veiga, 1999).

A empresa flexível também é uma empresa que gera insegurança e exclusão. E é a sociedade que deve absorver os custos sociais em termos de saúde, violência, delinquência e criminalidade. Essa é uma das razões que levaram o governo francês, no fim dos anos 1990, a querer encurtar a semana de trabalho para 35 horas, a fim de dividir o trabalho existente e criar empregos. Se essa medida legislativa gerou muitos debates, os resultados obtidos variaram de acordo com os setores e as empresas. Hoje, algumas dessas medidas são postas novamente em prática para atenuar a grave crise econômica que cresce. Depois de elogiar a empresa enxuta, flexível, redescobrimos antigas evidências que põem em causa a visão do ser humano que havia sido sustentada por tais práticas. Isso é o que veremos no próximo capítulo, que irá justamente questionar o modelo antropológico por trás da teoria da agência, teoria muito influente durante duas décadas sobre os comportamentos observados entre financistas e gestores e sobre a gênese da mais grave crise que vivemos desde 1929.

> Nada é mais fundamental na definição de nossa agenda de pesquisa na informação de nossa metodologia de pesquisa do que a visão da natureza dos seres humanos, cujos comportamentos estamos estudando [...] Faz diferença para a investigação, mas também faz diferença para o projeto adequado das [...] instituições. (Herbert Simon, 1985, p.293)

> Uma formidável teoria da empresa, que será conhecida como a teoria da agência, enraizada na filosofia econômica neoliberal da Universidade de Chicago, irá consolidar as suas ideias e contribuir para reconsiderar um objetivo fundamental da empresa e o papel dos gestores na realização deste objetivo. (Khurana, 2007, p. 311)

capítulo 5

Ação Humana e Organização Segundo a Teoria da Agência: Uma Crítica Antropológica

A gestão como corpo sistemático de princípios e ideias surge no Ocidente na virada do século XX, especialmente nos Estados Unidos (Chandler, 1977; Bouilloud e Lecuyer, 1995; O'Connor, 1999; Wren, 2005; Chanlat, 2007 a, b e c). Isso não aconteceu por acaso e corresponde a mudanças sociais. Essas mudanças estão associadas ao desenvolvimento de grandes empresas e de práticas gerenciais que surgem no interior delas, à emergência de gestores como categoria socioeconômica responsável por essas práticas (Barnard, 1938; Chandler, 1977), a Henri Fayol, diretor geral assalariado, sendo na França uma figura emblemática (Saussois, 1995), e, finalmente, à fundação das primeiras escolas de negócios (*écoles de commerce*) atribuída ao ensino da administração na Europa e na América do Norte (Khurana, 2007).

A partir disso, ao longo do século XX, a gestão vai conhecer grandes desenvolvimentos. A segunda metade do século passado está de fato marcada por uma profissionalização, um crescimento de programas de ensino em todo o mundo sob a influência do modelo norte-americano (Servan-Schreiber, 1967; Djelic, 1998) e o advento das ciências de gestão, novas disciplinas no campo das ciências sociais (Malouin et al., 1986; David, Laufer e Hatchuel, 2001; Khurana, 2007). O fim do século XX e o início XXI serão palco de reforço da influência das ideias de gestão nas sociedades.

Ao longo das últimas três décadas, a dinâmica do capitalismo, como já foi argumentado nos capítulos anteriores, fez surgir uma hegemonia tripla: primeiro, a hegemonia do domínio econômico por meio da lógica de mercado cada vez mais forte (Kutner, 1999; Kay, 2003; Laval, 2007; Caillé e Laville, 2007); segundo, a hegemonia da empresa por meio da influência crescente do modelo empresarial privado sobre outros tipos de organizações (empresas públicas, governos, associações, igrejas, entre outras) (Mintzberg, 1989; Chanlat, 1990, 1998; Reich 2007); e, terceiro, a hegemonia das categorias de pensamento gerencial sobre outras esferas da vida social (Villette, 1988; Mintzberg, 1989, 2004; Chanlat, 1990, 1998; de Gaulejac, 2005; Legendre, 2007).

Simultaneamente à prática social e a organismos científicos, originados pelo projeto da modernidade avançada (Giddens, 1987), a gestão não cessou, desde sua emergência, de suscitar inúmeras reflexões, publicações e guias de ação (Collins, 2000; Clegg et al., 2004; Stautton e Pfeiffer, 2007; Chanlat, 2007 a, b e c). Essa produção de ideias não deixa de influenciar as decisões cotidianas e as estratégias dos gestores. Ou, quando se olha atentamente para as representações de seres humanos que estão no fundo de toda essa produção, encontra-se ora a dominação de algumas delas, ora seu caráter muitas vezes redutor. Essas representações dominantes e seu lado simplista não deixam de questionar os fundamentos antropológicos. Seus efeitos são frequentemente nocivos sobre as organizações e os trabalhadores em causa.

Esse tipo de interrogação, que aparece repetidamente desde o início da gestão (Follett, 1925, 2002; Barnard, 1938), foi seriamente revisto ao gosto dos dias de hoje, particularmente nos países anglo-saxões, na esteira dos escândalos que acompanharam o colapso da bolha internet. Entre essas críticas, quatro parecem exemplares:

1. A posição do presidente da American Academy of Management (Bartunek, 2002);
2. A obra de Henry Mintzberg sobre a formação ministrada no MBA (2004);
3. O artigo de Sumantra Goshal (2005), que criticou fortemente o ensino de gestão e as representações feitas dos humanos pelas principais teorias ensinadas, e
4. As ideias desenvolvidas na obra de Rakesh Khurana (2007), professor da Harvard Business School.

Essas posições, cada uma à sua maneira, desafiam a representação dominante que se esconde por trás dos conceitos de gestão ensinados hoje em dia pelos programas de maior prestígio, incluindo os norte-americanos.

Neste capítulo, interessamo-nos precisamente pelo modelo do ser humano encontrado na maioria das vezes nas abordagens contemporâneas de gestão discutidas nos capítulos anteriores. Ao fazê-lo, esperamos mostrar as limitações e destacar o seu impacto na vida das pessoas que trabalham. Em relação à reflexão de Gareth Morgan (1989), que estava interessada especialmente em metáforas da organização por trás do projeto organizado, nossos olhos vão partir dessa postura antropológica estendida que apresentamos no Capítulo 1.

Tal como a posição de Robert Merton, a nossa apoia-se não apenas sobre os ombros de alguns gigantes das ciências sociais, especialmente Weber, Mauss, Polanyi e Braudel, mas também sobre autores do campo da gestão propriamente dita que não hesitam em destacar o caráter de uma ação social, experimental e encarnada na ação gerencial em questão, tanto ontem (Follett,

1925, 1995; Barnard, 1938) quanto hoje (Dufour e Chanlat, 1985, Mintzberg, 1989; Pitcher, 1995; Pettigrew et al., 2004; Goshal, 2005; Martinet, 2007).

Qual, porém, é o modelo da ação humana dominante em gestão? Quando consultamos regularmente os discursos e as publicações específicas do mundo de gestão, como fazemos há mais de trinta anos, é evidente que as representações de seres humanos, ou o que alguns antropólogos chamariam de modelos de homem (Lévi-Strauss, 1967) no domínio da gestão, giram em torno de várias figuras (*homo economicus*, homem-máquina, homem reflexivo, homem cognitivo, homem social).

Por razões de espaço, abordaremos aqui o primeiro modelo, especialmente na versão que é apresentada na teoria da agência. Porque é particularmente influente em muitos conceitos gerenciais. Na verdade, é a base para uma série de abusos relatados por colegas já citados, que os estudiosos da língua francesa também não hesitaram em criticar já há várias décadas (Perroux, 1963; Dufour e Chanlat, 1985; Aktouf, 1989; Martinet, 1983, 1990; Chanlat, 1990; Brabet, 1993) e, com a atual crise econômica, acaba impulsionada pelas loucuras cometidas pelos setores financistas norte-americanos e internacionais durante a última década, que fortemente reatualizou a crítica.

O modelo de ação econômica: hipóteses clássicas para os economistas modernos das organizações

O mundo da gestão desde a sua constituição em corpo sistemático de princípios recorreu a fontes da disciplina econômica. O que não é surpreendente quando se conhece o significado do projeto gerencial: a ação social eficaz no contexto da organização. A ciência econômica, como todos sabem, nascida com o trabalho seminal de economistas clássicos (Quesnay, Smith, Ricardo, Malthus, entre outros), deslanchou como disciplina acadêmica com o projeto de economistas da segunda metade do século XIX, Menger, Jevons e Walras, que lançaram as bases do que agora é chamado de um modelo de equilíbrio geral neoclássico. Como já foi referido anteriormente, a gestão e seu ensino aparecem simultaneamente quase que ao mesmo tempo. Isso levará o tão influente engenheiro de métodos Frederick Winslow Taylor a definir-se a si mesmo como um economista político de fábrica (Kanigel, 1999).

A representação do ser humano no esquema neoclássico é agora bem conhecida. O homem econômico é uma pessoa que procura constantemente em seu interesse maximizar a sua utilidade. É racional e sua busca contínua assegura de maneira otimizada, de acordo com economistas neoclássicos, o bem-estar individual e coletivo por meio do mercado (Guerrien, 1989; Laval, 2007).

Se essa visão é regularmente questionada, de um lado, a partir do interior, por muitos economistas (Perroux, 1963; Hirschman, 1988; Burgenmeier, 1994; Kutner, 1997; Stiglitz, 2002; Kay, 2003; Boyer, 2004; Krugman, 2005; Friedman, 2005; Bogle, 2005; Layard, 2006; Guerrien, 2007), e, de outro lado, a partir do exterior, por outras disciplinas (Sahlins, 1976; Etzioni, 1988; Gorz, 1988; Godbout e Caille, 1992; Granovetter, 2000; Caillé e Laville, 2007; Laval, 2007), ela vai prevalecer mesmo durante as últimas duas décadas. Isso se deve a vários fatores, especialmente à ascensão da crítica neoliberal que surge a partir de meados da década de 1970 em relação à síntese keynesiana dominante até então e à queda do Muro de Berlim e o fracasso das experiências socialistas que essa queda simbolizou. Portanto, as representações do *homo economicus* e do mercado como mecanismo de coordenação serão, para alguns, o horizonte insuperável de nosso tempo, para usar uma frase famosa de Sartre, por ironia da história, após a Segunda Guerra Mundial a propósito do marxismo!

Essa novidade não deixará de influenciar as visões desenvolvidas em gestão, especialmente mediante os conceitos emprestados da economia das organizações. Depois de negligenciar por um bom tempo o que se passava em uma organização (o esquema neoclássico não falava sobre isso), alguns economistas contemporâneos pouco a pouco começam a se interessar pelo tema. A organização é vista então como um lugar de custos de transação (Coase, 1937; Williamson, 1994; Menard, 1993; Coriat e Weinstein, 1995; Gabrié e Jacquier, 1996) e uma boa parte das relações vai ser avaliada sob o critério do que é agora chamado Teoria da Agência, na qual a relação comercial se resume a uma relação principal/agente, isto é, uma relação mandante/mandado (Jensen e Meckling, 1976; Eisenhardt, 1989; Shapiro, 2005).

A Teoria da Agência: definição e características

O artigo fundador da Teoria da Agência (Jensen e Meckling, 1976) é de fato uma aplicação direta do quadro analítico neoclássico. Ela se aplica a situações decorrentes de assimetrias de informação, isto é, a desigualdade de acesso a informações relevantes entre os agentes relacionados. Se partirmos da hipótese de que estes últimos são racionais e buscam maximizar seus interesses, a descoberta dos limites dessa hipótese, feita pelo paradigma neoclássico de informação perfeita de Herbert Simon, vai levar os investigadores a questionarem a emergência potencial de problemas de coordenação e de incentivo (Eisenhard, 1989). A Teoria da Agência inscreve-se igualmente no prolongamento direto da Teoria dos Direitos de Propriedade (Alchian e Demsetz, 1972). Seus autores, Jensen e Meckling (1976), definem de fato a relação da agência como um contrato pelo qual uma ou mais pessoas (o principal ou mandante) contratam outra pessoa (o agente ou o mandado) para executar em seu nome qualquer tarefa que envolva uma delegação de certo poder de decisão. A empresa é definida como um nó de contratos específicos celebrados entre os proprietários dos fatores de produção (capital e trabalho) e os seus "clientes".

Essa visão tem inúmeras implicações importantes: a empresa é percebida como uma ficção jurídica, não tendo existência própria e, portanto, fronteiras reais; especialmente, a distinção mercado/organização, herdada do trabalho de Coase (1937), perde muito do seu significado. A empresa é aqui apreendida como uma forma de organização para minimizar os custos da agência associados à assimetria de informação. Em última instância, para encontrar a estrutura do contrato para ajudar a criar os incentivos certos e coordenar os agentes na definição de uma divisão otimizada entre esses agentes, os riscos e os benefícios.

Como na Teoria dos Direitos de Propriedade, a Teoria da Agência tende a mostrar que a configuração contratual se impõe como a mais eficiente. Assim, em um ambiente complexo em que a empresa tem grande importância (isto é, as informações relevantes são distribuídas entre um grande número de agentes), defende-se a ideia de que é mais eficiente separar o controle das decisões de gestão das decisões de controle.

Originalmente, na Teoria da Agência, encontramos certas reflexões clássicas já expressas por Adam Smith. Escrevia ele, com efeito, em *A riqueza das nações*:

> como os diretores desses tipos de companhias (sociedades por ações) são os administradores do dinheiro de outras pessoas em vez de seu próprio dinheiro, dificilmente pode-se esperar que eles tragam a vigilância exata e cuidadosa que os parceiros muitas vezes trazem em sua movimentação de fundos. (Smith, 1976, p. 19)

Isso mostra bem que o interesse despertado pelos problemas que os economistas de organizações e gestores hoje chamam relação de agência é tão antigo quanto a própria disciplina da economia (Laval, 2007).

Será necessário, no entanto, esperar até o início dos anos 1930 para que Berle e Means (1932) aprofundem os problemas decorrentes da divergência de interesses entre quem lidera e quem é dono da empresa. Assim, veremos nascer os primeiros casos de relação agente/principal ou mandado/mandante por meio do estudo das relações entre gestores e acionistas. A pergunta que Jensen e Meckling levantam é de compreender, nesse contexto, que tipo de contrato satisfará melhor ambas as partes envolvidas na relação de agência minimizando os custos de seus contratos, o que chamam custo de agência.

Compreensivelmente, a abordagem desses pesquisadores é essencialmente uma tentativa de explicar, ou pelo menos compreender, o funcionamento da empresa. Esses trabalhos inscrevem-se na esteira da teoria econômica das organizações lançada por Coase que criticava a corrente tradicional de contentar-se simplesmente em entender a empresa como uma caixa-preta. Ora, em seu desejo de explicar a economia da empresa como uma forma alternativa de organizar o mercado, Coase (1937) sugere, em um artigo que se tornou muito famoso depois, uma explicação.

Hoje em dia, essa visão é amplamente compartilhada por muitos autores que insistem na universalidade da relação agente/principal ou mandado/mandante, essas relações aparecem segundo eles em situações muito diferentes e em todos os níveis da sociedade. Tal é o caso, por exemplo, do proprietário de um apartamento e seu inquilino, uma companhia seguradora e seus clientes, entre médico e paciente, entre o dono de um restaurante e seus garçons, entre políticos e cidadãos, entre juízes e o Parlamento Europeu, e até mesmo entre os cidadãos (Eisenhardt, 1989; Shapiro, 2005).

A Teoria da Agência, portanto, assenta-se em duas hipóteses sobre o comportamento humano. A primeira assume que os indivíduos procuram maximizar sua utilidade, e a segunda postula que os indivíduos são suscetíveis de se beneficiarem da incompletude dos contratos.

Segundo os autores dessa teoria, os dirigentes são, assim, os mandatários dos acionistas na empresa e destinam-se a gerir o negócio em consonância com os interesses destes últimos (Jensen e Meckling, 1976). Isso, no entanto, pode causar problemas para os gestores e os acionistas que têm funções de utilidade diferentes e agem para maximizar sua utilidade respectiva. O líder terá, assim, de acordo com eles, tendência a captar uma parte dos recursos da empresa sob a forma de privilégios para seu próprio consumo (despesas discricionárias) ou para reforçar a sua posição à frente da empresa. Ele pode também preferir o crescimento do seu volume de negócios ao dos lucros, empregar mais pessoas do que o necessário. Em outras palavras, para essa teoria, parte-se da hipótese seguinte: a aspiração do líder é especialmente maximizar ganhos e minimizar o esforço. Essa divergência de interesses é ainda mais acentuada pela diferença dos riscos assumidos, o sócio pode perder o que trouxe, e o gestor incorrer no risco de perder seu emprego e seu valor no mercado de trabalho relevante.

A assimetria na distribuição de informação que é associada a essa divergência de interesses dá, portanto, origem ao problema da agência. Na verdade, se não há diferença nas preferências dos atores, a informação assimétrica não será um problema desde que o agente ou o mandatário aja de acordo com o diretor ou principal. Da mesma forma, na ausência de problema de assimetria de informação, os eventuais conflitos de interesse serão facilmente superados na medida em que o principal ou mandante detectar imediatamente todo o comportamento oportunista por parte do agente ou mandado. A relação de agência existe apenas porque o principal ou o diretor estima o agente ou o mandatário mais bem colocado que ele para gerir seu bem, ele reconhece-lhe as capacidades e um conhecimento específicos. A assimetria de informação está, portanto, realmente na origem da relação contratual (Gomez, 1996). Os problemas de agência são, então, conectados à incerteza no fracasso dos esforços do pessoal e aos custos de criação e execução de contratos. Se a complexidade do trabalho gerencial não pode ser uma descrição exata, o acionista expõe-se, por consequência, de acordo com essa teoria, ao oportunismo potencial do líder. Assim, o ambiente é mais incerto, a informação assimétrica e a extensão do esforço individual, problemáticas, mais o risco de negligência, ou ainda os erros prejudiciais aos interesses dos acionistas têm chance de ser elevados.

As relações de agência deixam assim entrever os problemas que os economistas chamam de risco moral, seleção adversa e oportunismo. O risco moral é de fato definido como um "efeito perverso" do sistema regulamentar ou contratual. Ele sobrevive quando este último contém uma significativa falha legal, o que permite o abuso ou a fraude, ou na linguagem cotidiana, um comportamento usurpador. Dito de outra forma, o risco moral é a possibilidade de uma pessoa explorar estrategicamente, voluntariamente, uma situação não prevista pelos projetistas do sistema, refere-se àqueles que irão beneficiar-se da regulamentação ou do contrato desviando-se de sua mente.

Na verdade, os líderes que são responsáveis pela gestão da empresa dispõem de informações privilegiadas sobre seu funcionamento. Além disso, o acionista nem sempre tem as habilidades de que precisava para saber se uma transação está em seus próprios interesses ou nos dos líderes. É possível, nesse sentido, que o gestor adote um comportamento oportunista ao manipular a informação, comunicando apenas o que serve a seus interesses. O oportunismo do gestor pode levar ao desvio para o ganho pessoal, diminuindo assim o benefício residual do proprietário. O diretor ou o responsável deverá pôr em prática um sistema de incentivos e mecanismos de controles se pretende limitar os prejuízos causados por uma divergência de interesses (Jensen e Meckling, 1976; Eisenhardt, 1989; Shapiro, 2005). O estabelecimento de técnicas de controle e de sistemas de incentivos para garantir o bom funcionamento dos contratos irá engendrar custos de agência. Esses podem ser entendidos como custos de organização e representam a simetria dos custos de transação.

Que a realidade das organizações coloque em evidência uma dimensão econômica e que as pessoas tenham realmente interesse, calculem, otimizem, sobretudo no contexto social que é o nosso, ninguém pode negar. No entanto, temos de acrescentar rapidamente, como veremos agora, que tal comportamento nem sempre existiu historicamente, tampouco foi interpretado nesses termos, e todas as relações vividas não podem ser reduzidas a ele. Essa discussão é particularmente importante, pois é em nome dessas ideias que a realidade social contemporânea é construída e que a crise que vivemos mantém uma de suas fontes ideológicas. Não é, portanto, inútil fazer uma revisão em nome de uma antropologia alargada.

A Teoria da Agência: uma crítica antropológica

A visão econômica: uma visão parcial e parcimoniosa da ação humana

> "O *homo economicus* não está atrás de nós, ele está diante de nós. O homem tem sido há muito tempo outra coisa; e não há muito tempo uma máquina, uma máquina de calcular complexa."
> Marcel Mauss

Um dos postulados da economia neoclássica é, com efeito, pensar que o ser humano tem sido sempre um *homo economicus*. A transposição de uma visão moderna da economia afetada pela predominância da lógica de mercado leva a uma naturalização dessa visão (Laval, 2007). Ou, como ficou claramente demonstrado no trabalho de muitos historiadores e antropólogos da economia, tal concepção é insustentável do ponto de vista histórico e antropológico. Pois esse comportamento só aparece muito tarde na história humana.

Enquanto a constituição do capitalismo e da economia de mercado, como sistema objetivo e consciente, emerge no século XIX, não seria, com efeito, a Werner Sombart (1928) que devemos o uso extensivo da palavra capitalismo pela primeira vez? A aventura de nossa espécie se passa quase exclusivamente nas sociedades de coletores/caçadores. Ora, essas sociedades não conhecem nem a moeda, nem a mercadoria de troca, nem a noção de trabalho, nem a noção de necessidade ilimitada (Polanyi, 1976; Salhins, 1976). Se, mais recentemente, a experiência humana produziu com a revolução neolítica as sociedades agrícolas, as quais aparecem há cerca de dez mil anos na Ásia Menor e veem surgir em seu seio as primeiras formas de comércio e mercado, o que se apreende é que nessas sociedades o comerciante ainda não invadiu todas as esferas (Marx, 1867, 1967; Weber, 1921, 1995, 1923, 1991; Braudel, 1985; Polanyi, 1976; Salhins, 1976; Caillé e Laville, 2007; Laval, 2007). Consequentemente, a experiência do tipo capitalista tal como a conhecemos hoje, e mesmo elementos que poderíamos encontrar nas sociedades que a precederam (Caillé e Laville, 2007), permanece portanto muito recente na árvore do tempo da humanidade. Ela também tem suas próprias limitações (Weber, 1991; Braudel, 1985; Passet, 1996; Kutner, 1999; Kay, 2003; Krugman, 2005).

É o que ressalta, com força, Maurice Godelier (2007, p. 87) em um livro recém-publicado:

> A expansão do mercado tem limites e alguns desses limites são absolutos. Imagine que uma criança tenha um contrato com seus pais para nascer? Essa ideia é um absurdo, e seu absurdo mostra que a primeira ligação entre seres humanos, o nascimento, não é "negociada" entre aqueles a que ela diz respeito. Desde o início, a vida é instituída como um dom e uma dívida, independentemente da forma de sociedade em que esta nova vida nasce.

Ele acrescenta um pouco mais adiante:

> Os homens não vivem somente em sociedade, como os primatas e outros animais sociais, mas eles produzem a sociedade para viver. E parece que, para produzir uma sociedade, é necessário combinar três bases e três princípios. É preciso dar certas coisas, vender ou trocar outras, e é sempre preciso guardar algumas. Em nossas empresas, comprar e vender tornaram-se as atividades dominantes. Vender é separar completamente as coisas das pessoas. Dar é sempre manter alguma coisa da pessoa na coisa dada. Guardar é não separar as coisas das pessoas, porque nessa união afirma-se uma identidade histórica que precisa ser transmitida, pelo menos até que já não possamos reproduzi-la. Como são três operações – vender, dar e guardar – os objetos apresentados por esses três contextos são tidos como coisas alienáveis e alienadas (bens) ou como coisas inalienáveis mas alienadas (os objetos de doações) ou como as coisas inalienáveis e inalienadas (por exemplo, objetos sagrados, os textos de lei). (ibidem, p. 87-8)

Se o desenvolvimento do modelo de *homo economicus* é historicamente datado (Laval, 2007), e é consubstancial à sociedade capitalista que emerge gradualmente, também deve restar um pouco da experiência de centenas de milhares de anos que precederam sua chegada nas três bases e a dos princípios na base da produção social, de que nos fala Godelier. O modelo do *homo economicus* e de seus subprodutos na teoria econômica da empresa, a Teoria da Agência, já não é um dado natural, mas uma representação produzida socialmente pela modernidade capitalista. Assim, de um ponto de vista antropológico, pode estar sujeito a uma série de críticas.

A concepção antropológica da Teoria da Agência: uma visão empobrecida da ação humana

> "O homem econômico, sujeito das relações sociais de interesse, é transversal em suas manifestações, universal em suas propriedades. Deve ser considerado e estudado como um fato social e histórico, como um efeito da civilização."
> *Christian Laval*

Se partirmos da visão antropológica global da ação humana (Gusdorf, 1967; Morin, 1973; Dufour, 1985; Chanlat, 1990, 1998) que esboçamos no Capítulo 1, o conceito de ação humana que aparece na Teoria da Agência que acabamos de lembrar nas linhas anteriores caracteriza-se, acreditamos, como muitos outros cientistas sociais (Perrow, 1986; Donaldson, 1990; Shapiro, 2005), por uma antropologia sumária e muito simplista. Nesta seção, vamos explicar o porquê.

Quando tomamos consciência do conceito de humanidade que surge a partir dessa teoria, tão em voga atualmente em certos universos gestores a que ela se aparenta, como diz Shapiro (2005), um novo *Zeitgeit*, somos na realidade afetados pelo fato de que o modelo de ser humano que emerge desse conceito teórico é o de um ser humano despojado de muitos elementos essenciais na vida social (Mitnick, 1992; Kiser, 1999; Shapiro, 2005). O agente e o principal ou o mandado e o mandante, conforme descrito, não possuem de fato nenhuma afetividade. Ambos são por vezes antissociais, aculturais, apolíticos, a-históricos e amorais. Tal representação tem, aliás, um certo parentesco, como Lex Donaldson (1990) não deixou de apontar, com a concepção da teoria X desenvolvida por Douglas McGregor (1960), já há quase cinquenta anos.

O agente da Teoria da Agência: um ser humano sem vida afetiva

A concepção de indivíduo que emerge dos teóricos da Teoria da Agência é essencialmente marcada por uma ausência completa de qualquer referência a que possamos qualificar como afetividade. Ser sem emoção, sem vida psíquica, o agente ou o mandado em questão e seu interlocutor, o principal ou mandante, resume-se a um otimizador de utilidade econômica. Sua racionalidade é abstrata apartada de qualquer vida afetiva concreta que poderá vir a perturbar as escolhas feitas. Profundamente inspirado pelo behaviorismo subjacente à teoria econômica padrão, "o *homo economi-*

cus não é [...] influenciado por estímulos unicamente monetários, mas é uma pessoa cujo comportamento é completamente determinado pelos estímulos. Sua racionalidade não é diferente da de um rato ou de um pombo" (Posner, 1990, p. 382). O inconsciente, esse teatro escuro onde se movem bem elementos-chave de condutas humanas, nunca é considerado (Enriquez, 1983, 1997 a, b e c). No entanto, numerosas obras que nos mostram, de um lado, como a racionalidade humana necessita de emoções para executar ações lógicas (Damásio, 1995, 1999) e, de outro, como as relações comerciais são também profundamente influenciadas por sentimentos que alguns interlocutores encaram uns dos outros.

Apoiando-se em uma visão abstrata de racionalidade, emprestada da teoria econômica padrão, a lógica contratual, específica da concepção da teoria econômica da agência, esquece que muitos comportamentos humanos, incluídos no contexto comercial, têm engrenagens que revelam outros registros: inveja, ciúme, desejo de poder absoluto, egoísmo, paranoia, mimese – registros que não deixam de iluminar a dinâmica das relações sociais em um contexto empresarial (Enriquez, 1983, 1997).

Como já escreveu tão lindamente Eugène Enriquez (1983, p. 183):

> O laço social se apresenta de um golpe como um laço trágico: ele nos permite compreender que os outros existem não como possíveis objetos de nosso prazer, mas como sujeitos de seus desejos, isto é, suscetíveis tanto a nos rejeitar quanto a nos amar, a manifestar vontades contrárias às nossas, a apresentar perigos permanentes não só para o nosso narcisismo, mas também para nossa própria sobrevivência, apesar de serem ao mesmo tempo tão indispensáveis quanto o ar que respiramos.

Muitas obras que lidam com os líderes empresariais (Zaleznick, 1970; Zaleznick e Kets de Vries, 1985; Amado, 1998; Kets de Vries, 1985, 2002; Lapierre, 1994, 1995; Khurana, 2002), a vida afetiva dos grupos (Anzieu, 1975; Barus-Michel, 2002) ou o comportamento real dos financistas (Aglietta e Orlean, 2002) nos demonstram isso regularmente. A relação dita do agente/principal ou do mandado/mandante não pode ignorar o registro trágico mencionado por Enriquez.

Em outras palavras, se os relacionamentos também são incorporados em uma tela psíquica, cujos sócios em questão nem sempre estão conscientes, a história das organizações e das empresas revela, por vezes, mais do que paixões devoradoras, os desejos insaciáveis e os sonhos a serem realizados pelos cálculos de otimização. Eles não são objeto de um investimento de amor e ódio para os diferentes parceiros, o que a antropologia redutiva que está nos fundamentos da Teoria da Agência em grande parte esquece. Ela se priva assim de compreender certos motores essenciais à existência humana e obscurece o papel que mantém o assunto em ação social (Ollivier, 1995). A atualidade cotidiana das organizações nos ilustra de maneira exemplar.

O agente da Teoria da Agência: um ser humano sem raízes sociais

> "'Nenhum homem é uma ilha, um todo, completo em si mesmo',
> o indivíduo postulado pelos teóricos econômicos
> é muitas vezes visto como 'completo em si mesmo'."
> *Amartya Sen*

Uma das contribuições das ciências sociais em geral e da sociologia em particular é mostrar o enraizamento de qualquer indivíduo. Como Durkheim escreveu: "Quando indivíduos com interesses em comum se associam, não é simplesmente para protegerem seus interesses, mas também para se associarem, pelo prazer de estarem juntos...". Ou, quando lemos a concepção social que se depreende da noção de agente, é claro que se refere mais a um átomo individual do que a uma pessoa dotada de identidade social. A representação que emerge é de fato a de um indivíduo sem sexo, sem vínculos, cuja identidade é apenas fazer cálculos em curto prazo para determinar a sua função de utilidade de forma independente dos outros e de sua função social. Esse individualismo, tal como recordou G. Simmel (1990, p. 63-4), está certamente ligado a essa concepção hiper-racional própria à modernidade:

> Qualquer relação afetiva interpessoal baseia-se na individualidade das pessoas, enquanto, nas relações racionais, os homens são reduzidos a números, a elementos que, por si só, são indiferentes e não têm nenhum interesse que não seja do ponto de vista de sua produção objetivamente comparável.

Essa visão distingue-se, porém, daquela que a maioria dos gestores, tanto os praticantes quanto os teóricos, tiveram e ainda funciona. Chester Barnard (1938), cuja influência sobre o pensamento gerencial era evidente, não hesitou em afirmar que a qualidade mais importante de um líder era sua lealdade para com a perseguição de um objetivo comum e a personalidade da organização em que surgiu.

Como mencionamos brevemente no início deste capítulo, o cargo de gerente no sentido moderno começou a vigorar no fim do século XIX e será objeto de muita reflexão até hoje. Por décadas, muitas pessoas como Chester Barnard defenderam a ideia de que ocupar tal posição é, na realidade, um ofício, uma profissão que deve se beneficiar de uma aprendizagem adequada. Essa será fornecida no terreno escolar e concentrar-se-á na experiência, no *know-how* que alimenta a identidade profissional. Eles, portanto, apoiam-se em um modelo de ser humano que será fortemente recomendado por psicólogos e sociólogos das organizações durante os anos 1950 e 1960. Nesse modelo, o gerente é visto como uma pessoa motivada por uma forte necessidade de realização, pela natureza e pelos desafios de seu trabalho, mediante o exercício da autoridade e da responsabilidade que lhes são associadas e pelo reconhecimento de seus pares e superiores, motivadores que não são se relacionam à ordem financeira (McClelland, 1961; Herzberg et al., 1959; Maslow, 1976).

Além disso, segundo eles, quando a identificação dos gestores da empresa, especialmente quando estão há muitos anos na mesma organização e participaram assim de sua estruturação, tende a ser mais forte, a autoestima alimenta-se do prestígio da empresa. Dessa forma, se um gerente acredita que seu futuro está ligado à empresa onde ele está, ele vai perceber que seus interesses e os da sua empresa estão coligados, independentemente de qualquer participação no capital social da empresa. Segundo a Teoria da Agência ou *stewardship*, como é conhecida no mundo anglo-saxão, o gerente, longe de ser um oportunista sujo, busca acima de tudo fazer seu trabalho e, assim, servir os interesses de sua organização. Não há nenhum problema em motivar os gestores. É sobre encontrar o modo correto de gestão que se encerra esse compromisso (Donaldson, 1990; Shapiro, 2005). Assim, William Deming (1994), pai do movimento de qualidade, não hesita em recomendar a abolição do pagamento por desempenho e de pagar os vendedores com salário em vez de com comissão. É a substituição de um sistema baseado em bônus por um sistema que depende muito da confiança que é, ele próprio, baseado na autoestima e no orgulho pessoal retirado de seu trabalho. Um tal apelo à profissão remete aos elementos da Teoria Y apresentada pelo mesmo McGregor (1960, p. 61) já citado. Segundo ele, a Teoria Y, alternativa à Teoria X, é, de fato, fundada sobre o princípio da integração e da autonomia, integração referindo-se à situação em que um indivíduo pode atingir melhor seus próprios objetivos quando dirige seus esforços para alcançar os interesses da empresa. A tarefa da administração, mais do que fornecer incentivos, é criar um ambiente adequado que permita a cada trabalhador encontrar recompensas intrínsecas a seu trabalho (McGregor, 1967, p. 14).

Essa profissionalização do comércio conhecerá, no entanto, uma mudança ao longo do tempo, especialmente após a Segunda

Guerra Mundial com o surgimento de um modelo acadêmico de educação sobre o modelo das ciências duras e da economia matemática (Simon, 1991; Chanlat, 1998; Khurana, 2007). A Teoria da Agência é, talvez, a seu modo, um avatar da combinação dessa vontade de fazer ciência de gestão em detrimento da experiência prática em gestão e de mudanças e progressos socioeconômicos desde o fim dos anos 1970.

No contexto de um aumento de ideias neoliberais provenientes sobretudo de economistas da Universidade de Chicago, essa teoria ganhará aos poucos aceitação nos círculos dirigentes com o advento do capitalismo financeiro (Goshal, 2005; Khurana, 2007). Dessa forma, poderá participar na redefinição do papel do gestor. A Teoria da Agência, escreve Rakesh Khurana (2007, p. 316),

> procura explicar não por que há dirigentes ou a necessidade de autonomia de gestão, mas sim por que os gestores e a autonomia de gestão são atualmente problemáticos do ponto de vista acionário [...] Ela focaliza a complexidade e as dificuldades para regular os gestores quando a propriedade é amplamente dispersa.

Isso resulta em um projeto de deslegitimação da função tradicional do gerente como temos discutido até agora. Ela exclui, portanto, qualquer consideração sobre a questão da identidade coletiva.

> Em vez disso, ela apresenta gestores como distintos e dissociados entre si definindo a organização como um simples nó de contratos entre indivíduos [...] Portanto, os gestores não são mais curadores ou funcionários de suas empresas e de seus valores. Eles são agentes livres que não têm nenhum compromisso permanente com as normas ou interesses coletivos. (ibidem, p. 325)

A organização tornando-se uma ficção jurídica, os gestores passam a não ter obrigações com relação a uma entidade concreta coletiva. Essa situação é particularmente favorável ao poder que Pitcher (1995) qualificou em uma pesquisa canadense que fez história como o de tecnocratas, pessoas antes de tudo orientadas por cifras e por uma gestão universal/abstrata em detrimento dos artistas, pessoas orientadas pela inovação e criatividade, e dos artesãos, motivados pelo ofício e por um trabalho bem feito, esses últimos formando a grande maioria dos executivos (Pitcher, 1995; Mintzberg, 2004).

Além de representar a organização como um nó de contratos, a Teoria da Agência dispensa igualmente discutir questões de poder, de coerção e da exploração. É uma teoria das organizações sem organização (Kiser, 1999). Fechada em uma relação essencialmente binária, notadamente a relação gerente/acionista, ela esquece a multiplicidade de relações sociais, rejeita qualquer ideia de relação única entre um empresário e outros parceiros e subestima os vários jogos que podem ser jogado entre os diferentes atores interessados (Crozier e Friedberg, 1977; Reynaud, 1989; Sharma, 1997), incluindo entre eles os supervisores (Mispelblom Beyer, 2006). As ciências políticas, no entanto, são ricas em tal análise (Moe, 1984; Kiser, 1999; Shapiro, 2005). Elas não podem em nenhum caso explicar as relações primárias, as que fundamentam os relatórios de pertencimento. Esse modelo revela-se, como muito bem diz Jacques Godbout, "incapaz de conceber as relações de membros, a relação comunitária, que pode aplicar-se a família como à humanidade, e até mesmo à totalidade vida. Esta relação, embora tenha sido substituída pela oposição produtor/usuário em numerosas áreas, não desapareceu. Foi reativada em tempos de crise". Pois essas relações de pertencimento são primárias a cada ser humano e existem também em contextos organizacionais, como evidenciado por inúmeros e importantes trabalhos em sociologia da empresa (Sainsaulieu, 1977; Francfort et al., 1995; Osty e Uhalde, 2007).

Podemos, portanto, entender por que a implementação dessa visão é fonte de muitos problemas nas empresas contemporâneas, uma vez que transforma os indivíduos em átomos dessocializados (Granovetter, 1985, 2000; Lay, 2003). A obsessão mercantil própria a essa visão do agente, colocando mais ênfase sobre o bem do que sobre o vínculo, impede finalmente de ver como certas ações são essenciais à relação, notadamente o ato de dar, que também é fundamento do vínculo social. "O dom", escreve Jacques Godbout (2007, p. 15), "não é propriamente falar a serviço do vínculo. Basicamente, é o que faz esse vínculo social ou humano." A concepção do humano encontrada na teoria da agência não interessa. Ela deixa de lado um aspecto fundamental das relações sociais citadas por Maurice Godelier anteriormente, as quais podemos observar a presença marcante nas organizações modernas (Alter, 2002; Godbout, 2007; Dumond, 2007).

O agente da Teoria da Agência: um ser humano sem cultura

> "O símbolo é a origem e a base do comportamento humano."
> *Leslie White*

> "As determinações genéricas da 'natureza humana',
> as pulsões e necessidades, estão sujeitas
> às determinações específicas da cultura local."
> *Salhins Marshall*

Um aspecto que irrompe quando começamos a ler os escritos dos teóricos da agência é exatamente a ausência de referência à cultura. Sem emoção, sem vida psíquica, sem estatuto social, o agente em questão é também sem cultura. Todos os contratos são concebidos sem pensar que as ideias por trás dessa noção são o produto de um dado universo cultural. Ora, a obsessão do contrato no universo norte-americano, como refletido na Teoria da Agência, não pode, para nós, ser compreendida sem considerar ao que ela retorna e sua construção e história cujas raízes remontam a John Locke (d'Iribarne, 1989, 1998, 2006; Micklethwait e Wooldridge, 2005).

A hegemonia exercida pelo pensamento econômico e gerencial norte-americano no campo da produção internacional não deve ser alheia a certas ideias que encontramos na Teoria da Agência se considerarmos as relações sob o ângulo do contrato. O que os autores dessa teoria não veem, nem alguns daqueles que a utilizam, é que tal projeto está em sintonia com o universo de sentido norte-americano, onde é uma manifestação contemporânea (Kay, 2003). A concepção agente/principal é de fato uma bela ilustração da lógica cliente/fornecedor, tal como é vivida diariamente nas organizações norte-americanas (d'Iribarne, 1989, 1993). Os autores dessa teoria a aplicam especialmente, por sua vez, à relação gerente/acionistas, sempre pensando que ela é válida, como apresentamos anteriormente, em todas as relações do mesmo tipo, ou seja, em situações de assimetria de informação.

Novamente, muitos trabalhos de campo nos mostram que a realidade é, com frequência, diferente dessa concepção teórica. Na China, por exemplo, o conceito de contrato, tal como nós definimos, não parece ter nenhum significado para os chineses. É por isso que muitas vezes os ocidentais passam por inúmeras dificuldades nas suas relações comerciais com eles (Duan, 2007). Encontramos outros exemplos no Líbano (Yousfi, 2006) e no restante do mundo (d'Iribarne, 1998; Davel et al., 2008).

Finalmente, os autores dessa teoria, confiantes que estão na validade científica de seus propósitos e na natureza fundamentalmente econômica do homem, não veem como eles possam ser vítimas do seu próprio imaginário social. "O imaginário", escreve Maurice Godelier (2007, p. 38), "é o conjunto de representações de que os seres humanos são feitos e se tece a partir da natureza e da origem do universo ao seu redor, das criaturas que o habitam ou supostamente devem povoá-lo, e as próprias pessoas pensadas em suas diferenças e/ou representações."

Assim, a visão desenvolvida pelos autores da Teoria da Agência é produto do imaginário dominado por categorias econômicas, intimamente relacionado a certos sonhos de modernidade avançada e aos produtos da teoria econômica neoclássica (Laval, 2007). Nestes últimos, as relações econômicas são concebidas de maneira abstrata e os indivíduos são descritos como agentes perfeitamente racionais. Se o campo do simbólico, para retornar novamente Godelier, "é o conjunto dos meios e processos pelos quais as realidades ideais encarnam", o imaginário social contemporâneo, amplamente dominado por essas categorias econômicas, irá produzir representações como a Teoria da Agência que encontrarão sua aplicação prática na criação de novas relações de trabalho e na construção de novas configurações organizacionais. Todo movimento de reestruturação, de reengenharia e de novas práticas de governança que estamos testemunhando, não está apenas relacionado com essa visão contratual ou acionista que é o centro do jogo em detrimento de outras partes interessadas? (Zajac e Westphal, 2004; Noble, 2005; Stiglitz, 2003; Reich, 2007). Isso não ilustra a exatidão da declaração de Arthur Maurice Hocart, citado por Sahlins (2007, p. 42): "A utilidade domina o estudo da cultura porque ela domina a cultura estudada".

O agente da Teoria da Agência: um ser humano sem história

"Cada um diz: nossa cultura é a da instantaneidade e da ubiquidade. A tremenda expansão de nossas informações é paga pela perda de profundidade histórica."
Alain Touraine

Um elemento que está ligado ao que temos apresentado é a natureza a-histórica dessa teoria. Se ela é historicamente identificável, como acabamos de referir, há a perspectiva que coloca de lado os aspectos históricos em três níveis: no das relações individuais, no das relações estudadas e no das organizações concernidas.

O agente de que falamos não tem história. Isso não é surpreendente. Isso se liga à sua antissociabilidade. Como se pode atribuir uma historicidade a um agente que é um indivíduo sem identidade, sem raízes, sem cultura, e cujo único objetivo é maximizar os lucros sem se preocupar com os outros detentores de direitos? Reagindo a estímulos, ele se preocupa apenas com o benefício próprio ou o de acionistas para quem trabalha.

A relação entre o agente e o principal não tem mais lugar na história. Ainda que todos os estudos concretos das relações entre atores mostrem mais uma vez como o peso da história é importante. Como podemos explicar os relacionamentos de longa duração se não levarmos em conta as relações que têm sido tecidas ao longo do tempo e das redes sociais em que estão inseridas? Como ignorar eventos que têm marcado as relações para compreender o grau de vínculo ou de término do relacionamento? Como podemos esquecer o caminho que estrutura a organização e as relações entre seus atores? (Stinchcombe, 1965; Granovetter, 1985, 2000; Shapiro, 2005). Todas essas questões são essenciais para interpretar o tipo de relação que se desenvolveu ao longo do tempo entre dois ou mais parceiros.

Finalmente, a própria organização não parece ter história. É, como vimos, um nó de contratos revogáveis a qualquer hora, um espaço indefinido onde se passam os contratos de acordo com as condições oferecidas e cuja aplicação varia de acordo com os custos de transação estabelecidos pelo agente ou representante. Estamos no mundo da fluidez bem descrita por Bauman (2005), em que a espessura da história não é senão um freio à maximização desejada.

Já que o agente que tem uma história é um ator social que não se comporta como um átomo em um mercado livre. Ele inscreve sua ação em um determinado tempo-espaço. Isso muitas vezes determina sua lealdade, sua fidelidade, seu pertencimento, em uma palavra, seu enraizamento em um território (Granovetter, 1985; Kay, 2003; Thoenig e Waldman, 2005). Ou seja, a Teoria da Agência busca exatamente retirar pessoas de suas alianças múltiplas em favor dos interesses de um único interessado, o proprietário. Na sociedade implícita na teoria da agência, o mundo é um vasto mercado onde os agentes erguem vínculos efêmeros. Nesse universo, a história não tem cabimento, pois poderia limitar os lucros do principal. Na sua forma, é um exemplo do desaparecimento da história em favor de um espaço de velocidade, para falar como Paul Virilio, que institui as novas necessidades.

Como podemos suspeitar, a Teoria das Partes Interessadas, tão popular hoje por causa do crescente movimento de responsabilidade social e do desenvolvimento sustentável (Capron e Quairel-Lanoizelée, 2004; Pasquero, 2008), não é central para a Teoria da Agência. Em contrapartida, é o cerne da lógica institucional dominante nas discussões em torno de governança corporativa (Zajac e Westphal, 2004). O que nos leva ao nosso ponto final: a natureza amoral do agente nessa visão teórica.

O agente da Teoria da Agência: um ser humano amoral

> "Mais as pessoas aceitam o paradigma neoclássico
> como um guia para o seu comportamento,
> mais elas minam os alicerces de uma economia de mercado."
> *Amitai Etzioni*

A leitura deste tipo de artigo é muitas vezes surpreendente para um pesquisador em ciências sociais. Porque ele tenta a todo custo, de acordo com os fundadores neoclássicos, conformar-se com a regra de economia recordada por Lord Robbins (1947) nos anos 1930, e não abordar a questão moral, definindo a economia como "a ciência que estuda o comportamento dos indivíduos diante da gestão de fins e meios raros ao uso alternativo". Segundo essa visão, o agente de que falamos é um indivíduo amoral, pois suas escolhas são estabelecidas apenas por uma preocupação com a eficiência econômica. A questão dos valores que norteiam a ação social é relegada a outro plano (Laval, 2007). Essa posição será retomada de maneira ainda mais ideológica no famoso artigo por Milton Friedman (1970). Isso faz levantar algumas questões que vamos discutir na conclusão e que diversos analistas levantam hoje por ocasião da crise econômica que estamos enfrentando. De fato, as ideias não são puras. Elas sempre se encaixam em um quadro normativo. A amoralidade suposta do nosso agente ou de nosso principal esconde um certo ponto de vista sobre a natureza humana.

Como Christian Laval (2007, p. 185) acertadamente sublinha,

> A economia política pode bem ser amoral, como reivindicam os economistas, ela não é mais que normativa, na medida em que o indivíduo não deve mais obedecer a uma lei moral que lhe indique o bem e o mal, mas apenas fazer um cálculo que saiba integrar as restrições de todos os tipos (fiscal, jurídica, social, política etc.) permitindo-lhe maximizar a sua satisfação. A teoria econômica contribui, desse ponto de vista e de seu domínio, com o longo trabalho de substituição de um padrão normativo por outro.

É por isso que as ciências sociais também são sempre ciências morais. Os pressupostos com base na Teoria da Agência são uma perfeita ilustração.

Esse ponto de vista "amoral" é na verdade baseado em uma representação precisa: a de um ser humano desonesto, oportunista e sem nenhuma lealdade ou fidelidade nos relacionamentos. (Notamos de passagem que o julgamento é característico na psicologia de uma personalidade paranoica (Kets de Vries e Miller, 1985).) Assim, a visão que emerge da Teoria da Agência é que os dirigentes não são especuladores ou representantes da empresa e de seus valores, mas "homens de locação, agentes livres, que não têm compromisso permanente com relação a qualquer interesse de grupo ou de norma coletiva" (Khurana, 2007, p. 325). De alguma forma, eles são a antítese do bom profissional do passado, influenciados pela ética puritana, como discutimos antes.

Sem metavalores para orientar a sua ação, eles não devem ser surpreendidos se o agente em questão se comporta, como Max Weber (1991) já previra, há um século, nesses termos:

> Quando o exercício do dever profissional não pode ser diretamente ligado aos valores espirituais e culturais mais elevados [...] O indivíduo renuncia, em geral, a justificá-lo. Nos Estados Unidos, no lugar de seu paroxismo, a busca da riqueza despojada de seu significado éticorreligioso, tende agora a se associar às paixões puramente agnósticas, o que lhe confere mais frequentemente a natureza de um esporte. Para os últimos homens do desenvolvimento da civilização [acrescentou ele], essas palavras poderiam se transformar em verdade: "Especialistas sem visão e voluptuosos sem coração", esses não imaginariam ter escalado um grau de humanidade que nunca tinha chegado tão longe.

Essas representações, por sua difusão em massa em certos círculos dirigentes, não deixam de ter consequências no comportamento dos gestores no cotidiano (Jackall, 1988) e, por extensão, na dinâmica socioeconômica. Porque elas participam, por meio das práticas implementadas na construção social, da realidade do mundo contemporâneo organizado, o que muitos analistas, desde o colapso dos mercados financeiros na sequência da crise do *subprime*, começaram a questionar seriamente nos últimos meses.

A influência prática que a Teoria da Agência teve e ainda tem encontra-se em três níveis: o nível da educação e da visão que podem ter os alunos em gestão da ação humana no contexto organizado, o nível de práticas de gestão e das próprias organizações e, finalmente, o nível da sociedade como um todo.

A Teoria da Agência conheceu, como acabamos de ver, uma difusão considerável dentre os programas de ensino em Gestão em todo o mundo, incluindo os Estados Unidos. Ainda hoje é uma das teorias mais ensinadas (Shapiro, 2005). Essa predominância teve como primeira consequência repensar o papel do gestor e a visão que tínhamos tradicionalmente da empresa. Em vez de relatórios a múltiplas partes interessadas em um longo prazo, o gerente é atualmente convidado a se preocupar com um único ator, o grupo de acionistas, um grupo que pode flutuar significativamente, e cujo horizonte especulativo frequentemente é de curto prazo. Como Sumantra Ghoshal (2005, p. 75) assinalou vigorosamente em seu último artigo:

> No curso de governança corporativa inspirado pela Teoria da Agência, ensinamos aos nossos alunos que não podemos confiar nos gestores para cumprir a sua missão, o que obviamente é maximizar o valor para o acionista, e que para superar esses problemas de agência, os interesses e os incentivos dos gestores devem estar alinhados com os dos acionistas, dando-lhes por exemplo uma tal quantidade substancial de sua remuneração em opções de ações.

Os professores de Gestão, sobretudo os de Finanças, foram convidados a ensinar essas técnicas (alavancagem, opções de ações) que permitem o alinhamento da estratégia de negócios com os objetivos dos acionistas. A empresa é assim vista, antes de tudo, como uma carteira de ações, e o gerente, um otimizador dessa carteira. Do mesmo modo, como escreve Khurana (2007, p. 323), "A Teoria da Agência dissolve a ideia de que os gerentes devem ser considerados detentores de direitos, responsáveis (administradores) ou promotores do bem comum em uma única norma: o interesse dos acionistas".

Além disso, como o ensinam a desconfiar dos gestores, basicamente oportunistas, essa conduta muitas vezes leva o aluno, como já foi salientado por Harold Leavitt, professor da Universidade de Stanford, nos anos 1980: "a ver a si mesmo como um mercenário profissional pronto para o combate e disposto a lutar em qualquer guerra, sem fazer as perguntas difíceis: esta guerra vale a pena? Ela é justa? Posso acreditar?" (Khurana, 2007, p. 326).

Atualmente, essa atitude leva a ocultar as grandes questões da ordem do dia: "as novas tecnologias, a globalização das trocas, as tendências demográficas, a crescente desigualdade entre ricos e pobres e a transformação das normas sociais podem levar a considerar o modelo de capitalismo financeiro insustentável senão obsoleto" (ibidem, p. 365). De certa forma, "propagando ideologicamente as teorias de inspiração amoral, as escolas de negócios", como sublinhou o arrependido Sumantra Ghoshal (2005, p. 76), "contribuíram ativamente para separar os seus alunos de qualquer sentido de responsabilidade nesta matéria".

Essa concepção da ação humana também teve efeitos sobre as práticas concretas sem ter o apoio empírico evidente da investigação (Dalton e Cannella, 2003; Ghoshal, 2005). A esse respeito, o caso Enron revelou as piores abominações depois de ter sido objeto de casos pedagógicos exemplares e de ter recebido o reconhecimento da revista *Fortune*. Durante vários anos, não hesitaram em lhe atribuir o título de empresa mais inovadora. Embora a empresa contratasse anualmente mais de 250 MBA norte-americanos oriundos de três das maiores universidades dos Estados Unidos. Esse caso exemplar, inspirado em grande parte por uma visão econômica míope, e por ideias emprestadas da Teoria da Agência, desmoronou sob a ganância e a corrida pelos bônus. Isso resultou na queda de milhares de pessoas que acreditavam nos discursos de seus líderes, o de ficar rico rapidamente, e nas garantias dadas pelas instituições, que falharam completamente em seu mandato e afundaram junto com eles como Arthur Andersen (Cruver, 2003). Nessa sociedade, obcecada pela rentabilidade, vimos também, como observou John Bogle (2005, p. 3), um dos dirigentes mais respeitados de fundos mútuos norte-americanos, "medir a linha errada: a forma em detrimento do conteúdo, o prestígio pela virtude, o dinheiro ao invés de realizações concretas, o carisma pelo caráter, o efêmero em vez do perene".

Com a Enron, caso emblemático, redescobrimos mais uma vez que a sustentabilidade de uma organização repousa nas realidades concretas e não em projeções virtuais impulsionadas por uma ambição enorme (Kay, 2003; Bogle, 2005; Khurana, 2007). A atual crise relacionada ao colapso do *subprime* e da securitização associada nos dá outro exemplo ainda mais grandioso.

As ideias apresentadas pela Teoria da Agência participaram da alteração do âmbito das organizações e da introdução de outras práticas de gestão em nome do alinhamento de interesses entre o agente e o principal, consequentemente afetaram a dinâmica das nossas sociedades. Ao fortalecerem o movimento economicista do mundo social (Gorz, 1988; Laval, 2007), elas levaram o mundo organizado a esquecer elementos-chave de sustentabilidade, incluindo o papel da duração em relação à reciprocidade que se segue. Para salvar a relação, não acabamos matando as próprias relações? O movimento browniano a que assistimos em alguns setores industriais e que decorre em parte desse processo é um elemento que prejudica o relacionamento e, assim, o reconhecimento no trabalho. A sociedade do desprezo não está muito distante, como nos mostra Axel Honeth (2006) em um de seus últimos livros. Em tal sociedade, na verdade não há lugar para a referência ao passado desde que a idade e o tempo de trabalho em um emprego são muitas vezes vistos como obstáculos à fluidez das relações e, especialmente, à eficiência.

Mais genericamente, a dessocialização e a desumanização que estão associadas a essa visão da ação humana não são mais sustentáveis em longo prazo. Pois a aplicação dessas ideias contribuiu em grande medida à mudança de distribuição econômica a que assistimos nas últimas duas décadas entre os representantes de capitais e os do trabalho. Como muitos estudos recentes mostram, a parte dos mais ricos tem efetivamente aumentado desproporcionalmente em relação à maioria dos assalariados. Um ambiente fiscal muito favorável para os ricos, os ganhos formidáveis de capital, uma explosão de receitas de dirigentes de grandes empresas cotadas na bolsa e de remunerações concedidas aos financistas, aos especialistas em estratégia e em reestruturação são responsáveis por essa redistribuição desfavorável aos assalariados na maioria dos países industrializados (Hutton, 2002; Piketty, 2004; Kay, 2003; Bogle, 2005; Stiglitz, 2003; Reich, 2007). Ou seja, o alargamento dos *spreads*, se eles se acentuarem, poderá conduzir efetivamente a tentativas de ressocialização ou de reajuste, para falar como Karl Polanyi. A grave crise que enfrentamos hoje parece suscitar tais chamadas e reações governamentais nesse sentido, especialmente para os banqueiros e os operadores do mercado financeiro responsável por essa crise (teto salarial, a eliminação do estoque opções, aumento dos níveis de tributação). Mas tais movimentos também podem basear-se, como já vimos nos anos 1930, sobre elementos não democráticos (como populismo, nacionalismo exacerbado, fundamentalismo religioso). A responsabilidade dos pesquisadores e professores em gestão é, no entanto, importante, assim como a de gerentes e líderes empresariais para evitarem esses abusos e manterem um adequado equilíbrio socioeconômico.

No campo dos estudos organizacionais em si (Clegg e Bayley, 2007), parece importante que os pesquisadores confiem mais nos inúmeros trabalhos de ciências humanas que refletem tanto a diversidade quanto a riqueza e a complexidade das relações sociais organizadas (Mittick, 1998; Shapiro, 2005). A antropologia que surge a partir da representação de seres humanos na Teoria da Agência é de fato, como vimos, muito pobre. É uma antropologia da falta e da ausência que tem suas raízes na concepção da economia neoclássica e da visão abstrata de *homo humanus* onde ela se encontra separada do ser vivente (Perroux, 1963; Passet, 1996; Stiglitz, 2003; Laval, 2007). Se essa visão continuar a se espalhar, a humanidade corre o risco do ponto de vista moral para usar a terminologia desses mesmos economistas, imprevisto pela teoria deles, os efeitos deletérios de seus próprios postulados. Não devemos esquecer que, como observa o economista britânico John Kay (2003, p. 347), "A tentativa de estruturar esquemas elaborados de incentivos em vista de alinhar os interesses dos gestores com os dos acionistas não elimina a fraude: ela a provoca".

As fontes de resistência, porém, estão lá e talvez seja sobre essa capacidade de resistir que podemos contar para impedir a quebra do sujeito humano. A gestão generalizada, escreveu Legendre (2007, p. 63),

> parecia o último estágio da ocidentalização do mundo. Afivelada pela propaganda, registrada pela economia, cortada em pedaços pela ciência, o humano pondera "essa coisa que eu sou", que resiste, insondável, inexpugnável, horizonte que sempre escapa. Essa "coisa" que não é a globalização.

No aquecimento global, no desenvolvimento sustentável, nos imensos riscos envolvidos e na crise econômica histórica, o universo da gestão precisa agir antes mesmo de querer participar contribuindo com as previsões mais terríveis como alguns acreditam. Na verdade, a esperança não está do lado daqueles que acreditam que a ação humana, para falar como Ricoeur, reside justamente nesta capacidade de fazermos e de nos ligarmos pelo bem do maior número e a participarmos assim da fundação, como recentemente nos convidou o nosso colega, Alain-Charles Martinet (2007), de uma ciência moral e política do concebível. De nossa parte, estamos de acordo que um projeto como esse parece ser compatível com as questões que afetam a gestão de hoje e a sociedade como um todo nas garras de um capitalismo implacável (Saussois, 2006). Mas um projeto como esse exige, como acabamos de ver, uma ampliação antropológica de certas visões gestoras ainda dominantes. O que essa pequena obra tende justamente a apresentar. Desejamos que essa crítica do modelo humano adequado à Teoria da Agência contribua no campo que é o nosso: o da ciência da ação organizada e que permita reintroduzir a reflexão sobre a ação humana no contexto organizado, como capacidade de fazer, e a nos ligar a esse objetivo comum, que está se tornando cada dia mais e mais imperativo: a segurança da Natureza e da Humanidade.

capítulo 6

Ação Humana, Ética, Poder e Organização

"Tratamos o homem segundo a ideia que temos dele, de modo que fazemos uma ideia do homem pela forma como ele é tratado."

"Aja torcendo para que os efeitos de sua ação sejam compatíveis com a permanência de uma vida autenticamente humana sobre a terra."

Hans Jonas

Ação humana e organização: algumas questões éticas

Desde o surgimento das empresas em sua forma moderna, na virada do século XX, a crítica da ação de algumas delas tem sempre acompanhado o seu desenvolvimento. Embora na maioria das vezes essas críticas sejam provenientes de natureza externa, ou seja, de observadores sociais de diversas origens, muitas provêm também de ambientes internos, emergindo do próprio mundo gerencial. Os últimos anos não foram exceção à regra. E elas se intensificaram durante a crise atual. Essas críticas destacam diversos pontos.

A primeira crítica sistemática sobre a ação da empresa foi emitida em torno da ideia de exploração. Formulada por Karl Marx na primeira metade do século XIX, foi o ponto de partida de todas as críticas subsequentes, e desde então tem sido repetida por muitos analistas e lobistas. A crítica marxista remete à ideia de que ao trabalho não se paga um preço justo. Uma empresa pode ser acusada de exploração quando oferece baixos salários por longas horas e pouco ou nenhum benefício.

Tais situações são regularmente denunciadas por sindicatos, grupos de pressão, movimentos antiglobalização, imprensa nacional e internacional, ou ainda por relatórios de organismos internacionais como a Organização Internacional do Trabalho (OIT) e o Banco Mundial. Esses relatórios revelam regularmente, por exemplo, que dezenas de milhares de crianças e adultos trabalham no desenvolvimento dos países por salários miseráveis, ou que verdadeiras filiais internacionais suprem selecionadas indústrias dos países industrializados (têxteis, confecções, restauração, hotelaria, agricultura, construção civil e obras públicas) com mão de obra barata.

O objetivo de qualquer empresa privada é obter lucros, não sendo, pois, surpreendente que algumas possam explorar a situação, exigindo mais de seus empregados, sem nenhuma compensação. No contexto de elevado desemprego, insegurança no trabalho, exclusão e alta turbulência que temos agora e que amplamente discutimos nos capítulos anteriores, não é raro ver pessoas trabalhando em condições especialmente abaixo do que poderiam ter tido em décadas anteriores. Esses casos ocorrem hoje em muitos países industrializados, incluindo a Grã-Bretanha e os Estados Unidos, onde existem muitos trabalhadores pobres, ou seja, pessoas que trabalham por salários abaixo da linha da pobreza (Thurow, 1996; Wolman e Colamosca, 1997; Ehrenreich, 2002; Hutton, 2002; Rifkin, 2004; Husson, 2007).

Além disso, a exploração de que acusamos as empresas não diz respeito apenas aos indivíduos, mas também a certos recursos naturais nos países em desenvolvimento. Essa questão suscitou debates acalorados durante os anos 1960 e 1970, o que levou muitos países a nacionalizarem muitas indústrias, o que tem diminuído de intensidade com o recente discurso sobre a globalização e a abertura de mercados. No entanto, o preço justo a se pagar pelas matérias-primas nos países em desenvolvimento permanece uma questão viva em movimentos nacionais e internacionais de justiça global, como os de países em desenvolvimento – Bolívia, Venezuela e Equador, entre outros.

O conceito de exploração continua, muitas vezes com razão, a marcar o debate social. Ele lembra que uma empresa é julgada por sua contribuição econômica, tanto dentro como fora de seus muros. Quando essa contribuição não está à altura do trabalho realizado por seu pessoal e serviços prestados pela comunidade, ela corre o risco de ser acusada de explorar aqueles que se sentem lesados, uma ação estratégica e fortemente criticada. Uma crítica recorrente no momento concerne ao crescimento da renda, à desconcentração dos rendimentos do capital em relação aos assalariados. Vimos que, de acordo com vários estudos, ela teria tendência, ao longo das últimas três décadas, a aumentar para os representantes do capital e a diminuir para os trabalhadores. O que causou a estagnação da renda real e o empobrecimento dos trabalhadores, especialmente os mais mal pagos (Husson, 2007). A crise atual, apresentando de maneira ainda mais visível as remunerações dos executivos das grandes empresas, provocou uma degradação da imagem desses mesmos líderes na plateia. Nos Estados Unidos, o nível de confiança é baixo e atinge o do vendedor de carro (Bogle, 2005)!

A exploração não é a única crítica que pode ser endereçada à ação estratégica. A empresa também é vista, por um lado, como um lugar onde a dominação social é exercida e, por outro, como uma organização que exerce algum controle sobre seu ambiente (Galbraith, 1967, 2004; Klein, 2001; Aktouf, 2004). É, portanto, um poder dual que se encontra em discussão aqui, uma expressando uma relação interna e outra, uma relação externa.

O primeiro poder é o que traz o dinheiro e, por extensão, a capacidade de fazer o que queremos com esse dinheiro. Ele é exercido dentro da empresa pelo proprietário majoritário ou principal. Se esse direito à propriedade lhe confere frequentemente uma grande flexibilidade, muitas vezes deixa a seus funcionários a liberdade de gestão desejada e, portanto, de escolhas estratégicas. Há então uma separação entre os membros, baseada na relação de propriedade e na hierarquia que se segue. A legitimidade do governo de uma grande empresa privada, como se descreve esse poder hoje em dia (Pesqueux, 2000), funda-se essencialmente no aporte de capital. São os acionistas majoritários ou principais que o levam, reduzindo a maior parte do tempo de outros detentores de direitos (*stakeholders*): pessoal, clientes, fornecedores, comunidades e sindicatos, ao mínimo. A iniciativa privada não é, portanto, um espaço democrático onde os diferentes atores se consultam sobre o melhor *modus operandi* a ser adotado e sobre seus objetivos. Esse certamente é o caso das empresas cooperativas ou mutualistas e, de certa forma, o das empresas estatais.

O poder de uns poucos não é exercido apenas dentro da organização, mas também externamente. Esse é o segundo tipo de poder. Comentários sobre a reunião anual em Davos, na Suíça, que reúne os maiores fabricantes do mundo, nunca deixam de salientar isso a cada ano. A concentração econômica e financeira a que assistimos, uma tendência inerente ao fenômeno capitalista, observada por todos os analistas desde o século XVIII, testemunha a influência particular que têm, hoje em dia, as grandes empresas privadas em decisões que afetam o mundo inteiro. Várias centenas de empresas tendem a ter mais peso hoje economicamente do que a maioria das nações da terra (Andreff, 1996; Aktouf, 2004; Lipsey e Mucchielli, 2004; Saussois, 2006). Torna-se muito difícil para essas nações sentirem que têm algum poder sobre o curso dos acontecimentos que os afetam. Esse domínio é particularmente evidente em países onde as grandes empresas multinacionais controlam diversos setores industriais e especialmente os recursos naturais.

Os países mais industrializados não são imunes a tais influências. Basta pensar no debate que, no Canadá e na Europa, toca as indústrias culturais, incluindo a produção de filmes, no qual os produtores europeus e canadenses travam uma batalha feroz com os produtores norte-americanos. O que está em jogo aqui não é apenas uma cota de mercado, mas o controle sobre a mente e o imaginário social. Por trás do rosto benigno da produção da Disney, por exemplo, exige-se uma visão de mundo que deixa pouco espaço, se não for controlada, a outras produções de diferentes origens culturais cujo legado histórico-social é de grande riqueza.

A terceira grande crítica contra a ação estratégica da empresa refere-se às consequências que as práticas de gestão podem ter no equilíbrio físico e mental de seus funcionários. Como enfatizamos anteriormente neste livro, nos últimos anos, a mídia regularmente denuncia os problemas de estresse, de esgotamento profissional e de assédio moral vividos pelos trabalhadores em todas as sociedades desenvolvidas (Cooper, 2003; Dejours; 1998; Irigoyen, 1998; Gollac e Volkoff, 2003). Na França, suicídios recentes no tecnocentro da Renault, em uma central EDF e em uma grande empresa de restauração e os vários eventos organizados em torno do conceito de estresse psicossocial nos mostram que a França não foi poupada.

Três recentes relatórios publicados por três diferentes organizações internacionais abundam nesse sentido. Nos Estados Unidos, segundo o Instituto Nacional de Saúde no Trabalho (INST), o estresse é hoje um dos dez mais graves problemas de saúde. A Organização Internacional do Trabalho (OIT) (1993, 2000) considera, por sua vez, que o estresse será, nos países industrializados, a principal causa de processos relacionados a doenças profissionais num futuro próximo. Enfim, o último levantamento da União Europeia (Cox et al., 2004) sobre esse assunto revela que o estresse é a principal fonte de queixas entre os trabalhadores europeus pesquisados.

Se, como vimos, os sistemas taylorista e fordista são, ainda hoje, largamente responsáveis pela deterioração física e mental experimentada por muitos trabalhadores (Karasek e Theorell, 1990), essas dificuldades não são todavia unicamente causadas pelas práticas de gestão que são desenvolvidas nas fábricas. Vimos também que o pessoal pertencente ao universo burocratizado ou de serviços conhece igualmente problemas desse tipo (Carpentier-Roy, 1995; Soares, 2002 a e b). Mais recentemente, novos modelos de negócio baseados na excelência e competitividade também têm mostrado seus efeitos patogênicos (Aubert e Gaulejac, 1990, 2007; Chanlat, 1999; Dejours, 2004; Aubert, 2003; De Gaulejac, 2005).

A ação estratégica pelo estabelecimento de práticas não é isenta de responsabilidade pelo que acontece. Há vários outros elementos que precisam ser levados em conta. Primeiro, o fato de que cada ser humano precisa, para crescer e manter o equilíbrio, de um mínimo de reconhecimento do que é, o que faz e o que pode fazer (Dejours, 1993, 1998, 2004). Em seguida, todo trabalho possui suas exigências físicas, mentais, psicológicas e sociais, é necessário ter autonomia para lidar com elas (Karasek e Theorell, 1990; Chanlat, 1999, Marmot e Wilkinson, 2000). Finalmente, todo modo de gestão põe em prática uma direção ou especialistas que devem sempre ser revistos, ajustados em razão de constrangimentos observados diariamente (Daniellou, 1996; Carpentier-Roy et al., 1997; Carpentier-Roy e Vezina, 2002). Assim, uma gestão será ainda mais problemática se não houver reconhecimento, se não der autonomia suficiente ao pessoal para cumprir eficazmente suas tarefas, e ela privilegiará uma concepção abstrata de gestão muito distanciada da experiência que se tem em campo (Chanlat, 1999; Carpentier-Roy e Vezina, 2002; Dejours, 2004) e não vai facilitar a emergência de uma verdadeira dinâmica coletiva.

Todos os dados de pesquisas disponíveis, neste momento, vão claramente nesse sentido. Eles dizem respeito a aspectos ergonômicos, fisiológicos, psicodinâmicos, médicos ou organizacionais de cada modalidade de gestão causando problemas (Chanlat, 1999; Dejours, 2002; Cooper, 2003). Por exemplo, as práticas tayloristas são uma fonte particular de estresse, pois combinam a falta de reconhecimento, autonomia baixa e carga de trabalho elevada (Karasek e Theorell, 1990; Marmot e Wilkinson, 2000). Práticas burocráticas, por sua vez, frequentemente levam o empregado a uma dupla coação, obrigando-o a seguir uma regra que não é apropriada. O universo tecnoburocrático é um lugar fértil para esse tipo de situação, porque combina a aderência da regra prescrita, abstrata e universal, com situações reais, concretas e singulares, por vezes, muito distantes do que é projetado no trabalho cotidiano (Carpentier-Roy, 1995; Carpentier-Roy e Vezina, 2002; Dejours, 2004).

Os novos modos de gestão estratégica baseados na excelência e na competitividade elevam em contrapartida outras fontes de estresse e de dificuldades. Vimos antes que, ao contrário dos dois modos anteriores de gestão, que favoreceram uma certa estabilidade e segurança no trabalho e fizeram pouco uso de envolvimento emocional, as novas práticas acentuam a instabilidade do emprego, a flexibilidade, a adaptabilidade (Aubert e Gaulejac, 1990, 2007; Chanlat, 1999; Perilleux, 2001; Aubert, 2003) e a tirania do cliente

(Soares, 2002 a e b; Dupuy, 2005), insistindo em uma forte mobilização afetiva (Enriquez, 1997; Chanlat, 2002).

Vimos também que essas novas formas de gerir resultaram no aparecimento de muitos empregos atípicos (trabalho a tempo parcial, contratos a termo certo, subcontratação, trabalho temporário, trabalho episódico etc.). Tal como muitas estatísticas recentes mostram sobretudo no Reino Unido e nos Estados Unidos, onde foi mais incentivado esse tipo de trabalho (Wolman e Colamosca, 1997; Freyssinet, 1997; Chanlat, 2002; Hutton, 2002), o emprego permanente tornou-se um objetivo cada vez menos possível para a maioria da população em idade ativa. Além disso, esses métodos de gestão privilegiaram a reestruturação e as reduções de pessoal (Sennett, 1998; Beaujolin, 1999; Palmade, 2003; Rifkin, 2004). Assim, vemos ainda aparecer a síndrome do sobrevivente, muito associada a desastres, catástrofes ou experiências traumáticas, especialmente no contexto das organizações atuais. Quanto à tirania do cliente, ela provoca um aumento da tensão afetiva entre os prestadores de serviço em contato direto com os clientes. Na verdade, é cada vez mais difícil manter o sorriso no rosto quando os consumidores estão cada vez mais exigentes e apressados. Essa é a equação que devem, por exemplo, resolver os caixas de supermercados diariamente, os guichês nas estações de transporte ou os teleoperadores (Soares, 2002 a e b; Taillandier-Bouveresse, 2009).

A incerteza sobre o futuro profissional ou a pressão do cliente não é a única fonte de estresse nessa modalidade de gestão. Também salientamos que o ritmo e a intensidade do trabalho que ela produz são igualmente causa de muitos casos de esgotamento profissional (Aubert, 2003). A idade do desempenho é realmente desafiadora. A intensidade do ritmo é ainda amplificada pelo desenvolvimento de tecnologias de informação que possibilitam a aceleração e a virtualização das ações. Em alguns casos, elas podem ser combinadas às práticas tayloristas e causar um aumento significativo das doenças da produtividade, ou seja, as doenças musculoesqueléticas (Carpentier-Roy e Vezina, 2002; Harrison e Legendre, 2002; Gollac e Baudelot, 2003).

Esse aumento na carga de trabalho é possível graças à extensão das práticas tayloristas em setores até então pouco afetados, como a indústria alimentar e o uso maciço da informática no contexto da imensa competitividade. Os resultados, em termos de doenças ocupacionais, são muito claros: há um aumento no número de trabalhadores sujeitos a esse ritmo e um número de doenças periarticulares decorrentes, sobretudo entre aqueles que têm um estatuto de emprego precário, as mulheres e os imigrantes que estão fortemente representados nessa categoria (Karasek e Theorell, 1990; Meda, 2001; Gollac e Baudelot, 2003; Maruani, 2005; Askenazy, 2005).

Como notamos, a empresa, por suas práticas, fruto de seu pensamento e de suas ações estratégicas, pode afetar de forma duradoura a saúde de seus funcionários. Ela também pode afetar o ambiente em geral. O debate que rodeia muitos trabalhos, como o que opõe os fabricantes de cigarro norte-americanos às instâncias governamentais, nos mostra o quanto, hoje, nossas sociedades tornaram-se também sensíveis às questões ambientais.

As repercussões da empresa sobre o meio ambiente são múltiplas, de acordo com a indústria. Ela pode usar produtos tóxicos e potencialmente perigosos para fabricar certos bens de consumo ou para prestar certos serviços. Isso se aplica à indústria nuclear. Ela pode despejar na natureza e na atmosfera emanações de produtos perigosos que afetam o equilíbrio natural e dos seres vivos. É o caso das indústrias de papel ou químicas (o exemplo do desastre de Bhopal, na Índia, está ainda presente na memória). Elas podem produzir produtos cujo uso é potencialmente prejudicial, como o amianto, tabaco ou alimentos que contêm altas concentrações de gordura ou açúcar. Assim, os produtores de tabaco, amianto ou de cadeias de *fast-food* deparam frequentemente com críticos muito virulentos, como evidenciado regularmente pela imprensa.

A empresa também produz bens que podem ser prejudiciais ao equilíbrio natural em longo prazo, como o carro equipado com um motor a gasolina. Na Eco 92, no Rio de Janeiro, foi imputada ao carro a maior parte do efeito estufa. Desde então as pesquisas não deixam de confirmar a hipótese do aquecimento global e pressionam os diferentes governos do mundo a ratificarem o Protocolo de Kyoto, que define uma redução das emissões para a atmosfera. Recentemente, o governo da Califórnia perseguia na Justiça fabricantes de automóveis pela poluição. Finalmente, a natureza da atividade da empresa que explora uma riqueza natural, por exemplo, pode alterar algum equilíbrio ecológico, como é o caso das empresas florestais, as indústrias de pesca e ainda empresas de mineração.

A questão ambiental está crescendo em popularidade nos últimos trinta anos. Isso afeta particularmente as atividades das empresas, tanto nos países industrializados quanto nos em desenvolvimento; a situação no último caso, geralmente, é mais problemática por causa das regulamentações frágeis em matéria de proteção da natureza. Nos países pós-comunistas, como a Rússia, a situação pode ser ainda mais dramática. O acidente de Chernobyl revelou graves deficiências das empresas socialistas nesse domínio. O mesmo vale para a China, que começou a se alarmar com as consequências ambientais de seu crescimento desenfreado e com o pouco caso que fazem suas empresas do equilíbrio ecológico (*Courrier International*, 2007).

Confrontados com a demanda crescente observada em todos os campos, diante da explosão demográfica sem precedentes que caracteriza a nossa época e do modo particular de consumo "energívoro" em nossas sociedades, podemos perguntar se não chegamos a um ponto de não retorno. De acordo com os geógrafos, levaria o equivalente a seis planetas para atender o consumidor norte-americano em escala mundial, e a três planetas no caso do consumo europeu. As dificuldades que devemos ter em conta ao analisar o relatório Brundtland, ratificar o Protocolo de Kyoto e estabelecer as bases para o desenvolvimento sustentável refletem a complexidade dos interesses envolvidos e os limites da economia de mercado nessas questões, tendo as empresas uma tendência natural para exteriorizar os custos associados à defesa da natureza (Burgenmeier, 1994).

A ação estratégica da empresa está, novamente, no centro das questões ambientais. Embora em alguns casos possa ser inocente neste capítulo, a verdade é que a atração de ganhos em curto prazo prevalece em muitos casos a esse respeito, em especial quando não há penalidade ligada ao delito. Nos últimos anos, a elevação do desemprego, o aumento do emprego precário e o crescimento do número de excluídos em diversos países ocidentais têm levado um número de observadores e analistas a se interrogarem sobre a responsabilidade das empresas nestes fenômenos.

No mundo de hoje, as considerações financeiras têm se tornado mais importantes do que as outras. Quando o anúncio de demissões em massa causa um aumento imediato do título, temos o direito de fazer perguntas, especialmente aos dirigentes que possuem milhares de ações e veem crescer o seu capital simultaneamente. Não podemos mais nos estarrecer se as desigualdades têm aumentado dramaticamente em nosso país, especialmente nos Estados Unidos e na Grã-Bretanha nos últimos 15 anos (Thurow, 1996; Colamosca e Wolman, 1997; Hutton, 2002, Piketty, 2003). Na realidade, enquanto nos anos 1960 um CEO norte-americano ganhava 40 vezes mais do que um trabalhador médio, ele agora ganha 450 vezes mais (Bogle, 2005). Globalmente, as desigualdades de renda e de riqueza são, nos Estados Unidos, mais importantes hoje do que na década de 1930 (Frank e Cook, 1995; Thurow, 1996; Colamosca e Wolman, 1997; Piketty, 2003; Bogle, 2005). A dinâmica socioeconômica dos negócios contemporâneos não é estranha a esse fosso entre os bem providos e os outros.

Ou seja, as mudanças que estamos experimentando atualmente não são resultado da natureza ou destino, elas são produto das ações humanas que, pela lógica de uns e de outros, constroem o mundo em que vivemos. Dentro desse sistema de interações entre atores sociais, a ação estratégica da empresa desempenha um papel importante, quiçá primordial.

Como acabamos de ver, as consequências de suas atividades não são sempre positivas. Cada época tem visto surgir um certo tipo de negócio e teve de sofrer, inevitavelmente, seus efeitos múltiplos – a nossa não é exceção. Hoje, em um mundo que luta com a queda da demanda e a preponderância de metas financeiras, a questão central se torna o emprego, tanto do ponto de vista de sua raridade quanto por seus efeitos adversos (exaustão, ansiedade). A empresa, que está no cerne desses processos, não pode ignorar, pelo menos a condenar, a maioria das pessoas em condições precárias, desempregadas e excluídas. Os avisos sucessivos do financista George Soros (1997), do ex-economista chefe do Banco Mundial Joseph Stiglitz (2003), e dos principais analistas financeiros de Wall Street, como John C. Bogle (2005), mostram que as preocupações dos sociólogos e de certos economistas são por vezes compartilhadas dentro do mundo industrial. Eles nos lembram toda vez que a economia de mercado é também uma criação social (Wolman e Colamosca, 1997; Passet, 1996, 2002; Stiglitz, 2003) e que a ação estratégica não pode remover a questão da responsabilidade social (Capron e Quairel-Loinezelé, 2004, 2007). A atual crise está prestes a mostrar a validade de tais questões.

A ação estratégica da empresa e as sociedades em que se inserem mantêm uma relação complexa. A sociedade precisa de dinamismo econômico da empresa e, em contrapartida, a empresa precisa do sistema social do qual ela emergiu. Nem completamente dependente, nem totalmente autônoma, a ação estratégica da empresa tem um relacionamento ora conflituoso, ora harmonioso com a sociedade. Um relacionamento conflituoso resultante da sua lógica antes de tudo econômica e financeira, mas também em alguns casos de seus valores, suas produções, seus métodos de gestão e da sociedade que enfrentam. Um relacionamento de cooperação em razão da sua função socioeconômica e de muitas ligações que ela forja com o seu ambiente, sem o qual não poderia existir ou sobreviver.

Hoje, a empresa é chamada a questionar as suas práticas de gestão, e isso em vários níveis (ecológico, social etc.). Em razão do seu lugar na sociedade e do número crescente de problemas que afligem nossos tempos, aos quais ela não é alheia, a crise do *subprime* passa a ser um novo exemplo histórico particularmente impressionante; ação estratégica da empresa deve portanto rever algumas das suas práticas. O desenvolvimento sustentável com tudo o que implica deverá ser incorporado em qualquer pensamento estratégico (Aggeri et al., 2005). O campo da pesquisa em estratégia não pode deixar de ter isso em conta (Martinet e Reynaud, 2005). Isso nos conduz a uma reintegração plena dos questionamentos éticos nas ações humanas no contexto organizado.

Da ética do poder ao poder da ética no contexto organizado

"A vida humana é uma luta contra a malícia do próprio homem."
Baltasar Gracián

"De nossa posição de sujeito, somos sempre responsáveis."
Jacques Lacan

Na Ética a Nicômaco, Aristóteles (1972, p. 522-3) escreveu:

> No campo da prática, o fim não consiste no estudo e no conhecimento puramente teórico das diferentes ações, mas sim na sua execução. Portanto, no que diz respeito à virtude, não é mais suficiente para saber o que ela é, mas também temos de lutar para possuí-la e colocá-la em prática ou ainda tentar por qualquer outro meio, se for o caso, para nos tornarmos homens de bem.

Por meio dessa proposição, o famoso filósofo grego colocava mais de dois mil anos antes de nós não apenas o problema das relações que a política, cuja finalidade é a ação, tem com a moral, mas também as relações que o bem individual tem com o bem coletivo. Essa explosão de considerações éticas no que constitui a essência da humanidade, a ação, é um fenômeno que ocorre em todas as idades. Como observou o filósofo Eric Weil (1989, p. 743):

> Qualquer empreendimento humano, por mais desinteressado que seja, está de fato sujeito à questão de saber se ele se justifica ou não, necessária, aceitável ou condenavelmente, de acordo com os valores reconhecidos ou em conflito com eles, ou seja, se ele ajudar a conseguir o que é considerado desejável na prevenção ou eliminação do que é considerado errado.

Essa questão define o universo da moral. Ciência ou doutrina que determina as regras de ação, inseparável de qualquer atividade humana. Todas as sociedades e todos os indivíduos são em diferentes graus assombrados pela ética. A nossa, naturalmente, não é exceção à regra.

No mundo das organizações e da gestão, sobretudo ocidental, assistimos há mais de duas décadas a um retorno das questões morais. Esse surto de ética em um universo que nem sempre se importa é atribuído a vários fatores: os muitos escândalos que marcaram a vida de Wall Street e dos negócios em geral (Enron, World Com, Parmalat, Ahold, Processo Conrad Black, a crise do *subprime*, Société Générale etc.), o surgimento de atitudes cada vez mais egoístas entre os jovens recém-diplomados em programas de gestão, os questionamentos relacionados com o declínio de um sentido de dedicação em determinados setores, as consequências econômicas de certas decisões especulativas, as perturbações causadas pela técnica, os debates em torno da remuneração dos executivos e, finalmente, os grandes desafios colocados pelo aquecimento global e o modo de desenvolvimento ao qual é associado.

Vimos que a vida nas organizações e mais amplamente as relações sociais que se tecem repousam, de fato, em valores. Esses valores implícitos ou explícitos vão definir as regras de ação que irão inspirar os julgamentos e as condutas. Nenhuma interação humana escapa de uma maneira ou de outra à influência dessas regras. Porque elas definem os requisitos normativos da ação. A ação humana no contexto organizado não é uma exceção a essa regra; assim, é em torno desta última questão que este capítulo irá se fechar.

A ética do poder: definição e principais constatações contemporâneas

A ética, hoje, está na moda nas nossas sociedades. É um fato social em si. A leitura regular de jornais ou revistas, o número de publicações sobre esse assunto ou sobre temas semelhantes, como, na França, a responsabilidade social empresarial, e/ou ainda as edições especiais de periódicos acadêmicos dedicados a ela estão em ampla evidência (Mercier, 1999; Pesqueux e Biefnot, 2002; Friedman, 2005; Hireche-Baiada, 2008). A hora, é sem dúvida alguma, de questionamento dos valores que sustentam nossas ações.

Ou, como já enfatizamos anteriormente, a popularidade da ética não é apenas o fruto de uma reflexão dos filósofos em câmara. É também o resultado de muitos problemas que chocam a consciência moral de cada um: corrupção, escândalos financeiros, patrões desonestos, enormes salários, práticas de gestão duvidosas, a crise do *subprime* etc.; e, de outra parte, os efeitos de nossas próprias ações que arriscam nos forçar a em breve mudar o nosso comportamento (aquecimento global, esgotamento dos recursos naturais, crescentes desigualdades sociais, questões em torno do desenvolvimento científico e tecnológico).

Esse tipo de reflexão não é recente. Sempre acompanhou os seres humanos, desde que temos provas escritas, ou seja, desde a

Antiguidade. O que vemos hoje é, portanto, o resultado de uma longa caminhada que a humanidade nas garras da questão ética percorre há alguns milênios.

O que se entende por ética?

Se vimos que cada palavra tem um significado no contexto, o termo ética, por seu caráter polissêmico na linguagem cotidiana, nos força, em primeiro lugar, a esclarecer seu significado. Para os filósofos, a ética faz parte do pensamento que desafia os valores que orientam as ações. Distingue-se, pois, de um lado, dos ditames morais da forma normativa de como devemos agir; por outro, a ética é um guia da ação em um determinado contexto profissional. Mas a ambiguidade e os diferentes significados dados à palavra ética também estão relacionados à sua história.

Originalmente, a palavra ética, como recordada por alguns autores (Rouzel, 2002), vem de duas palavras distintas do grego: *éthos* e *èthos*. É em particular a Aristóteles que devemos a introdução dessas duas acepções de ética. A primeira, *éthos*, significa a boa moral, a moralidade social, o que é socialmente aceitável ou proibido. A segunda, *èthos*, é muito mais antiga. A primeira ocorrência aparece nos fragmentos de Heráclito. Acreditam os peritos que, para Heráclito, somente a palavra mantém a ordem do mundo, o que os gregos designaram como cosmos (Munier, 1991). Mas a questão é saber o que permite aos seres humanos ficarem em harmonia com a ordem cósmica, tomarem as medidas certas, fazerem as escolhas certas? Nesse ponto, Heráclito introduziu essa dimensão essencial no ser humano chamando-a justamente: *éthos*.

O *éthos* no coração do homem é, de alguma forma, seu lar interior. Mais perto de nós, Espinosa vai um pouco mais longe. Ele não hesitará em dizer que uma vez que, o homem descobriu o núcleo em torno do qual se cristaliza a ideia de verdade, deve conhecê-lo e partilhá-lo. A ética de Espinosa se revela então como pesquisa e compartilhamento. Para usar os termos da psicanálise contemporânea, pode-se dizer que é a dimensão da subjetividade (Lacan, 1986). Mas como um homem pode entrar em contato com o que habita nas profundezas de si mesmo e dar uma expressão no discurso para organizar seu mundo?

Em nossa época, um filósofo, como Alain Badiou (1993), tentou em seu livro *A ética. A consciência do mal*, de responder a ele. Para ele, a ética não tem nada a ver com uma defesa dos valores dominantes, como o humanismo ou o respeito pelos direitos humanos. Em vez disso, ele atua como um contrapeso a esses valores sociais que, se deixados a si mesmos, na maioria das vezes leva ao pior, ou seja, a querer fazer o bem de outro contra sua vontade. Kant afirma que "querer fazer bem para os outros é a pior das tiranias". O que esse outro lado da ética nos indica é o conceito de bem soberano, de que fala Aristóteles, que na verdade é regido de maneira invisível pelas fantasias e pelo desejo de poder de cada um. Querer fazer o bem ao outro não é querer em definitivo que ele se conforme com o que se espera dele. Ou, de acordo com a psicanálise, a marca do sujeito não reside exatamente no inconformismo em relação ao desejo do outro? (Lacan, 1986; Enriquez, 1983, 1997 a e b) O *éthos* é, assim, lugar da ética do sujeito.

Se seguirmos essas posições, encontramos, portanto, dois níveis de reflexão ética. Um primeiro nível, o *éthos* que corresponde a essa relação do homem com sua própria estranheza ("o eu é um outro" do poeta Rimbaud) e onde é para que cada um possa encontrar o seu caminho; e um segundo nível, o *éthos* que se refere à moralidade social, e com o qual o primeiro cai em tensão, ambos sendo indispensáveis. Porque a ética não consiste em fazer qualquer coisa, mas sim em manter a inclusão de um sujeito na sociedade (Enriquez, 1997 a e b, 2007). As sociedades humanas não podem sobreviver sem leis que obriguem cada cidadão a limitar o seu prazer de viver com os outros. Além disso, um sujeito não pode cumprir integralmente as leis da cidade. Ele não pode fugir às suas próprias responsabilidades. Então chegamos a um campo de constante conflito entre o sujeito e a sociedade, um empreendimento que abre infinita tensão entre as duas éticas. O campo das organizações e da gestão nos dá muitos exemplos e o contexto sócio-histórico utilitário em que nadamos só pode agravá-la (Castoriadis, 1975, 1996; Enriquez, 1997 a e b, 2007).

A ética do poder ou dos poderes é hoje influenciada pelas tensões que caracterizam as nossas sociedades. Diante de um mundo que invoca o crescimento quantitativo, o retorno financeiro em curto prazo, o imediatismo, a urgência, o efêmero, o econômico e o tecnológico, muitos analistas descrevem os efeitos como deletérios em seres humanos (Dejours, 1998; Kay, 2003; Bogle, 2005; de Gaulejac, 2005; Reich, 2007; Gorz, 2008).

Em um artigo dedicado à questão da ética na intervenção social (1998), o filósofo Jean-Bernard Paturet (1998) põe às claras a tensão entre esses dois modos de ética:

> Ao não considerar a intervenção social unicamente no domínio da *poiesis*, isto é, da *technè* e da instrumentalidade, somos remetidos a uma visão cartesiana mecanicista da ação social. As práticas e as representações são da ordem da máquina: máquina complicada, certamente, mas apesar do seu grau de complicação pode ser decomposta em elementos simples, como a decomposição que atribuímos às ciências humanas (psicologia, sociologia, economia, política etc.) é capaz de fazer fantasiar.

Tratar-se-á então de avaliar a ação social em termos de produtividade. No entanto, diz Jean-Bernard Paturet, "a práxis registra a intervenção social na ordem da complexidade [...] Nessa perspectiva, o todo deve ser tomado como tal, isto é, como irredutível à soma das suas partes [...] O campo da práxis não revela mais simplesmente a explicação, mas o entendimento, isto é, a questão do significado". Por sua vez, a questão do significado é, como todos sabem, inesgotável, é uma história sem fim. A construção do significado mobiliza a subjetividade.

A ética começa então por questionar a nós mesmos e o lugar que ocupamos no contexto social em que vivemos. Ela não ressalta injunções institucionais ou morais encantadas. Cada um é remetido ao seu compromisso. Como escrito por Eugène Enriquez (2007, p. 38), "A ética não é experimentada senão como 'em execução'. A ética sem a prática não existe". Ora, a palavra "compromisso" está precisamente na origem das duas acepções: de uma parte, a aposta, isto é, o que se engaja em uma aposta, o que estamos dispostos a perder para sustentar uma posição ou opinião, e, de outra, o dinheiro que ganhamos por uma tarefa cumprida. Em outros termos, a ética revela que cada um pede apoio para a sua própria verdade, num contexto em que é pago para agir. Ela se torna um ponto de tensão entre o que cada um pensa e aquilo que se exige de cada um nas circunstâncias.

A ética do sujeito, já apresentada pelos antigos, não desaparece como o outro lado, o da moralidade social. É nessa tensão permanente entre as duas éticas, a do sujeito e da sociedade, que qualquer ação social pode abrir um caminho. Ao manter essa tensão, a ética impede o desaparecimento de cidadãos em favor de um discurso científico que vise uma desvalorização do discurso e da subjetividade. Ela também mantém o balanço entre os extremos que são, de um lado, o individualismo de um sujeito absoluto, e, de outro, o holismo de uma sociedade totalitária.

O sujeito não existe sem a sociedade e a cultura que o cerca, e uma sociedade não pode permanecer viva sem levar em conta a singularidade dos indivíduos que a compõem (Enriquez, 1983, 1995, 2007; Castoriadis, 1975, 1996).

Finalmente, se a ética é fundamentalmente subjetiva, ela encontra sua realização no retorno que ela produz na sociedade em questão. Nela, os atores sociais são totalmente responsáveis por aquilo que produzem. Eles não podem se esconder atrás de uma suposta injunção social de normalização. Eles sempre têm que responder, independentemente dos discursos que acompanham suas ações cotidianas, sobre a forma como realizá-las. É por isso que o imperativo ético se impõe para cada um sob todas as formas de ação social.

Ética e moral

> "A verdadeira moral zomba da moral."
> *Blaise Pascal*

Após lembrar sobre ambas as faces da ética, a ética do sujeito e a ética social, devemos esclarecer o que se entende por moral. Muitas vezes, sinônimo na linguagem cotidiana, a moral difere um pouco da ética. Paul Ricoeur, nesse ponto de vista, é muito útil para esclarecer o que se entende por moral e mesmo para introduzir à sua maneira duas éticas que acabamos de discutir.

> Proponho pegar o conceito de moral pelo termo fixo de referência e atribuir-lhe uma dupla função, a de designar, de um lado, a área das normas, ou seja, os princípios da permissão e do proibido, de outro, o sentimento de obrigação enquanto face subjetiva da relação de um sujeito com as normas. Aqui está, na minha opinião, o ponto fixo, o núcleo duro. E é a partir dele que se deve fixar um emprego do termo ética. Vejo, então, o conceito de ética dividido em dois, um ramo que designa algo como o aval de normas – falo de ética anterior – e outro ramo que designa algo como um endosso dos padrões – falo então de ética posterior [...] a anterior apontando para o aprofundamento dos padrões de vida e desejo, a posterior visando inserir as normas em situações concretas.

Como podemos ler, Paul Ricoeur tem, à sua maneira, ambos os lados da ética apresentados antes aqui. Enquanto a ética anterior remete ao *èthos*, a ética posterior remete ao *éthos*. Ele adiciona um pouco mais, um elemento importante para os atores sociais que são os gestores e dirigentes de empresas:

um padrão, seja qual for o título, apela, vis-à-vis, a um ser capaz de adentrar uma ordem simbólica prática, ou seja, a reconhecer nos padrões uma pretensão legítima de regulamentar condutas. Por sua vez, a ideia de imputabilidade, enquanto capacidade, permite-se entrar na longa lista de capacidades pelas quais caracterizo voluntários, no plano antropológico, o que chamo de homem capaz: capacidade de falar, de fazer, de se relatar; a imputabilidade soma a essa sequência a capacidade de se colocar como agente.

Ele conclui seu discurso assim:

> podemos considerar como equivalentes as duas seguintes formulações: de um lado podemos ter a moralidade no plano de referência em relação ao qual se definem, e de outro, uma ética fundamental que lhe seria anterior e as éticas aplicadas que lhe seriam posteriores [...] a moral, na sua implantação de normas privadas, legais, políticas, constitui a estrutura de transição que orienta a transferência da ética fundamental em direção da ética aplicada que dá visibilidade e legibilidade do plano da práxis. A ética médica e a ética judicial são exemplares na medida em que o grau de sofrimento e o conflito constituem duas situações típicas que trazem na práxis o selo da tragédia.

Pode-se facilmente observar que a ética empresarial é um outro exemplo, pois o seu objetivo é determinar como podemos conciliar as expectativas morais contraditórias. Uma empresa ou organização através da voz dos atores que a compõem deve muitas vezes fazer escolhas difíceis entre ações que têm um alto valor moral e ações puramente estratégicas que devem lhe permitir manter-se viva. Estamos no coração da tensão que apresentamos antes.

A ética do poder hoje

Quais são os valores que norteiam hoje em dia a ação dos dirigentes e gestores de nossas organizações? A resposta a essa questão é complexa porque a maioria dos estudos e pesquisas mostra que esses valores variam de acordo com vários parâmetros: a natureza jurídica das organizações, a indústria, o tamanho, a cultura do país, a filosofia de gestão, a idade, o sexo, a filiação religiosa etc. (Hireche-Baiada, 2008). Em outras palavras, como lembra Robert Jackall (1988, p. 6),

> as regras morais em uso moldado de acordo com restrições especiais e estruturais podem variar consideravelmente dependendo de vários fatores tais como a proximidade do mercado, as responsabilidades funcionais ou operacionais, a posição hierárquica. As entidades organizacionais são, portanto, contextuais, situacionais, fundamentalmente específicas e, muitas vezes, pouco claras.

Qualquer pesquisa produzida na França confirma isso (Hireche-Baiada, 2008). A reflexão sobre a ética dos dirigentes não poderia simplesmente se contentar com uma abordagem normativa e prescritiva. Deve ser acompanhada de um verdadeiro estudo contextualizado. As éticas do poder se analisam em situações. Na verdade, é pela análise detalhada da experiência diária vivida no trabalho que posições éticas são reveladas e que as dificuldades que aparecem ao longo do tempo destacam a complexidade das questões (Hireche-Baiada, 2008).

Enfim, um outro aspecto que é igualmente destacável diz respeito à influência da cultura. Em um texto recente, Philippe d'Iribarne (2008) revela como a forma de conceber a ética varia conforme se apresenta diante de uma ética das relações pessoais ou de uma ética universalista. Em outras palavras, a ética do poder no campo das organizações e da gestão ilustra as tensões que surgem entre *èthos* e *éthos*, já mencionadas. Além disso, essas tensões são igualmente reveladoras dos poderes da ética.

Os poderes da ética

A ética, como acabamos de ver, tem dois lados. Mas esse questionamento contínuo do *éthos* pelo *èthos* ou da moral social em torno da ética do sujeito nos leva a ver de onde o ator social pode extrair elementos para a sua ação. A reflexão ética toca o essencial. Ela está no centro de todo relacionamento e o torna eficaz. Na verdade, é a base do que é chamado de boas maneiras e civilidade (Pharo, 1991). É também a base da confiança. Porque ressalta o respeito da promessa (Dejours, 1995). Ao questionar os valores subjacentes às ações em nome de princípios básicos, ela não é apenas uma metamoral, é também central para a política.

Já faz mais de trinta anos que a análise estratégica das organizações tem de fato demonstrado que qualquer membro de uma organização é um ator, ou seja, um indivíduo dotado de capacidade de agir independentemente do seu nível hierárquico (Crozier & Friedberg, 1977). Se essa visão dinâmica e pluralista da vida política trouxe uma contribuição significativa à compreensão dos comportamentos nas organizações, ela não deixou de lado alguns aspectos do ator estudado, incluindo suas questões éticas. Isso não é de todo surpreendente, uma vez que enfatiza o ator político no sentido estratégico em detrimento do sujeito portador de identidade (Sainsaulieu, 1977, 2001; Ollivier, 1995). Se reintroduzimos o tema do ator, podemos medir o quanto a reflexão ética traz capacidades: capacidade de pensar, agir, transformar, discutir, julgar e conhecer suas limitações. Estamos no coração do conceito de ação humana, tal como definido por Paul Ricoeur, como fazemos o nosso aqui.

O poder de refletir

A ética do sujeito é antes de tudo o resultado de uma reflexão permanente sobre os valores que norteiam suas ações e sobre aquelas que podem ser estruturantes em termos de regras de ação em contexto organizado. Pois, pudemos compreender, o *éthos* é o poder de refletir sobre o que fazemos, a maneira como estamos fazendo e sobre suas consequências. É uma manifestação da liberdade, pois é intimamente ligada ao desejo de não padecer dos determinismos naturais e sociais e de questionar as consequências de nossas decisões e nossas ações. O gerente é confrontado permanentemente com esse tipo de reflexão. Em nome da ética da responsabilidade, como Max Weber chamou, os gerentes ou ainda outras partes do corpo de uma organização interpelam as ações de uns ou de outros. Diante da ética utilitarista, que por vezes reina suprema em certos universos e onde os seres humanos são especialmente associados a um recurso, algumas pessoas colocam sua capacidade de reflexão nos valores que ela traz e nos elementos de pensamento que as alimentam (conhecimento científico, escritos filosóficos e conhecimento na área de humanas). É por essa reflexão que a ação surgiu.

O poder de agir e transformar

Se qualquer indivíduo é um ator social, é porque tem a capacidade de agir e transformar a realidade. A ética é um elemento central da capacidade de agir. Max Weber a descreveu como ética da convicção. Para ele, é também em nome de valores em que acreditamos que nós agimos. O mundo social e o das organizações ilustram isso diariamente de uma forma ou de outra. Por exemplo, foi em nome da solidariedade e dos valores democráticos que as nossas sociedades construíram, após a Segunda Guerra Mundial, o Estado de bem-estar social. Mas foi também em nome de uma ética do indivíduo interessado que questionamos, e desde o fim dos anos 1970 recolocamos em questão, alguns elementos do Estado de bem-estar em favor de mecanismos de mercado. Atualmente, é novamente em nome dos valores da equidade e da solidariedade que embarcamos no comércio solidário ou que fundamos as cooperativas. Mas é em nome da eficiência do mercado que, hoje, promovemos amplamente a privatização das empresas públicas, a desregulamentação e os mercados financeiros.

Os estudos norte-americanos sobre a influência dos valores apresentados em um programa também demonstraram o papel na representação dos estudantes da realidade social. Não é por acaso que muitos dos que fazem estudos em gestão têm uma visão utilitarista do mundo. Às vezes, é o único discurso que eles ouvem e leem (Etzioni, 1988; Jackall, 1988; Villette, 1988; Mintzberg, 2004; Goshal, 2005; Khurana, 2007). Se a ética do *homo economicus* não é a do *homo socialis* (Polanyi, 1974; Laval, 2007; Mauss, 2007), resta que muitas das decisões tomadas durante os últimos trinta anos o foram em nome da própria ética.

Ora, hoje, muitas vozes se levantam para discutir as implicações e rever nossos modos de fazer as coisas quando os desafios se impõem, sobretudo a grave crise que vivemos. Alguns não hesitam em questionar a ética dos que nos conduzem, especialmente certos financistas e dirigente de empresas (Bogle, 2005; Mintzberg, 2005; Stiglitz, 2005; Khurana, 2007). Quando outros procuram manter as práticas, heterodoxas em relação às da moda, para continuar a agir de acordo com certos valores que não são apenas econômicos e financeiros. A ética não é senão o pensamento ou ação em nome dessa reflexão. É também a base para a discussão e o debate específico de um regime democrático.

O poder de discutir

É a Jürgen Habermas que devemos a noção de ética do discurso. Em seu famoso livro *A ação comunicativa*, o filósofo de Frankfurt procura defender a ideia de que o regime democrático é o que melhor permite a expressão desse poder de falar. Já que essa capacidade de se dizer o que pensa, sente e se acredita em diálogo com os outros é a pedra fundamental do que chamamos democracia. É também o reconhecimento do ator como sujeito. Outro filósofo, Cornelius Castoriadis (1975, 1998), passou sua vida inteira pensando como esse projeto foi incluído em nossa civilização a partir da experiência grega e como ele havia empurrado aos poderes esse tipo discussão democrática desde então e para sempre. O advento do sujeito não é com efeito a possibilidade de pensar por si mesmo e o surgimento da democracia, de questionar regularmente certos princípios que regem a nossa sociedade num dado momento a partir de uma reflexão e de um debate com os outros no respeito dos defendidos pela modernidade.

No caso das organizações, é a capacidade de colocar no lugar os espaços de discursos falhos e ou de manter os já existentes. Porque sem espaço para a discussão, não há possibilidade de ter acesso ao discurso autêntico, aquele que diz como as coisas realmente acontecem (Dejours, 2004). Hoje, parece à luz de muitos trabalhos de campo que existe um déficit nesse sentido em muitas entidades organizadas e uma fonte de desconforto tanto de executivos como de empregados residentes em particular na França nessa ausência de diálogo. O poder de discutir também é um lado da ética claramente associado ao bem-estar do sujeito.

O poder de julgar

> "O que perturba os homens não são as coisas,
> são os juízos que eles fazem sobre as coisas."
> *Epíteto*

Outra capacidade da ética reside no seu poder de julgar. É em nome de certos valores que podemos julgar as ações de cada um. A ética é assim política na medida em que permite obter uma ideia e julgar a conduta adotada. Pois, de alguma forma, o julgamento ético coloca a questão ética da legitimidade da ação e pode desafiar as leis em vigor.

Esse julgamento partirá de diferentes critérios que, dependendo das circunstâncias e do contexto sociocultural, podem flutuar, como mostra a pesquisa de Loréa Hireche-Baiada (2008). Os julgamentos éticos dos indivíduos podem variar ao longo do tempo. Eles nem sempre estão incorporados definitivamente no espírito de certos autores. O que permite ver, de passagem, que a discussão de projetos de lei, amplamente dominante na investigação de gestão (Mercier e Hireche-Baiada, 2008), nem sempre corresponde à realidade vivida, especialmente quando analisada a partir do comportamento e do discurso dos empregados e não apenas dos dirigentes. Esses julgamentos são construídos mediante interações sociais estabelecidas diariamente num dado espaço-tempo. No caso desta última pesquisa, a fragmentação não parece promover a compreensão das ações dos dirigentes em prol de uma crise de solubilidade.

A capacidade de julgar está finalmente no centro do processo de avaliação. Toda avaliação é de fato um julgamento sobre a ação de uma pessoa ou de um grupo de pessoas. É fundamental para a dinâmica do reconhecimento do sujeito. É por isso que é particularmente sensível às questões em causa e que é objeto de questionamentos críticos no mundo do trabalho (Dejours, 2006). Uma avaliação será de fato considerada legítima, isto é, socialmente aceitável, quando como justa e equitativa. O poder de julgar próprio à ética implica regras que irão garantir o alcance legítimo do julgamento emitido. O gestor que passa seu tempo avaliando seus subordinados e sendo avaliado por seus supervisores deve estar ciente de que a avaliação ainda é um julgamento, mesmo que tenha toda a aparência de objetividade. Ele tem de perceber que seu julgamento, tão objetivo quanto possível, também é realizado por pessoas que estão sujeitas à avaliação. Porque a ética é caracterizada precisamente por essa capacidade de julgar as ações de outros. A estrutura simbólica desse julgamento pode variar dependendo dos atores envolvidos e de seu contexto sociocultural. Isso explica que os valores que norteiam cada um dos atores podem colidir se são antagônicos, causando uma verdadeira guerra de deuses, evocada por Max Weber a propósito de certos conflitos de valores. Mas alguns conflitos podem ser benéficos. E o debate que começou há quatro décadas e que hoje se acelera em torno da questão do desenvolvimento sustentável não apenas levanta questões essenciais para o nosso futuro (Passet, 1996; Gorz, 2008) e do planeta que habitamos, mas também nos ensina novamente a redescobrir as virtudes da modéstia.

O poder de conhecer os limites

As interrogações, próprias à ética, como recordam inúmeros autores, enraizam-se também em uma reflexão dos antigos sobre nossos limites e nossa capacidade de reconhecê-los. Isso é o que eles chamaram *phronésis*, isto é, sabedoria. Essa capacidade de conhecer os seus limites foi conduzida à honra por Freud, quando ele discutiu o desejo de poder absoluto e os benefícios do luto para cada um de nós (Enriquez, 1983, 1995). Essa capacidade não é precisamente a sustentada em um mundo que há mais de um século promoveu a imagem de um ser humano, todo-poderoso, começando pelo Ocidente, que o levou a tratar a natureza e os outros de maneira instrumental e a dominá-los em nome de interesses superiores da civilização ocidental. Se essa atitude sem dúvida produziu frutos, não deixa de ser detida hoje em dia pela ecologia política (Passet, 1996; Gorz, 2008). Esta última, ao reintegrar o ser humano à natureza e ao mostrar a fragilidade do nosso hábitat, questiona os modos de produção e de consumo. O produtivismo desenfreado, o esgotamento dos recursos naturais, o aquecimento global são debatidos não apenas por utopistas, mas também cada vez mais por cientistas de todas as origens e cidadãos comuns. Finalmente tomamos consciência de que deveríamos ter aprendido com a sabedoria de outros povos ditos primitivos, e que a etnologia moderna aprendeu, como lembra com força Claude Lévi-Strauss (2008, p. 18) em um de seus últimos textos:

> Pelos sábios costumes, que não devemos relegar ao *rank* de superstições, limitar o consumo pelo homem de outras espécies vivas e exigir-lhe o respeito moral, associado às regras muito rígidas para assegurar sua preservação. Por mais diferentes que seja uma sociedade da outra, ela concorda em fazer do homem uma parte interessada na criação, e não um mestre da criação. Essa é a lição que aprendeu a etnologia, na esperança de que quando entrar no concerto das nações, essas sociedades a conservem intacta e que, pelo exemplo, nós saibamos nos inspirar.

Para retomar uma ideia expressa há quinze anos por Eugène Enriquez (1997 a e b), é bom estabelecer uma ética da finitude no coração das sociedades e das organizações modernas. Tal ética, ao trazer o ser humano a conhecer seus limites, vai contrabalancear seus desejos de poder, de levar em conta o outro em sua alteridade e de estar atento aos meios que emprega para alcançar os seus objetivos e, talvez, assim, recuperar um pouco da sabedoria ancestral evocada por Claude Lévi-Strauss.

No início do século XXI, essa ética parece mais um luxo do que uma necessidade. É um dos poderes da ética. Por causa das limitações que nos cercam, o mundo da gestão será obrigado a tomar nota. Mas as restrições não são também oportunidades, como diz Giddens (1987)? E, portanto, portam elas mesmas novas vias de ação humana no contexto organizado. A ética da finitude pode muito bem conduzir a uma revisão da política estratégica (Martinet, 2007) e preparar o caminho para novas fontes de inovação (Alter, 2002). Ela ilustra novamente a acuidade de uma concepção antropológica baseada no conceito da ação humana.

Conclusão

Refletir sobre a ação humana no contexto organizado e agir em situação estratégica em nosso contexto sócio-histórico requer um certo reposicionamento do pensamento nessa área. Neste livro, procuramos, a partir de uma postura de inspiração antropológica, apresentar uma concepção fenomenológica da ação humana que coloca ao centro os atores relacionados na sua humanidade concreta. Assim, notamos que tal ação é fruto de todas as partes interessadas de uma organização e não apenas de uma; a gestão é essencialmente um empreendimento coletivo em que cada um contribui para o seu nível. Enfatizamos posteriormente como essa ação humana está relacionada às atividades de linguagem e como especialmente a gestão é uma questão relacionada ao discurso.

Como as propriedades da linguagem nos permitem acessar o pensamento simbólico, também vimos como essa ação fez parte ainda em um mundo de significado e de como ela foi conduzida pelo imaginário social e pessoal envolvido. Assim, enfatizamos que qualquer ação humana em contexto organizado se inscreve em um quadro simbólico que irá influenciar as decisões e ações empresariais. Vimos como isso pode levar a choques de universos particularmente problemáticos para o pessoal envolvido.

A ação humana é sempre enraizada, como também enfatizamos, em um espaço-tempo. Ela é influenciada, em parte, pela relação das pessoas envolvidas com temporalidades sociais e, por outra, por meio dos espaços em que as empresas registram seus lugares de trabalho e de vida em que elas se montaram. Finalmente, essa ação não tem a intenção de construir discurso. Vimos que as decisões são transformadas em práticas de gestão que podem afetar os assalariados em causa. A multiplicidade das investigações que, hoje, envolvem a organização do trabalho no aumento súbito do estresse indica claramente que a ação dos líderes não pode ignorar o seu impacto sobre a vida cotidiana.

Mais genericamente, a popularidade dos questionamentos sobre o futuro do planeta também indica que a degradação observada hoje é certamente o resultado de nossas atividades e nossos modos de vida. A reviravolta que temos de fazer nos próximos anos, um claro desafio a todos, é impor uma forma diferente de olhar para todos os atores. A ação estratégica concreta das empresas e o pensamento sobre essa ação vão, inevitavelmente, ter de medir as consequências. Agora temos que substituir um agir econômico, muitas vezes cego às dimensões destacadas aqui, por uma ação socialmente responsável que incidirá sobre as dimensões vividas que formam a riqueza da experiência humana. Na época da globalização e das questões relacionadas ao desenvolvimento sustentável, insistimos em afirmar repetidas vezes que já não é um luxo, mas uma necessidade para nós superarmos os enormes desafios pela frente.

Lembramo-nos um pouco mais cedo nesta pequena obra de que, em um livro historicamente datado, Karl Polanyi, um dos grandes antropólogos da economia, destacava a forma como a economia de mercado, ao contrário de outros tipos de economia na história humana, integrou em sua própria lógica a autonomização do restante da sociedade. Ele nos lembrou também como seu esforço estava condenado ao fracasso por causa do sofrimento que acarretava. É por isso que, segundo ele, observávamos regularmente movimentos de reinserção do econômico com o social e o político.

O início do século XXI parece nos sugerir que estamos, novamente, em tal situação, ou seja, em uma outra grande transformação. Cabe a nós, profissionais, consultores, professores e pesquisadores, refletir sobre soluções inovadoras, democráticas e abertas, fazer que elas prevaleçam em detrimento de outras soluções, sabendo que estas últimas nunca são boas para a maioria, e combinar a mesma eficiência econômica ao desempenho social. O que permanece em definitivo ao longo do tempo é o critério último de boa gestão e de uma ação humana no contexto organizado adequada (Follett, 1921; Barnard, 1938; Drucker, 1973; Mintzberg, 1989; Bolge, 2005; Khurana, 2007).

Temos reiterado que esses desafios são realmente enormes. E são propícios aos questionamentos éticos de nosso comportamento. O debate em torno do desenvolvimento sustentável talvez seja hoje o único que melhor cristalize, ao mesmo tempo, tanto os desafios quanto os problemas que o afetam quanto à comunidade humana e à natureza. Portanto, a nossa discussão aqui procurou relembrar brevemente ao universo gestor como essa reflexão ética é essencial para a ação gerencial.

Depois de apresentar a ética do poder, discutimos o poder da ética. O pensamento contemporâneo de gestão não pode mais ignorar esse ponto, a menos que queira participar contribuindo com as previsões mais terríveis à sombra do que alguns estão prevendo. Na verdade, a esperança não está do lado daqueles que acreditam que a ação humana, para citar Ricoeur, reside precisamente nessa capacidade de fazermos e de nos ligarmos para o bem da maioria e assim participarmos na fundação de uma ciência moral e política do concebível, como o nosso colega Alain--Charles Martinet (2007) nos convidou recentemente a fazer.

De nossa parte, estamos de acordo com um projeto como esse que parece ser compatível com as questões que afetam a gestão de hoje e a sociedade como um todo nas garras de um capitalismo implacável (Bauman, 2002; Saussois, 2006; Reich, 2007). Se um projeto como esse exige uma expansão antropológica de certas visões gestoras dominantes, projeto sobre o qual estamos trabalhando há mais de trinta anos e que este livro é mais um passo (Chanlat, 1990, 1998, 2007, 2007), esperamos que esses poucos a pensar sobre a ação humana no contexto organizado possam contribuir.

A nós, profissionais, consultores, pesquisadores e professores, cabe ir além do avanço de inovações que agora parecem centrais a fim de assumir as nossas responsabilidades no âmbito do século XXI que veem seu início marcado por graves ameaças no horizonte, perigos que são tanto desafios para nós, seres humanos, quanto uma forma de aplicar agora o princípio da responsabilidade declarada há quase trinta anos pelo filósofo Hans Jonas: "Incluído na sua escolha atual a integridade futura do homem como um objeto secundário de seu desejo".

> Somos uma comunidade global, e como todas as comunidades, temos que respeitar as regras de convivência. Elas devem ser justas e equitativas, e isso deve ser visto claramente. Elas devem prestar a devida atenção tanto aos pobres como aos poderosos, e refletir um profundo senso de honestidade e justiça social. No mundo de hoje, elas devem ser determinadas mediante procedimentos democráticos. As regras que regem o funcionamento das autoridades e instituições do governo devem garantir que elas ouçam e respondam às necessidades e aos desejos de todos aqueles que afetem as medidas e as decisões que são tomadas.
>
> Robert Stiglitz

Referências Bibliográficas

ADLER, N. *International dimensions of organizational behavior*. Boston: Kent Publishing Company, 1986.

AGGERI, K.; PEZET, E.; ABRASSARD, C; ACQUIER, A. *Organiser le développement durable*: expériences d'entreprises pionnières et formation de règles d'action collective. Paris: Vuibert, 2005.

AGLIETTA, M.; ORLEAN, A. *La monnaie entre violence et confiance*. Paris: Odile Jacob, 2002.

AKTOUF, O. *Le management entre tradition et renouvellement*. Montreal: Gaëtan Morin Éditeur, 1989.

_____. *La stratégie de l'autruche*. Ottawa: s.n., 2004.

ALBERT, M. *Le capitalisme contre le capitalisme*. Paris: Seuil, 1991.

ALCHIAN, A.; DEMSETZ, H. Production, information costs and economic organization. *American Economic Review*, v. 62, n. 5, p. 777-95, 1972.

ALLARD-POESI, F. La stratégiecomme pratique(s): ce que faire de la stratégie veut dire. In: GOLSORKHI, D. (Dir.) *La fabrique de la stratégie*. Une perspective multidimensionnelle. Paris: Vuibert, 2006. p. 27-48.

ALTER, N. *Sociologie de l'entreprise et de l'innovation*. Paris: PUF, 1996.

_____. *L'innovation ordinaire*. Paris: PUF, 2002.

_____. *Donner et prendre la coopération en entreprise*. Paris: La Découverte, 2008.

ALTERNATIVES Sociales. *Souffrances et précarités au travail*. Paroles de médecins du travail. Paris: Syros, 1994.

ALTERNATIVES Économiques. Dossier sur le néo-taylorisme, maio 1996.

ALTIO, L.; KOVALAINEN, A. Using gender in exploring organisations, management and change. In: CZARNIAWSKA, B.; SEVON, G. (Ed.) *The northern lights organization theory in Scandinavia*. Copenhague: Copenhagen Business School Press, 2003.

ALVESSON, M. Critical Organization theory. In: CZARNIAWSKA, B.; SEVON, G. (Ed.) *The northern lights organization theory in Scandinavia*. Copenhague: Copenhagen Business School Press, 2003.

ALVESSON, M.; WILLMOTT, H. (Ed.) *Studying management critically*. Londres: Sage, 2003.

ALVESSON, M.; WILLMOTT, H.; BRIDGMAN, T. (Ed.). *The Oxford Handbook of critical management studies*. Oxford: Oxford University Press, 2009

AMADIEU, J.-F. *Le poids des apparences*. Paris: Odile Jacob, 2003.

AMADO, G. La résonance psychosociale, au cœur de la vie et de la mort. *Revue Internationale de Psychosociologie*, v. 1, n. 1, p. 87-94, 1994.

AMADO, G. et al. Changement organisationnel et réalités culturelles. Contrastes franco-américains. In: CHANLAT, J.-F. (Dir.) *L'individu dans l'organisation*. Les dimensions oubliées. Ste. Foy: Les Presses de L'Université Laval, 1990; Paris: Eska, 1998. p. 629-62.

AMBLARD, H. P. et al. *Les nouvelles approches sociologiques des organisations*. Paris: Seuil, 1995.

ANDERSON, L. M.; PEARSON, C. Tit or tat? The spiraling effect of invicility in the workplace. *The Academy of Management Review*, v. 24, n. 3, p. 452-71, 1999.

ANDREFF, W. *Les multinationales globales*. Paris: La Découverte, 1996.

ANDREWS, K. *The concept of Corporate Strategy*. Nova York: Irwin, 1971.

ANZIEU, D. *Le groupe et l'inconscient*. L'imaginaire groupal. Paris: Dunod, 1975.

APPLEBAUM, E.; BATT, R. *The new American workplace*. Ithaca (NY): ILR Press, 1994.

ARCAND, B.; VINCENT, S. *L'image de l'amérindien dans les manuels scolaires du Québec ou comment les québécois ne sont pas des sauvages*. Montreal: Hurtubise HMH, 1979.

ARISTOTELES. *La politique*. Paris: Hermann, 1996.

ARON, R. *Dix-huit leçons sur la société industrielle*. Paris: Gallimard, 1962.

ARTUS, P.; VIRARD, M.-P. *Le capitalisme est en train de s'autodétruire*. Paris: La Découverte, 2005.

ASKENAZY, P. *Les désordres du travail. Enquête sur le nouveau productivisme*. Paris: Seuil, 2005.

ATKINSON, T. The distribution of income and wealth in Britain over the twentieth century. In: HALSEY, A. H.; WEBB, J. (Eds.) *Twentieth-century British social trends*. Londres: Macmillan, 2000.

AUBERT, N. *Le culte de l'urgence*. La société malade du temps. Paris: Flammarion, 2003.

_____. (Dir.) *L'individu hypermoderne*. Paris: Érès, 2004.

AUBERT, N.; GAULEJAC, V. de. *Le coût de l'excellence*. Paris: Seuil, 1991, 2007.

AUDET, M.; MALOUIN, J.-L. *La production des connaissances scientifiques de l'administration*. Ste Foy: Les Presses de l'Université Laval, 1986.

AUSTIN, J. L. *Quand dire, c'est faire*. Paris: Seuil, 1970.

AVENIER, M. J. *La stratégie chemin faisant*. Paris: Economica, 1997.

BABEAU, O.; CHANLAT, J.-F. La transgression: une dimension oubliée de l'organisation. *Revue Française de Gestion*, maio, 2008.

BADIOU, A. *L'éthique*. Essai sur la conscience du mal. Paris: Hatier, 1993.

BAECHLER, J. *Le capitalisme*. Paris: Gallimard, 1995.

BAKAN, J. *The corporation*. The pathological pursuit of profit and power. Londres: Constable, 2004.

BARNARD, C. *The functions of the executive*. Cambridge: Harvard University Press, 1938.

BARTUNEK, J. Corporate scandals: how should Academy of Management members respond? *Academy of Management Executive*, v. 16, p. 138, 2002.

BARUS-MICHEL, J. et al. (Dir.) *Dictionnaire de psychosociologie*. Paris: Érès, 2002.

BAUDELOT, C.; GOLLAC, M. *Travailler pour être heureux?* Le bonheur et le travail en France. Paris: Fayard, 2003.

BAUER, M.; BERTIN MOUROT, B. *Vers un modèle européen de dirigeants?* Ou trois modèles de production de l'autorité légitime au sommet des grandes entreprises? Paris: Boyden Global Executive Search, CNRS, 1996.

BAUMAN, Z. *La société assiégée*. Paris: Le Rouergue; Chambon, 2005.

BEAUJOLIN, R. *Les vertiges de l'emploi*. L'entreprise face aux réductions d'effectifs. Paris: Grasset, 1999. (Le Monde de l'Éducation)

BEAUJOILIN-BELLET, R.; SCHMIDT, G. (Coord.). Restructurations d'entreprises: Des recherches pour l'action. Paris: Vuibert, 2008. (Collection de l'AGRH)

BECK, U. *La société du risque*. Paris: Flammarion, 2002.

BELLIER, S. et al. *Le e-management*: vers l'entreprise virtuelle? Paris: Éditions Liaisons, 2002.

BERLE, A.; MEANS, G. (1932) *The modern corporation & private property*. Nova York: Transaction Publishers, 1991.

BERNOUX, P. *Sociologie des organisations*. Paris: Seuil, 1985.

_____. *Sociologie de l'entreprise*. Paris: Seuil, 1995.

BIERNACKI, R. *The fabrication of labor*: Germany and Britain, 1640-1914. Berkeley: University of California Press, 1997.

BLANCHOT, F.; DAVEL, E.; DUPUIS, J.-P.; CHANLAT, J.-F. (Dir.) *La gestion en contexte interculturel*. Ste Foy: Les Presses de l'Université Laval, 2008.

BLAU, P.; SCOTT, R. *Formal organizations*. São Francisco: Chandler Publishing, 1962.

BODEN, D. *The business of talk*. Cambridge: Polity Press, 1995.

BOGLE, J. C. *The battle for the soul of capitalism*. New Haven: Yale University Press, 2005.

BOLLINGER, D.; HOFSTEDE, G. *Les différences culturelles dans le management*: comment chaque pays gère-t-il ses hommes? Paris: Editions d'Organisation, 1987.

BOLTANSKI, L.; CHIAPELLO, E. *Le nouvel esprit du capitalisme*. Paris: Gallimard, 1999.

De BONY, J. Culture et gestion au Pays-Bas In: DAVEL, E.; DUPUIS, J.-P.; CHANLAT, J. F. (Dir.) *La gestion en contexte interculturel*. Ste Foy: Les Presses de l'Université Laval, 2008.

BORZEIX, A.; FRAENKEL, B. (Dir.) *Langage et travail*. Communication, cognition, action. Paris: CNRS, 2001.

BOUILLOUD, J.-P.; LÉCUYER, B. (Dir.) *L'invention de la gestion*. Paris: L'Harmattan, 1995; 2000.

BOULIN, J.-Y.; HOFFMAN, R. *Les nouvelles pistes du temps de travail en Europe*. Paris: Editions Liaisons, 2002.

BOULBA-OLGA. *Les nouvelles géographies du capitalisme*: comprendre et maîtriser les délocalisations. Paris: Seuil, 2006.

BOURDIEU, P. *Ce que parler veut dire*: l'économie des échanges linguistiques. Paris: Fayard, 1982.

_____. *La noblesse d'État*. Paris: Éditions de Minuit, 1989.

BOUTET, J. (Dir.) *Paroles au travail*. Paris: L'Harmattan, 1995.

BOYER, R. *Une théorie du capitalisme est-elle possible?* Paris: Odile Jacob, 2004.

BOYER, R.; DURAND, J.-P. *L'après-fordisme*. Paris: Syros, 1993.

BRABET, J. (Dir.) *Repenser la gestion des ressources humaines*. Paris: Economica, 1993.

BRAUDEL, F. *La dynamique du capitalisme*. Paris: Arthaud, 1985.

BRION, N.; BROUSSE, J. *Mots pour maux, le discours des patrons français*. Paris: Éditions Descartes, 2003.

BRUNSTEIN, I. (Dir.) *L'homme à l'échine pliée*. Réflexions sur le stress professionnel. Paris: Desclée de Brouwer, 1999.

BUREAU INTERNATIONAL DU TRAVAIL – BIT. *Le stress dans l'industrie*. Genève: Bureau International du Travail, 2000.

BURGENMEIER, B. *La socio-économie*. Paris: Economica, 1994.

BYRKJEFLOT, H. Nordic Management: From functional socialism to shareholder value? In: CZARNIAWSKA, B.; SEVON, G. (Ed.) *The northern lights organization theory in Scandinavia*. Copenhague: Copenhagen Business School Press, 2003.

CABINET, B. B. *L'Europe de l'emploi*. Paris: Éditions d'Organisation, 1997.

CAILLÉ, A.; LAVILLE, J.-L. Actualité de Karl Polanyi. *Revue du Mauss*, n. 29, p. 80-109, 2007.

CAPRON, M.; QUAIREL-LANOIZELÉE, F. *Mythes et réalités de l'entreprise responsable*. Paris: La Découverte, 2004.

CALAS, M.; SMIRCICH, L Feminist theorizing: Reforming? Performing? Transforming? The organizational subject? In: BARRY, D.; HANSEN, H. (Eds.) *Sage Handbook of the new & emerging in management and organization*. Sage: Londres, 2008. p. 359-61.

CAROLL, R. *Évidences invisibles*. Paris: Seuil, 1987.
CARPENTIER-ROY, M.-C. *Corps et âme, essai de psychopathologie du travail infirmier*. Montreal: Liber, 1995.
CARPENTIER-ROY, M.-C.; VEZINA, M. (Dir.) *Le travail et ses malentendus*. Ste Foy: Les Presses de l'Université Laval; Toulouse: Octares, 2002.
CASEY, C. *Critical analysis of organizations*. Londres: Sage, 2002.
CASTEL, R. *Les métamorphoses de la question sociale*. Paris: Fayard, 1995.
_____. *L'insécurité sociale*. Paris: Fayard, 2002.
CASTORIADIS, C. *L'institution imaginaire de la société*. Paris: Seuil, 1975.
_____. *La montée de l'insignifiance*. Carrefours du labyrinthe IV. Paris: Seuil, 1996.
CATTANEO, N. Précarisation sociale, travail et santé. *Cahiers de Recherche de l'Iresco*, Paris, 1998.
CENTRE DES JEUNES DIRIGEANTS – CJD. *L'entreprise au XXIe siècle*. Lettre ouverte aux dirigeants pour réconcilier l'entreprise et la société. Paris: Flammarion, 1996.
CHANDLER, A. J. *The visible hand*: The managerial revolution in American business. Cambridge: Harvard University Press, 1977.
CHANLAT, J.-F. (Dir.) *L'individu dans l'organisation*. Les dimensions oubliés. Ste Foy: Les Presses de l'Université Laval; Paris: Eska, 1990.
_____. Peut-on encore faire carrière? *Gestion*, v. 17, n. 3, p. 100-11, 1992.
_____. *Sciences sociales et management*. Plaidoyer pour une anthropologie générale. Ste Foy: Les Presses de l'Université Laval; Paris: Eska, 1998.
_____. Modes de gestion et stress professionnel. In: BRUNSTEIN, I. *L'homme à l'échine pliée*. Paris: Desclée de Brouwer, 1999.
_____. Le manager à l'écoute des sciences sociales. In: KALIKA, M. *Les défis du management*. Paris: Éditions Liaisons Sociales, 2002.
_____. Les méthodes ethnosociologiques. In: ROUSSEL, P.; WACHEUX, F. *Les méthodes de recherche en gestion des ressources humaines*. Paris: Vuibert, 2005.
_____. Space, organization and management: a socio-historical perspective. In: CLEGG, S.; KORNBERGER, M. (Ed.) *Space, organization and management*. Copenhague: Liber, 2006.

CHANLAT, J.-F. Management theory. In: RITZER, G. (Ed.) *The Blackwell Encyclopedia of Sociology*. Oxford: Blackwell Publishing, 2007a. v. VI, p. 2744-52.

_____. Organizational Anthropology. In: *International Encyclopedia of Organization Studies*. S. Clegg & J. Bayley. Londres: Sage, 2007b. v. 3.

_____. Francophone organizational literature. In: *International Encyclopedia of Organization Studies*. S. Clegg & J. Bayley. Londres: Sage, 2007c. v. 3.

_____. Les dimensions oubliées de l'agir stratégique en situation. In: DEROY, X. (Dir.) *Formes de l'agir stratégique*. Bruxelles: De Boeck, 2007d. p. 101-50.

CHANLAT, J.-F.; BARMEYER, C. Cultures, nations et gestion. *Management international*, núm. esp., Montreal, maio 2004.

CHANLAT, A.; BÉDARD, R. La gestion: une affaire de parole. In: CHANLAT, J.-F. (Dir.) *L'individu dans l'organisation*. Les dimensions oubliés. Ste Foy: Les Presses de l'Université Laval; Paris: Eska, 1990.

CHANLAT, J.-F.; BLÜMEL, R. La place du langage chez les auteurs classiques en gestion: une analyse critique. *Cahier de recherche* 99-10, Montreal: CETAI, HEC-Montreal, 1999.

CHANLAT, J.-F.; SÉGUIN, F. *L'analyse des organisations*. Montreal: Gaétan Morin Éditeur, 1987.

CHAPPLE, E.; ARENSBERG, C. Measuring human relations: an introduction to the study of the interaction of individuals. *Genetic Psychology Monographs*, v. 22, p. 3-147, 1940.

CHARREAUX, G.; WIRTZ, P. *Gouvernance des entreprises*: Nouvelles perspectives. Paris: Economica, 2006.

CHARVET, N. Enquête sur les formes d'emploi. *Libération*, Paris, out. 1999.

CHESNOFF, R. Z. *The arrogance of the french*. Why they can't stand us and why the feeling is mutual. Nova York: Sentinel, 2005.

CHEVRIER, S. *Le management des équipes interculturelles*. Paris: PUF, 2000.

_____. *Le management interculturel*. Paris: PUF, 2003. (Que sais-je?)

CHOMSKY, N. *Le profit avant l'homme*. Paris: Fayard, 2003.

CLARKE, T. *Theories of corporate governance: The philosophical foundations of corporate governance*. Londres: Routledge, 2004.

CLARKE, T.; CLEGG, S. *Changing paradigms*. The transformation of management knowledge for the 21st century. Londres: Harper Collins, 2000.

CLARKE,T.; CHANLAT, J.-F. (Ed.) *The european corporate governance*. Londres: Routledge, 2009.

CLEGG, S. *Frameworks of power*. Londres: Sage, 1989.

_____. *Modern organizations*. Londres: Sage, 1990.

CLEGG, S. et al. *Handbook of organization studies*. Londres: Sage, 1996.

_____. *Managing and organizations*: An introduction to theory and practice. Londres: Sage, 2004.

CLEGG, S.; DUNKERLEY, D. *Organization, class and control*. Londres: Routledge & Kegan Paul, 1980.

CLEGG, S.; KORNBERGER, M. (Ed.) *Space, organization and management*. Copenhague: Liber, 2006.

CLEGG, S.; BAYLEY, J. (Ed.) *International handbook of organization studies*. Londres: Sage, 2007.

CLOT, Y. *La fonction psychologique du travail*. Paris: PUF, 1999.

COASE, R. The nature of the firm. *Economica*, v. 4, n. 16, p. 386-405, 1937.

COHEN, D. *Trois leçons sur la société post-industrielle*. Paris: Seuil, 2006.

COLLINS, D. *Management fads and buzzwords critical-practical perspectives*. Londres: Routledge, 2000.

COMMUNAUTÉ ÉCONOMIQUE EUROPÉENNE – CEE. European Conference on Stress at Work: A Call for Action: Proceedings, Dublin: European Foundation for The Improvement of Living and Working Conditions, 1994.

COMTE-SPONVILLE, A. *Le capitalisme est-il moral?* Paris: Albin Michel, 2004.

COOPER, C. L. (Ed.) *Managerial occupational and organizational stress*. Research. Londres: Ashgate Publishings, 2003.

COOPER, R.; BURRELL, G. Modernism, postmodernism and organizational analysis: An introduction. *Organization Studies*, v.1, n. 9, p. 91-112, 1988.

CORIAT, B.; WEINSTEIN, O. *Les nouvelles théories de l'entreprise*. Paris: Poche, 1995.

COSSETTE, P. (Dir.) *Cartes cognitives et organisation*. Ste Foy: Les Presses de l'Université Laval; Paris: Eska, 1994.

COSSETTE, P. The study of language in organizations: A symbolic interactionist stance. *Human Relations*, v. 15, n. 11, 1998.

COURPASSON, D. *L'action contrainte*. Paris: PUF, 2001.

COURPASSON, D.; THOENIG, J.-C. *Quand les cadres se rebellent*. Paris: Vuibert, 2008.

COUTROT, T. *L'entreprise néo-libéarale, nouvelle utopie capitaliste?* Paris: La Découverte, 1998.

COX, T. et al. *Rapport sur l'état de la recherche sur le stress au travail en Europe*. Bilbao: Agence Européenne pour la Santé et la Sécurité au Travail, 2004.

CROMWELL, D. *Private Planet Corporate Plunder and the fight back*. Charlbury: Jon Carpenter, 2001.

CROZIER, M. *Le phénomène bureaucratique*. Paris: Seuil, 1964.

_____. *Le mal américain*. Paris: Fayard, 1980.

CROZIER, M.; FRIEDBERG, E. *L'acteur et le système*. Paris: Seuil, 1977.

CRUVER, B. *Enron Anatomy of Greed*. Londres: Arrow Books, 2003.

CUCHE, D. *La notion de culture dans les sciences sociales*. Paris: La Découverte, 1996.

CZANIARWSKA-JOERGES, B. *Narrating the organization*: Dramas of institutional identity. Chicago: University of Chicago Press, 1997.

_____. *Narrative approach in organization studies*. Thousand Oaks, CA: Sage, 1998.

CZARNIAWSKA, B.; SEVON, G. (Ed.) *The northern lights organization theory in Scandinavia*. Copenhagen: Copenhagen Business School Press, 2003.

DAILY, C. M. et al. Meta-analytic reviews of board composition, leadership, structure, and financial performance. *Strategic Management Journal*, v. 28, n. 3, p. 371-82, 2003.

DAMASIO, A. *L'erreur de Descartes*. Paris: Odile Jacob, 1995.

_____. *Le sentiment même de soi*: corps, émotions, conscience. Paris: Odile Jacob, 1999,

DANIELLOU, F. (Dir.) *L'ergonomie enquête de ses principes. Débats épistémologiques*. Toulouse: Octares, 1996

DAVEL, E ; DUPUIS, J.-P.; CHANLAT, J.-F. (Dir.) *La gestion en contexte interculturel*. Ste Foy: Les Presses de l'Université Laval, 2008.

DAVID, A. et al. (Dir.) *Les nouvelles fondations des sciences de gestion*. Paris: Vuibert, 2001.

DEALT, E.; KENNEDY, A. A. Corporate cultures: The rites and rituals of corporate life. Harmondsworth: Penguin Books,1982.

DE GAULEJAC, V. *La société malade de la gestion*. Paris: Seuil, 2005.

DE TERSSAC, G.; TREMBLAY, D. *Où va le temps de travail?* Toulouse: Octares, 2000.

DEJOURS, C. (1993) *Travail et usure mentale*. 2. ed. Paris: Bayard, 2000.

_____. *Souffrance en France*. Paris: Seuil, 1998.

_____. *L'évaluation du travail à l'épreuve du réel*. Paris: Inra, 2004.

DELACAMPAGNE, C. *L'invention du racisme*. Paris: Fayard, 1983.

DEMING, W. *The new economics for industry*. Government education. Cambridge: MIT Center for Advanced Engineering, 1994.

DÉRY, R. L'impossible quête d'une science de gestion. *Gestion*, p. 35-46, set. 1995.

DESMAREZ, P. *La sociologie industrielle aux Etats-Unis*. Paris: Armand Colin, 1986.

DESJEUX, D.; TAPONIER, S. *Le sens de l'autre*. Paris: L'Harmattan, 1994.

DETIENNE, M.; VERNANT, J.-P. Les ruses de l'intelligence: La métis des Grecs. Paris: Flammarion, 1989; 2009.

DJELIC, M.-L. *Exporting the American Model*. Oxford: Oxford University Press, 1998.

DONALDSON, L. The ethereal hand: organizational economics and management theory. *Academy of Management Review*, v. 15, p. 369-81, 1990.

_____. *The contingency Theory of Organizations*. Londres: Sage, 2001.

DONALDSON, L.; DAVIS, J. H. Stewardship Theory or Agency Theory: CEO Governance and Shareholder Returns. *Australian Journal of Management*, v. 16, p. 49-64, 1991.

DRUCKER, P. *Au-delà du capitalisme*. Paris: Dunod, 1993.

DUAN, M. M. *Incomplétude des contrats et relations inter-firmes dans une économie en transition: le cas de la Chine*. Paris, 2007. Thèse (Doctorat en Gestion) – Université Paris X Nanterre.

DUBAR, C. *La socialisation*. Construction des identités sociales et professionnelles. Paris: Armand Colin, 1991.

_____. *La crise des identités*. Paris: PUF, 2000.

DUFOUR, M. Introduction. In: DUFOUR, M.; CHANLAT, A. *La rupture entre l'entreprise et les hommes*. Montreal; Québec; Paris: Éditions d'Organisation, 1985.

DU GAY, P. *In praise of bureaucracy*: Weber, organization and ethics. Londres: Routledge, 2000.

_____. (Ed.) *The values of bureaucracy*. Oxford: Oxford University Press, 2005.

DUFOUR, M.; CHANLAT, A. *La rupture entre l'entreprise et les hommes*. Paris: Éditions d'Organisation, 1985.

DUMOND, J.-P. Le don est-il une notion en gestion? *Gérer et Comprendre*, v. 89, p. 63-72, 2007.

DUPRIEZ, P. (Dir.) *La résistance culturelle*. Bruxelles: De Boeck Éditeur, 2002.

DUPUIS, J.-P. Anthropologie, culture et organisation vers un modèle constructiviste. In: CHANLAT, J.-F. (Dir.) *L'individu dans l'organisation*: les dimensions oubliées. Ste Foy: Les Presses de L'Université Laval, 1990; Paris: Eska, 1998. p. 533-51.

_____. Problèmes de cohérence théorique chez Philippe d'Iribarne. Une voie de sortie. *Management International*, primavera 2004.

_____. Être "un maudit français" en gestion au Québec. *Gérer et Comprendre*, n. 81, p. 51-61, set. 2005.

_____. (Dir.) Sociologie de l'entreprise. Montreal: Gaëtan Morin Editeur, 2006.

DUPUY, F. *Sociologie du changement*. Paris: Dunod, 2004.

_____. *La grande fatigue des élites*. Paris: La Découverte, 2005.

DURAND, G. *L'imagination symbolique*. Paris: PUF, 1984.

DUVILLIER, T. et al. *La motivation au travail dans les secteurs publics*. Paris: L'Harmattan, 2003.

EIBL-EIBESFELD, I. *Ethologie et biologie du comportement*. Paris: Diffusion Operts, 2002.

ELIAS, N. *La société de cour*. Paris: Flammarion, 1974.

EHRENBERG, A. *La fatigue d'être soi*. Dépression et société. Paris: Odile Jacob, 1998.

EISENHARDT, M. K. Agency theory: An assessment and review. *The Academy of Management Review*, v. 14, n. 1, p. 57, 1989.

EMERY, F. E.; TRIST, E. L. Socio-technical systems. In: CHURCHMAN, C.; WAND VERHULST, M. *Management sciences, models and techniques*. Londres: Pergamon Press, 1960. p. 83-97.

ENRIQUEZ, E. *De la horde à l'État*. Paris: Gallimard, 1983.

_____. *L'organisation en analyse*. Paris: PUF, 1992.

_____. *Les jeux du désir et du pouvoir dans l'entreprise*. Paris: Desclée de Brouwer, 1997a.

_____. Les enjeux éthiques dans les organisations modernes. In: _____. *Les jeux du pouvoir et du désir dans l'entreprise*. Paris: Desclée de Brouwer, 1997b. p. 115-37.

_____. Voies et impasses de la société occidentale. *Nouvelle Revue de Psychosociologie*, numéro spécial: Les pratiques sociales au regard de l'éthique. Paris: Érès, p. 23-40, 2007.

ERHENREICH, B. *Nickel and Dimed undercover in low-wage USA*. Londres: Granta Books, 2002.

ETTIGHOFFER, D.; BLANC, G. *Le syndrome de Chronos*. Paris: Dunod, 1998.

ETZIONI, A. *The moral dimension*: Toward a new economics. Nova York: The Free Press, s. d.

FAŸ, E. *Information, parole et deliberation*: L'entreprise et la question de l'homme. Ste Foy: Les Presses de l'Université Laval, 2004.

FAYOL, H. *Administration industrielle et générale*. Paris: Dunod, 1956.

FEBVRE, L. *Combats pour l'histoire*. Paris: Armand Colin, 1952.

FERNANDEZ, B. *L'identité nomade*. Paris: Anthropos / Economica, 2002.

FERNANDEZ, B.; CHIN, I. . Culture et gestion en Chine. In: DAVEL, E. DUPUIS, J.-P.; CHANLAT, J. F. (Dir.) *La gestion en contexte interculturel*. Ste Foy: Les Presses de l'Université Laval, 2008.

FISCHER, G.-N. *Psychologie des espaces de travail*. Paris: Armand Colin, 1989.

_____. Espace, identité et organisation. In: CHANLAT, J.-F. (Dir.) *L'individu dans l'organisation*: les dimensions oubliées. Ste Foy: Les Presses de L'Université Laval, 1990; Paris: Eska, 1998.

_____. *Les blessures psychiques*. La force de revivre. Paris: Odile Jacob, 2003.

FISCHER, G.-N.; VISCHER, J. *Évaluation des espaces de travail*. Montreal: Presses de l'Université de Montréal, 1996

FLEM, L. *Le racisme*. Paris: M. A. Éditions, 1985.

FOLLET, M.-P. *Diriger au-delà du conflit*. Paris: Village Mondial, 2002.

FORD, H. *Ma vie et mon œuvre*. Paris: Payot, 1927.

FOUCAULT, M. *Surveiller et punir*. Paris: Gallimard, 1975.

FRANCFORT, I. et al. *Les mondes sociaux de l'entreprise*. Paris: Desclée de Brouwer, 1995.

FRANK, R. H.; COOK, P. *The winner-take-all society*. Nova York: Penguin Books, 1995.

FREEMAN, R. B. Toward an apartheid economy. *Harvard Business Review*, p. 114-26, set.-out. 1996.

FREYSSINET, J. *Le temps de travail en miettes, vingt ans de politiques publiques et de négociations collectives*. Paris: Editions de l'Atelier, 1997.

FRIEDMAN, B. M. *The moral consequences of economic growth*. Nova York: Alfred A. Knopf, 2005.

FRIEDMANN, G. *Où va le travail humain?* Paris: Gallimard, 1954.

FRIEDMAN, M. The social responsibility of business is to increase its profits. *The New York Times Magazine*, 13 set. 1970.

FUMAROLI, M. *Quand l'Europe parlait français*. Paris: De Fallois, 2001.

FUTURIBLES. Les valeurs des Européens. *Les Tendances de Long Terme*, numéro spécial, n. 27, jul.-ago., 2002.

GABRIÉ, H.; JACQUIER, J. L. *La théorie moderne de l'entreprise*. Paris: Economica, 1996.

GAGLIARDI, P. (Ed.) *Symbols and artifacts*: Views of the corporate landscape. Berlim: de Gruyter, 1990.

GAGLIARDI, P. Exploring the aesthetic side of organizational life. In: CLEGG, S. et al. *Handbook of organizations studies*. Londres: Sage, 1996. p. 565-80.

GALBRAITH, J.-K. Le nouvel état industriel. Paris: Gallimard, 1967.

_____. *Les mensonges de l'économie*. Paris: Grasset, 2004.

GANCEL, C. et al. *Succesful mergers*. Acquisitions and strategic alliances. Nova York: McGraw Hill, 2002.

GARDNER, L. (Ed.) *Assesment of human motives*. Nova York: Grove Press, 1957.

GASPARINI, G. Temps et travail en Occident. In: CHANLAT, J.-F. (Dir.) *L'individu dans l'organisation*: Les dimensions oubliées. Ste Foy: Les Presses de L'Université Laval, 1990; Paris: Eska, 1998. p.199-214.

GASPARINI, G. et al. *Full-time or part-time work*: Realities and options. Dublin: Fondation Européenne de Dublin, 2000

GAZIER, B. *Vers un nouveau modèle social*. Paris: Flammarion, Champs, 2005.

GEERTZ, C. *The interpretation of cultures*. Nova York: Basic Books, 1973.

_____. *Ici et là-bas*. Paris: Métaillé, 1996.

GEOFFROY, C. *La mésentente nationale*. Voyage au cœur de l'espace interculturel franco-anglais. Paris: Grasset; Le Monde, 2001

GIAUQUE, D.; EMERY, Y. *Repenser la gestion publique. Bilan et perspective en Suisse*. Lausanne: Presses Polytechniques et Universitaires Romandes (PPUR), 2004.

GHOSHAL, S. Bad management theories are destroying good management practices. *Academy of Management Learning & Education*, v. 4, n. 1, p. 75-91, 2005.

GHOSHAL, S.; BARTLETT C. *The individualized corporation*. Nova York: Harper Business, 1998.

GIDDENS, A. *La constitution de la société*. Paris: PUF, 1987.

GIORDANO, Y. Les paradoxes: une perspective communicationnelle. Chap. 4. In: PERRET, V.; JOSSERAND, E. *Le paradoxe*: Penser et gérer autrement les organisations. Paris: Ellipses, 2003.

GIRIN, J. Problèmes du langage dans les organisations. In: CHANLAT, J.-F. (Dir.) *L'individu dans l'organisation*: les dimensions oubliées. Ste Foy: Les Presses de L'Université Laval, 1990; Paris: Eska, 1998.

GIROUX, N. La gestion discursive des paradoxes de l'identite. Perspectives en management stratégique. *Éditions Management et Société*, Paris, v. 8, p.133-63, 2002.

GIROUX, N.; DEMERS, C. Communication organisationnelle et stratégie, *Management International*, v. 2, n. 1, p.17-32, 1998.

GIUST-DESPRAIRIES, F. *L'imaginaire collectif*. Paris: Érès, 2003.

GODBOUT, J. *Donner, recevoir et rendre*. Ce qui circule entre nous. Paris: Le Seuil, 2007.

GODBOUT, J.; CAILLE, A. *L'Esprit du don*. Paris: La Découverte, 1992. (Poche).

GODELIER, M. *Au fondement des sociétés humaines*. Ce que nous apprend l'anthropologie. Paris: Albin Michel, 2007.

GODELIER, E. *La culture d'entreprise*. Paris: La Découverte, 2008.

GOFFMAN, E. *La mise en scène de la vie quotidienne*. Paris: Minuit, 1973.

_____. *Les rites d'interaction*. Paris: Minuit, 1974.

GOLSORKHI, D. (Dir.) *La fabrique de la stratégie*. Une perspective multi-dimensionnelle. Paris: Vuibert, 2006.

GOMEZ, P.-Y. *Le gouvernement de l'entreprise*: modèles économiques et pratiques de gestion. Paris: Inter-Éditions, 1996.

GORZ, A. *Métamorphoses du travail*. Paris: Galilée, 1988.

_____. *Ecologica*. Paris: Galilée, 2008.

GOSHAL, S. Bad management theories are destroying good management practices. *Academy of Management Learning and Education*, v. 4, n. 1, p. 75-91, 2005.

GRAHAM, P.; FOLLETT, M. P. *Prophet of management*. A celebration of writings from the 1920s. Boston: Harvard Business School Press, 1995.

GRAHAM, P.; MARY, P. *Follett prophet of management*. A celebration of writings from the 1920s. Boston: Harvard Business School Press, 1995.

GRAMACCA, G. *Les actes de langage dans les organisations*. Paris: L'Harmattan, 2001.

GRANOVETTER, M. Economic action and social structure: The problem of embeddedness. *American Journal of Sociology*, v. 91, p. 481-510, 1985.

_____. *Le marché autrement*. Paris: Desclée de Brouwer, 2000.

GROSJEAN, M.; LACOSTE, M. *Communication et intelligence collective*. Le travail à l'hôpital. Paris: PUF, 1999.

GUERRIEN, B. *La théorie néo-classique*. Paris: Economica, 1989.

_____. *L'illusion économique*. Paris: Omniscience, 2007.

GUIGO, D. *Ethnologie de la vie de bureau*. Paris: L'Harmattan, 1994.

GUILLAUMIN, C. *L'idéologie raciste, genèse et langage actuel*. Paris: Mouton, 1979.

_____. Avec ou sans race? *Le genre humain*. La société face au racisme, n.11, p. 215-22, 1984-1985.

GUSDORF, G. *Les sciences de l'homme sont des sciences humaines*. Strasbourg: Faculté des Lettres de l'Université de Strasbourg, 1967.

_____. *La parole*. Paris: PUF, 1984.

HAGÈGE, C. *L'Homme de paroles*: Contribution linguistique aux sciences humaines. Paris: Folio Gallimard, 1985.

_____. *Combat pour le Français*. Paris: Odile Jacob, 2005.

HALL, E. *La dimension cachée*. Paris: Seuil, 1966.

_____. *Au-delà de la culture*. Paris: Seuil, 1979.

_____. *Le langage silencieux*. Paris: Seuil, 1984.

HAMEL, G.; PRAHALAD, C. K. Competing for the Future. *Harvard Business Review*, p. 122-128, jun.-ago., 1994.

HAMMER, M.; CHAMPY, J. *Reeingineering the corporation*: A manifesto for business revolution. Nova York: Harper Business, 1993.

HAMPDEN-TURNER, C.; TROMPENAARS, F. *Building cross-cultural competence*. Nova York: John Wiley & Sons, 2000.

HANDY, C. *The age of unreason*. Londres: Business Books, 1991.

HARRISON, D.; LEGENDRE, C. *Santé et sécurité et transformations du travail*. Montreal: Presses de l'Université du Québec, 2002.

HASSARD, J. Ethnographie du temps de travail. In: CHANLAT, J.-F. (Dir.) *L'individu dans l'organisation*. Les dimensions oubliés. Ste Foy: Les Presses de l'Université Laval; Paris: Eska, 1990.

HASSARD, J. Time and organization. In: CLEGG, S. (Ed.) *Handbook of organization studies*. Londres: Sage, 1996.

HASSARD, J.; PARKER, M. *Postmodernism and organizations*. Londres: Sage, 1993.

HATCH, M.-J. *Théorie des organisations*. De l'intérêt de perspectives multiples. Bruxelles: De Boeck, 1999.

HATCHUEL, A. F. W. Taylor. In: BOUILLOUD, J.-P.; LÉCUYER, B. (Dir.) *L'invention de la gestion*. Paris: L'Harmattan, 1995; 2000.

HECKSCHER, C. *White collar blues*. Nova York: Basic Books, 1995.

HEIMER, C. A.; STAFFEN, L. R. *For the sake of the children*: The social organization of responsibility in the hospital and the home. Chicago: University of Chicago Press, 1998.

HERNES, T. Organizations as evolution of space. In: CZARNIAWSKA, B.; SEVON, G. (Ed.) *The northern lights organization theory in Scandinavia*. Copenhagen: Copenhagen Business School Press, 2003.

HERTSGAARD, M. *L'Amérique expliquée au monde entier*. Paris: Stock, 2002.

HERZBERG, F. Work and the nature of man. Oxford: Oxford University Press, 1966.

HIRECHE BAIADA, L. *La dynamique des jugements éthiques individuels en situation dans l'entreprise*. Une étude ethnographique. Paris, 2008. Thèse (Doctorat en Sciences de Gestion) – Université Paris-Dauphine.

HIRSCHMAN, A. *Les passions et les intérêts*: Justifications politiques du capitalisme avant son apogee. Paris: PUF, 1988.

HOFSTEDE, G. *Culture'consequences, international differences in work-related values*. Beverly Hills: Sage, 1980.

_____. *Vivre dans un monde multiculturel*. Paris: Éditions d'Organisation, 1994.

_____. *Culture's conséquences*: Comparing values, behaviors, institutions and organization across nations. Londres: Sage, 2002.

HOFSTEDE, G.; HOFSTEDE, G. J. *Cultures and organizations*. Software of the mind: intercultural cooperation and its importance for survival. Nova York: McGraw-Hill, 2004.

HOMANS, G. C. *The human group*. Nova York: Harcourt Brace, 1950.

HONNETH, A. *La société du mépris*. Paris: La Découverte, 2006.

HOPE, T.; HOPE, J. *Transforming the bottom line*. Londres: Nicholas Brealey Publishing, 1996.

HOUSFI, H. *Le contrat dans une coopération internationale*: La rencontre des intérêts à l'épreuve de la rencontre des cultures. Paris, 2006. Thèse (Doctorat en Gestion) – Université Paris X Nanterre.

HUEZ, D. *Souffrances et précarités au travail*. Paris: Syros, 1994.

HUTTON, W. *The world were in*. Londres: Little Brown, 2002.

HUSSON, M. Travailler plus pour gagner moins. *Le Monde Diplomatique*, Paris, abr. 2007.

IMBERT, F. *La question de l'éthique dans le champ éducatif*. Matrice, 1987.

INGLEHART, R. et al. *Human values and beliefs*. Michigan: University of Michigan Press, 1998.

D'IRIBARNE, P. *La logique de l'honneur*. Paris: Seuil, 1993.

_____. *Cultures et mondialisation*. Paris: Seuil, 1998.

_____. *Le tiers monde qui réussit*. Paris: Odile Jacob, 2003.

_____. Face à la complexité des cultures, le management interculturel exige une approche ethnologique. *Management International*, primavera, 2004.

_____. *L'étrangeté française*. Paris: Seuil, 2006.

_____. Cultures et ethique des affaires. In: DAVEL, E. et al. *La gestion en contexte interculturel*. Ste Foy: Les Presse de l'Université Laval; Télé-Université du Québec, 2008.

IRIGOYEN, M.-F. *Le harcèlement moral*. Paris: Poche, 1998.

JACKALL, R. *Moral mazes. The world of corporate managers*. Nova York: Oxford University Press, 1988.

JACQUARD, A. *Éloge de la différence*. Paris: Seuil, 1985.

JENSEN, M.; MECKLING, W. Theory of the firm: Managerial behaviour, agency costs and ownership structure. *Journal of Financial Economics*, v. 3, p. 305-60, 1976.

_____. The nature of man. *Journal of Applied Corporate Finance*, Summer, 1994.

JOLY, A. Être cadre à l'étranger. In: CHANLAT, J.-F. (Dir.) *L'individu dans l'organisation*: les dimensions oubliées. Ste Foy: Les Presses de L'Université Laval, 1990; Paris: Eska, 1998. p. 457-506.

_____. *Fiefs et entreprises en Amérique Latine*. Ste Foy: Presses de l'Université Laval, 2004.

JONAS, H. *Le principe responsabilité*. Paris: Editions du Cerf, 1992.

JULLIEN, F. *Traité de l'eficacité*. Paris: Grasset, 1996.

_____. *Conférence sur l'efficacité*. Paris: PUF, 2005.

KAISERGRUBER, D. *Le temps de travail de ceux qui ne le comptent pas*. Paris: Éditions d'Organisation, 1998.

KALIKA, M. (Dir.) *Les défis du management*. Paris: Liaisons Sociales, 2002.

_____. (Dir.) *Management européen et mondialisation*. Paris: Dunod, 2005.

KAMDEM, E. Temps et travail en Afrique. In: CHANLAT, J.-F. (Dir.) *L'individu dans l'organisation*. Les dimensions oubliés. Ste Foy: Les Presses de l'Université Laval; Paris: Eska, 1990.

_____. *Management et inter culturalité en Afrique*. Expérience camerounaise. Ste Foy: Les Presses de l'Université Laval; Paris: L'Harmattan, 2002.

KANIGEL, R. *The one best way*: Frederick Winslow Taylor and the enigma of efficiency. Nova York: Penguin Books, 1999.

KANTER, R. *Men and women of the corporations*. Nova York: Basic Books, 1977.

KARASEK, R.; THEORELL, R. *Healthy Work, Stress, Productivity And The Reconstruction Of Working Life*. Nova York: The Free Press, 1990.

KAY, J. *The thruth about markets, their genius, their limits, their follies*. Londres: Allen Lane, 2003.

KETS DE VRIES, M. *L'irrationalité des managers*. Paris: Éditions d'Organisation, 2002.

KETS DE VRIES, M.; MILLER, D. *L'entreprise névrosée*. Paris: McGraw Hill, 1985.

KISER, E. Comparing varieties of agency theory in economics, political science, and sociology: An illustration from state policy implementation. *Sociological Theory*, v. 17, p. 146-70, 1999.

KHURANA, R. *Searching for a corporate savior*. The irrational quest for charismatic CEOs. Princeton: Princeton University Press, 2002.

_____. *From higher aims to hired hands*: The social transformation of American Business Schools and the unfulfilled promise of management as a profession. Princeton: Princeton University Press, 2007.

KLEIN, N. *No logo*. Montreal: Leméac; Paris: Actes Sud, 2001.

KOENIG, G. *Management stratégique*. Projets-interactiones et contextes. Paris: Dunod, 2004

KOONTZ, H.; O'DONNELL, C. *Principles of management*. Nova York: McGraw Hill 1959.

KRUGMAN, P. *The great unraveling losing our way in the new century*. Nova York: W. W.Norton, 2005.

KUTNER, R. *Everything for sale*. The virtues and limits of markets. Chicago: The University of Chicago Press, 1999.

LA VILLE DE, V.-I.; MOUNOUD, E. La créativité de l'agir ordinaire: éléments pour une approche "énactive" de la stratégie. In: GOLSORKHI, D. (Dir.) *La fabrique de la stratégie*. Une perspective multidimensionnelle. Paris: Vuibert, 2006. p. 91-108.

LACAN, J. *L'éthique de la psychanalyse*. Séminaire VII. Paris: Seuil, 1986.

LAMONT, M. *La dignité des travailleurs*. Exclusion, race, classe et immigration en France et aux Etats-Unis. Paris: Presses de Sciences Po, 2002.

LANDIER, H. *Evaluer le climat social de votre entreprise*. Paris: Eyrolles, 2008

LANGANEY, A. Comprendre l'autrisme. La science face au racisme. *Le Genre Humain*, n. 1, p. 94-106, 1981.

LAPIERRE, L. (Dir.) *Imaginaire et leadership*. Montreal; Québec: Amérique, 1994, 1995. 3t.

LAROCHE, H.; NIOCHE, J. P. *Repenser la stratégie*. Fondements et perspectives. Paris: Vuibert, 1998.

LASH, S.; HURRY, J. The end of organized capitalism. Gerrards Cross: Polity Press, 1988.

LAUFER, J. *La féminité neutralisée?* Les femmes cadres dans l'entreprise. Paris: Flammarion, 1982.

LAUFER, J. et al. (Dir.) *Les sciences sociales du travail à l'épreuve des différences de genre*. Paris: La Découverte, 2003

LAUFER, R.; PARADEISE, C. *Le prince bureaucrate*. Paris: Flammarion, 1982.

LAURENT, A. The cultural diversity of western conceptions of management. *International Studies of Management and Organization*, v. XII, n. 1/2, p. 75-96, s. d.

LAUTIER, F. *Ergotopiques*. Sur les espaces des lieux de travail. Toulouse: Octarès, 1999.

LAVAL, C. *L'homme économique*. Essai sur les racines du néolibéralisme. Paris: Gallimard, 2007.

LAYARD, R. *Happiness. Lessons for a New Science*. Londres: Penguin, 2006.

DE LA VILLE, I.; MOUNOUD, E. Au-delà du discours: les "arts de faire dans la fabrication de la stratégie – Proposition d'un cadre conceptuel. XIII Conférence de l'Association Internationale de Management Stratégique (AIMS): Le Havre, 2004.

LEAVITT, H. Educating our MBAs: On teaching what we haven't taught. *California Management Review*, v. 31, n. 3, p. 38-50, 1989.

LEBAILLY, M.; SIMON, A. *Pour une anthropologie de l'entreprise, éloge de la pensée sauvage*. Paris: Village Mondial, 2005.

LE BRETON, D. *Anthropologie des émotions*. Paris: PUF, 1998.

_____. *La saveur du monde*. Une anthropologie des sens. Paris: Métaillé, 2006.

LE CHATELIER, H. *Le Taylorisme*. Paris: Dunod, 1928.

LEGENDRE, P. *Dominium mundi*. L'empire du management. Paris: Mille et Une Nuits, 2007.

LE GOFF, J. *L'Europe est-elle née au Moyen Âge*. Paris: Seuil, 2003.

LE GOFF, J.-P. *Le mythe de l'entreprise*: critique de l'idéologie managériale. Paris: La Découverte, 1992.

_____. *Les illusions du management*. Paris : La Découverte, 2000.

LEMASSON, P.; WEIL, A. B.; HATCHUEL, A. *Les processus d'innovation*. Paris: Hermès Lavoisier, 2006.

LE MONDE. France, Algérie mémoires en marche. Dossier, 28 out. 2004.

LÉVI-STRAUSS, C. *Race et histoire*. Paris: Gonthier, 1961.

_____. La difficulté croissante de vivre ensemble. *Le Nouvel Observateur*, n. 2269, p. 17-18, 2008.

LHUILIER, D. *Placardisés*. Des exclus dans l'entreprise. Paris: Seuil, 2002.

LIEVEN, A. *Le nouveau nationalisme américain*. Paris: J. C Lattès, 2005

LINHART, D.; MOUTET, A. (Dir.) *Le travail nous est compté*. La construction des normes temporelles du travail. Paris: La Découverte, 2005.

LINSTEAD, S.; GRAFTON SMALL, R.; JEFFCUT, P. *Understanding management*. Londres: Sage, 1996.

LINTON, R. *Le fondement culturel de la personnalité*. Paris: Dunod, 1967.

LIPIETZ, A. *La société en sablier*. Paris: Gallimard, 1996.

LIPSEY, R.; MUCCHIELLI, J.-L. (Dir.) *Multinational firms and impacts on employment, trade and technology*. New Perspectives for a New Century. Nova York: s. l., 2004.

LUKES, S. *Power*: A radical view. Cambridge: Cambridge University-Press, 1974.

MAALOUF, A. *Les croisades vues par les arabes*. Paris: Livre de Poche / J'ai Lu, 1999.

MAJNONI D'INTIGNANO, B.; SOFER, C. *Égalité entre femmes et hommes*: Aspects économiques. Paris: La Documentation Française, 1999.

MALOUIN, J. L. (Dir.) *La production des connaissances scientifiques de l'administration*. Ste Foy: Les Presses de l'Université Laval, 1986.

MANAGEMENT INTERNATIONAL. Cultures, nations et gestion, numéro spécial, Montreal, primavera 2004.

MARCH, J. *Décisions et organisation*. Paris: Dunod, 1991.

MARÉCHAL, J.-P. *Humaniser l'économie*. Paris: Desclée de Brouwer, 2001.

MARMOT, M.; WILKINSON, R. G. (Ed.) *Social determimants of health*. Oxford: Oxford University Press, 2000.

MARTIN, D. et al. *Les métamorphoses du monde*. Sociologie de la mondialisation, Paris: Seuil, 2003.

MARTINET, A.-C. *Stratégies*. Paris: Vuibert, 1983.

_____. (Dir.) *Épistémologie et sciences de gestion*. Paris: Economica, 1990.

MARTINET, A.-C.; REYNAUD, E. *Stratégies d'entreprise et écologie*. Paris: Vuibert, 2004.

MARTINET, A.; THIÉTARD, R.-A. *Stratégies*: Actualités et futurs de la recherche, Paris: Vuibert, 2001.

_____. Management stratégique et libertés: Pour une nouvelle science morale et politique du concevable. In: COLLOQUE LES SCIENCES DE GESTION ET LA QUESTION DE LA LIBERTE. *Ates*... HEC-Montreal, 9 e 10 jun. 2007, p.9-28.

MARUANI, M. (Dir.) *Femmes, genre et sociétés*. L'état des savoirs. Paris: La Découverte, 2005.

MARX, K. (1867) *Le capital*. Paris: Éditions Sociales, 1967.

McGREGOR, C; BENNIS, W. McGregor, Douglas. *The professional manager*. Nova York: McGraw-Hill, 1967.

MASLOW, A. *The farther reaches of human nature*. Londres: Penguin Books, 1976.

MAUSS, M. *Sociologie et anthropologie*. Paris: PUF, 1968.

MAUSS REVUE. Avec Karl Polanyi. Paris, num. esp., n. 29, 2007.

MAYO, E. *The human problems of an industrial civilisation*. Nova York: MacMillan, 1933.

_____. *The social problems of an industrial civilisation*. Londres: Routledge and Kegan Paul, 1949.

McGREGOR, D. *The human side of enterprise*. Nova York: McGraw-Hill, 1960.

_____. *Leadership and motivation*: Essays of Douglas McGregor. Cambridge: MIT Press, 1966.

McGREGOR, C.; BENNIS, W. (Ed.). *The professional manager*. Nova York: McGraw-Hill, 1967.

McCLELLAND, D. C. *The achieving society*. Princeton, NJ: Van Nostrand, 1961.

McKINLEY, W. et al. Some ideological foundations of organizational downsizing. *Journal of Management Inquiry*, v. 7, n. 3, p. 198-212, sept. 1998.

MEDA, D. *Le travail, une valeur en voie de disparition*. Paris: Aubier, 1995.

MEDA, D. *Qu'est-ce que la richesse?* Paris: Alto Aubier, 1999.

_____. *Le temps des femmes*. Paris: Flammarion, 2001; 2008.

MEDOFF, J.; HARLESS, A. *The indebted society*. Nova York: Little Brown, 1996.

MEMMI, A. *Portrait du colonisé*. Paris: Gallimard, 1957; 1985.

_____. *Le racisme*. Paris: Gallimard, 1982.

_____. *Portrait du décolonisé*. Paris: Seuil, 2004.

MENARD, C. *L'économie des organisations*. Paris: La Découverte, 1993.

MERCIER, S. *L'éthique dans les entreprises*. Paris: La Découverte / Syros, 1999.

MERLEAU-PONTY, M. *Phénoménologie de la perception*. Paris: Gallimard, 1944; 1976.

MESSINE, P. *Les saturniens*. Paris: La Découverte, 1987.

MICKLETHWAIT, J.; WOOLDRIDGE, A. *The right nation why America is different*. Nova York: Penguin Books, 2005.

MILLS, C. W. *Les cols blancs*. Paris: Maspero, 1964.

MITNICK, B. M. The theory of agency and organizational analysis. In: *Ethics and agency theory*. BOWIE, N. E.; FREEMAN, R. E. (Ed.) Nova York: Oxford University Press, 1992. p. 75-96.

_____. Agency theory. In: FREEMAN, R. E.; WERHARD, P. H. *The Blackwell Encyclopedic Dictionary of Business Ethics*. Malden, MA: Blackwell, 1998. p. 12-15.

MINTZBERG, H. *The nature of managerial work*. Nova York: Harper & Row, 1973. [Trad. francesa: *Le manager au quotidien*. Paris: Éditions d'Organisation, 1973.]

_____. *Mintzberg on management*: Inside our strange world of organizations. Nova York: Free Press, 1989.

_____. *Managers not MBAs*. Nova York: Prentice-Hall, 2004.

MISPELBLOM-BEYER, F. *Encadrer un métier impossible*. Paris: Armand Colin, 2006

MOE, T. M. The new economics of organization. *American Journal of Political Sciences*, n. 28, p. 739, 1984.

MOLES, A.; ROMER, E. *Psychologie de l'espace*. Paris: Casterman, 1972.

MORGAN, G. *Images of organization*. Londres: Sage, 1986.

_____. *Images de l'organisation*. Ste Foy: Les Presses de l'Université Laval; Paris: Eska, 1989.

MORIN, E. *Le paradigme perdu*: La nature humaine. Paris: Seuil, 1973.

_____. *Relier les connaissances*. Paris: Seuil, 1999.

MOTHE, D. *Le temps libre contre la société*. Paris: Desclée de Brouwer, 1999.

MOUSLI, M. Introduction. In: FOLLETT, M.-P. *Diriger au-delà du conflit*. Paris: Village Mondial, 2002.

MOUZELIS, N. *Organization and bureaucracy*: An analysis of modern théories. Nova York: Aldine, 1968.

MUNIER, R. *Les fragments d'Héraclite*. Trad. et commentés par Roger Munier, Pittsburgh: Fata Morgana, 1991.

MUTABAZI, E. Le management des équipes interculturelles. L'expérience des équipes afro-occidentales en Afrique. *Management International*, primavera 2004.

NEUMAN, J. H.; BARON, R. A. Aggression in the workplace. In: GIACALONE, R. A.; GREENBERG, J. R. (Dir.) *Antisocial behavior in organizations*. Thousand Oaks: Sage, 1997. p.37-67.

NIZET, J. Les ordres religieux du Moyen-Âge: des organisations fermées? Le cas de Cluny. *Archives de Sciences Sociales des Religions*, n. 123, p. 41-60, jun.-set. 2003.

NOON, M.; BLYTON, P. *The realities of work*. Londres: Palgrave, 2002.

NOUVEL OBSERVATEUR. Enquête sur le travail, set.1996.

O'CONNOR, E. The politics of management thought: A case study of Harvard Business School and the Human Relations School. *Academy of Management Review*, v. 24, n. 1, p. 117-31, 1999.

OLLIVIER, B. *L'acteur et le sujet*. Paris: Desclée de Brouver, 1995.

OIT. Mental health in the workplace. Geneva: Bureau Internationale du Travail, 2000.

OSTY, F. *Le désir de métier*. Engagement, identité et reconnaissance au travail. Rennes: Presses Universitaires de Rennes, 2003.

OSTY, F.; UHALDE, M. *Les mondes sociaux de l'entreprise*. Paris: La Découverte, 2007.

OUCHI, W. G. *Théorie Z*: faire face au défi japonais. Paris: Inter Éditions, 1982.
OUIMET, G. Régime minceur organisationnel: Lorsque les lipides sont les employés. *Info Ressources Humaines*, v. 19, n. 5, p. 10-13, abr.-maio-jun. 1997.
PAGÈS, M. et al. *L'emprise de l'organisation*. Paris: PUF, 1979.
PALMADE, J. (Dir). *L'incertitude comme norme*. Paris: PUF, 2003.
PASSET, R. *L'économique et le vivant*. Paris: Economica, 1996.
_____. *L'illusion néo-libérale*. Paris: Fayard, 2002.
PASQUERO, J. Éthique et entreprises: le point de vue américain. *Actes du colloque "Entreprises et société"*. Association Internationale des Sociologues de Langue Française (AISLF). Montreal, 21-23 août 1995.
_____. Éthique et entreprise: le point de vue américain. In: COTE, M.; HAFSI, T. *Le management aujourd'hui*. Une perspective nord-américaine. Ste Foy: Les Presses de l'Université Laval; Paris: Economica, 2000.
PASQUERO, J. Management international, 2008.
PATURET, J.-B. Ethique, citoyenneté et intervention sociale. *Empan*, n. 31, p. 10-13, set. 1998.
_____. (1996) *De la responsabilité en éducation*. 2. ed. Toulouse: Erès, 2003.
PENE, S. et al. *Le langage dans les organisations*. Une nouvelle donne. Paris: L'Harmattan, 2001.
PEREZ, R. La gouvernance de l'entreprise. Paris: La Découverte, 2003.
PERILLEUX, T. *Les tensions de la flexibilité*. Paris: Desclée de Brouwer, 2001.
PERKMANN, A. SPICER, A. How are management fashions institutionalized? The role of institutional work. *Human Relations*, n. 61, p. 811-844, 2008.
PERRET, B.; ROUSTANG, G. *L'économie contre la société*. Paris: Seuil, 1993.
PERROUX, F. *Economie et société*. Paris: PUF, 1963.
PERROW, C. Economic theories of organization. *Theory Soc.*, v.15, p. 11-45, 1986.
PESQUEUX, Y. *La référence à la valeur actionnariale*: Perspective éthique. Le rapport moral sur l'argent dans le monde. Paris: Association d'économie financière, 1998.

PESQUEUX, Y. *Le gouvernement de l'entreprise comme idéologie*. Paris: Ellipses, 2000.

_____. *L'entreprise multiculturelle*. Paris: L'Harmattan, 2004.

PESQUEUX, Y.; BIEFNOT, Y. *L'éthique des affaires*. Paris: Éditions d'Organisation, 2002.

PETERS, T.; WATERMAN, R. H. *Le prix de l'excellence*: Les secrets des meilleures entreprises. Paris: Inter Éditions, 1993.

PETRELLA, R. La dépossession de l'état. *Le Monde Diplomatique*, ago. 1993, p. 3.

PETTIGREW, A. et al. *Handbook of Strategy, and Management*. Londres: Sage, 2005.

PFEFFER, J.; SALANCIK, G. *The external control of organizations*. A ressource dependance perspective. Nova York: Harper and Row, 1978.

PFEFFER, J.; VEIGA, J. Putting people first for organizational success. *The Academy of Management Executive*, v. 13, n. 2, p. 37-48, 1999.

PHARO, E. *Politique et savoir vivre*. Enquête sur le fondement du lien civil. Paris: L'Harmattan, 1991.

PHILIPPON, T. *Le capitalisme d'héritiers*: La crise française du travail. Paris: Seuil, 2007.

PHILONENKO, G.; GUIENNE, V. *Au carrefour de l'exploitation*. Paris: Desclée de Brouwer, 1998.

PIKETTY, T. *Les inégalités de revenus*. Paris: La Documentation Française, 2004.

PITCHER, P. *Artistes, artisans et technocrates*. Paris: Editions Village Global, 1998.

POIRIER, L. *Penser stratégiquement*. Institut de Stratégie Comparée, 2005. Disponível em: http://www.stratisc.org.

POLANYI, K. *La grande transformation*. Paris: Gallimard, 1974.

POLLAN, S. *Die Broke*. Nova York: Harper Business, 1998.

PORTER, M. *Competitive advantage*. Nova York: The Free Press, 1985.

POSNER, R. *The problems of jurisprudence*. Cambridge: Harvard University Press, 1990.

PRONOVOST, G. *Sociologie du temps de travail*. Bruxelas: De Boeck, 1995.
PURCELL, K.; PURCELL, J. Insourcing outsourcing and the growth of contingent labour as evidence of flexible employment strategies. *Bulletin of Comparative Labour*, 1999
REED, M. *Sociology of management*. Londres: Harvester Wheatshead, 1989.
REICH, R. *The work of nations*. Nova York: Vintage Books, 1992.
_____. *Supercapitalism*: The transformation of business, democracy and everyday life. Nova York: Vintage Books 2007.
REICHHELD, F. *The loyalty effect*. Cambridge: Harvard Business School Press, 1996.
REYNAUD, J.-D. *Les règles du jeu*: L'action collective et la régulation sociale. Paris: Armand Colin, 1989.
RICOEUR P. *A l'école de la phénoménologie*. Paris: Vrin, 1986,
RIFKIN, J. *The end of work*. Nova York: The Free Press, 1995.
_____. *The european dream*. Nova York: Tarcher /Penguin, 2004.
RITZER, G. *The MacDonaldisation of society*. Thousand Oaks (CA): Pine Forge Press, 1993.
_____. (Ed.) *McDonaldization, The reader*. Thousand Oaks: Pine Forge Press, 2002.
ROBBINS, L. *Essai sur La nature et la signification de la science économique*. Paris: Librairie Medicis, 1947.
ROCHEBLAVE-SPENLÉ, J. *Le stéréotype*. Paris: PUF, 1974.
ROCHEFORT, R. *La société des consommateurs*. Paris: Odile Jacob, 1995.
ROETHLISBERGER, F. J.; DICKSON, W. J. *Management and the worker*. Cambridge: Harvard University Press, 1939.
ROULEAU, L. Comprendre la fabrique de la stratégie à partir des récits de pratiques. In: GOLSORKHI, D. (Dir.) *La fabrique de la stratégie*. Une perspective multidimensionnelle. Paris: Vuibert, 2006. p. 219-40.
ROUZEL, J. *L'éthique dans les pratiques sociales*. Le transfert dans la relation éducative. Paris: Dunod, 2002.
SAHLINS, M. *Âge de pierre, âge d'abondance*. Paris: Gallimard, 1976.
_____. *La découverte du vrai sauvage et autres essais*. Paris: Gallimard, 2007.

SAILLY, M.; VOLKOFF, S. Vieillissement de lamain-d'œuvre et adéquation professionnelle des postes: le cas des ouvriers du montage automobile. *Formation et Emploi*, n. 29, p. 66-81, 1990.

SAINSAULIEU, R. *L'identité au travail*. Paris: Presses de la Fondation des Sciences Politiques, 1977.

_____. (Dir.) *L'entreprise, une affaire de société*. Paris: Presses de la Fondation des Sciences Politiques, 1990.

_____. *Sociologie de l'entreprise et de l'organisation, culture et développement*. Paris: Presses de la Fondation des Sciences Politiques, 1997.

_____. *Des sociétés en mouvement*. Paris: Desclée de Brouwer, 2001.

SAIRE, P.-O. *Essai sur la dynamique récente de l'expatriation de cadres français au Québec, Montréal*. Montreal: HEC, 1994. 208 p.

SAUL, J. R. *The collapse of globalism and the reinvention of the world*. Toronto: Viking Canada, 2005.

SAUSSOIS, J.-M. Henri Fayol. In: BOUILLOUD, J.-P.; LECUYER, B. (Dir.) *L'invention de la gestion*. Paris: L'Harmattan, 1995.

_____. *Capitalisme sans répit*. Paris: La Dispute, 2006.

SCHEIN, E. *Organizational culture and leadership*. São Francisco: Jossey-Bass, 1985.

SCHLOSSER, E. *Fast food nations the dark side of all american meal*. Nova York: Harper Collins, 2002.

SCHNEIDER, S.; BARSOUX, J.-L. *Managing across cultures*. Harlow: Pearson, 2003.

_____. *Le management interculturel*. Paris: Pearson, 2004.

SCHOR, J.-B. *The overspent american*: The cost of lifestyle and the value of life. Nova York: Basic Books, 1997.

SCHRONEN, D. *Le management à l'épreuve du bureau*. Paris: L'Harmattan, 2003.

SCHUMPETER, J. *Capitalisme, socialisme et démocratie*. Paris: Payot, 1967.

SCHWARTZ, H. *Narcissistic process and corporate decay*. Nova York: Nova York University Press, 1990.

SCHWARZ, J. E. The hidden side of the Clinton economy. *The Atlantic Monthly*, p.18-21 out. 1998.

SEARLE, J. (Ed.) The philosophy of language. Oxford: Oxford University Press, 1971.

SÉGUIN, F.; CHANLAT, J. F. *L'analyse des organisations*. Montreal: Gaëtan Morin, 1983. t. I: La théorie de l'organisation.

SEGRESTIN, D. *Sociologie de l'entreprise*. Paris: Armand Colin, 1992.

SEIDL, D. et al. Stratégie comme pratique: recentrage de la recherche en management stratégique Remettre l'humain dans la recherche en stratégie. In: GOLSORKHI, D. (Dir.) *La fabrique de la stratégie*. Une perspective multidimensionnelle. Paris: Vuibert, 2006. p. 1-7.

SEN, A. *L'économie est une science morale*. Paris: La Découverte, 1999.

SENNETT, R. *Le travail sans qualité*. Paris: Fayard, 1998.

SERVAN-SCHREIBER, J.-J. *Le défi américain*. Paris: Poche, 1968.

SHAPIRO, S. Agency theory. *Annual Review of Sociology*, v. 31: 2005, p. 263-84.

SHARMA, A. Professional as agent: knowledge asymmetry in agency exchange. *Academy of Management Review*, v. 22, p. 758-98, 1997.

SIEVERS, B. *Work and life itself*. Berlim: de Gruyter, 1994.

SIMMEL, G. Métropoles et mentalités. In: GRAFMEYER, Y.; JOSEPH, I. (Ed.) *L'École de Chicago*. Naissance de l'écologie urbaine. Paris: Aubier, 1990, p.63.

SIMON, H. *Administrative behavior*. Nova York: MacMillan, 1961.

_____. Human nature in politics: The dialogue of psychology and political sciences. *American Political Science Review*, v. 79, p. 293-304, 1985.

_____. *Models of my life*. Nova York: s. n., 1991.

SMITH, A. *Recherches sur la nature et les causes de la richesse des nations*. Paris: Gallimard, 1776; 1976.

SOARES, A. Le prix d'unsourire: travail, émotion et santé dans les services. In: HARRISON, D.; LEGENDRE, C. *Santé, sécurité et transformation du travail*. Montreal: Presses de l'Université du Québec, 2002a. p. 229-50.

_____. Dossier: Les émotions au travail. *Travailler*, n. 9, 2002b.

SOMBART, W. *Der moderne Kapitalismus*. Munique, Leipzig: Duncker & Humblot, 1928.

SORGE, A.; HARZING, A.-W. The relative impact of country-of-origin and universal contingencies on internationalization strategies and corporate control in multinational enterprises: World-wide and European perspectives. *Organization Studies*, v. 24, n. 2, 2003, p. 187-214.

SOROS, G. The capitalist threat. *The Atlantic Monthly*, p. 45-58, fev. 1997.

STIGLITZ, J. *La grande désillusion*. Paris: Fayard, 2002.

_____. *Quand le capitalisme perd la tête*. Paris: Fayard, 2003.

STINCHCOMBE, A. Social structure and organizations. In: MARCH, J. G. (Ed.) *Handbook of organizations*. Chicago: Rand-McNally, 1965, p. 142-93.

STRATI, A. *Esthétique et organisation*. Ste Foy: Les Presses de l'université Laval, 2004.

SUE, R. *Temps et ordre social*. Paris: PUF, 1994.

SUPIOT, A. *Critique du droit du travail*. Paris: Presses Universitaires de France, 1994.

SUNDSTROM, E.; SUNDSTROM, M.-G. Workplaces: The psychology the physical environment in offices and factories. Nova York: Cambridge University Press, 1986.

TAILLANDIER-BOUVERESSE, L. *Analyse organisationnelle du processus décisionnel au service du client*: Quelle implication sur la santé psychologique du salarié? Thèse de doctorat en Sciences de Gestion, Université Paris-Dauphine, 2009.

TAP, P. (Dir.). *Identités individuelles et personnalisation*. Toulouse: Privat, 1986a.

_____. *Identités collectives et changements sociaux*. Toulouse: Privat, 1986b

TAYLOR, F. W. *Principles of Scientific Management*. Nova York: Harper Collins, 1911.

_____. *Shop management*. Nova York: Harper Collins, 1919.

THOEMMES, J. *Vers la fin du temps de travail?* Paris: PUF, 2000.

THOENIG, J.-C.; WALDMAN, C. *De l'entreprise marchande à l'entreprise marquante*. Paris: Éditions d'Organisation, 2005.

THOMPSON, P.; MCHUGH, D. *Work organizations*. Londres: MacMillan, 1990.

THUDEROZ, C. *Sociologie des entreprises*. Paris: La Découverte, 1997.

THUROW, L. *The future of capitalism*. Nova York: William Morrow and Company, Inc., 1996.

_____. *Building wealth*. Nova York: Harper Collins, 1999.

TIME. Big tobacco takes a hit, p.19-25, 30 jun. 1997.

TODD, E. *L'enfance du monde, structures familiales et développement*. Paris: Seuil, 1984.

_____. *L'invention de l'Europe*. Paris: Seuil, 1993.

_____. *La diversité humaine*. Paris: Seuil, 1998.

TODOROV, I. *Nous et les autres*. Paris: Seuil, 1995.

TOURAINE, A. *Critique de la modernité*. Paris: Fayard, 1992.

_____. *Un nouveau paradigme*. Pour comprendre le monde d'aujourd'hui. Paris: Livre de Poche, 2006.

TRAVAILLER. Dossier: Les émotions au travail, n. 9, 2002.

TROMPENAARS, F. *L'entreprise multiculturelle*. Paris: Éditions Maxima, 1994.

TURNER, B. (Ed.) *Organizational symbolism*. Berlim: de Gruyter, 1990.

UCHITELLE, L. The american middle, just getting by. *The New York Times*, 1 act. 1999

URWICK, L. *The pattern of management*. Londres: Sir Isaac Pitman & Sons, 1949.

VAARA, E. La stratégie comme discours: esquisse d'un cadre conceptuel. In: GOLSORKHI, D. (Dir.) *La fabrique de la stratégie*. Une perspective multidimensionnelle. Paris: Vuibert, 2006. p. 49-64.

VANDENBERGE, R.; HUBERMAN, M. A. *Understanding and preventing teacher burnout*. A sourcebook of international research and practice. Melbourne: Cambridge University Press, 1999.

VAN MAANEN, J. Qualitative studies of organizations (The Administrative Science Quarterly Series in Organization Theory and Behavior). Newbury Park, CA: Sage, 1998.

VELTZ, P. *Des lieux et des liens*. Politique du territoire à l'heure de la mondialisation, Paris: Editions de l'Aube, 2002.

VEZINA, M. et al. *Pour donner un sens au travail*. Montreal: Gaëtan Morin, 1992.

VILLETTE, M. *L'homme qui croyait au management*. Paris: Seuil, 1988.

_____. *Le manager jetable*. Paris: La Découverte, 1996.

VILLETTE, M.; VUILLERMOT, C. *Portrait de l'homme d'affaires en prédateur*. Paris: La Découverte, 2005.

VINCENT, S. Racisme et hétérophobie dans les organisations. In: CHANLAT, J.-F. *L'individu dans l'organisation*: les dimensions oubliées. Ste Foy: Les Presses de l'Université Laval, 1990; Paris: Eska, 2002.

VOGLER, E.; ROUZIES, A. Les cadres intermédiaires fabriquent aussi la stratégie. In:

GOLSORKHI, D. (Dir.) *La fabrique de la stratégie*. Une perspective multidimensionnelle. Paris: Vuibert, 2006. p. 109-28.

VON BERTALANFFY, L. *La théorie générale des systèmes*. Paris: Dunod, 1973.

WARNER, W. L.; LOW, J. *The social system of the modern factory*. Yale: Yale University Press, 1947.

WATERMAN, R. et al. Toward a career-resilient workforce. *Harvard Business Review*, p. 87-95, jul.-ago. 1994.

WEBER, H. *Du ketchup dans les veines*. Pourquoi les employés adhèrent-ils à l'organisation chez McDonalds? Paris: Érès, 2005.

WEBER, M. (1923) *Histoire économique*. Paris: Gallimard, 1991.

_____. (1921) *Économie et société*. Paris: Agora, 1995. 2t.

_____. (1903-1904) *L'éthique protestante et l'esprit du capitalisme*. Paris: Gallimard, 2003.

WEBBER, R. A. (Dir.) *Culture and management*. Homewood: Irwin, 1969.

WEICK, K. *Sensemaking in organizations*. Londres: Sage, 1995.

_____. *The social psychology of organizing*. Nova York: McGraw Hill Inc.,1979.

WEIL, E. Morale. *Encyclopedia Universalis*, v. 15, 1989, p.743-50.

WEIL, P. *La République et sa diversité, immigration, intégration, discriminations*. Paris: Seuil, 2005.

WEISSMAN, E. *La désobéissance éthique*. Paris: Stock, 2010.

WESTWOOD, R.; LINSTEAD, S. (Ed.) *The language of organization*. Londres: Sage, 2001.

WHITLEY, R. *Business systems in east Asia*: Firms, markets and societies. Londres: Sage, 1992a.

_____. (Dir.) *European business systems*: Firms, markets and their national contexts. Londres: Sage, 1992b.

WHYTE, W. F. *Human relations in the restaurant industry*. Nova York: MacGraw Hill, 1948.

WILLIAMSON, O. *Organization theory*. Nova York: Oxford University Press, 1994.

WOLMAN, E.; COLAMOSCA, A. *The Judas economy*. The Triumph of capital and the betrayal of work. Nova York: Addison-Wesley Publishing Company Inc., 1997.

WREN, D. *The evolution of management thought*. Nova York: Wiley, 1994.

WRIGHT, S. (Ed.) *Anthropology of organizations*. Londres: Routledge, 1994. 217 p.

ZAJAC, E. J.; WESTPHAL, J. D. The social construction of market value: institutionalization and learning perspectives on stock market reactions. *American Sociological Review*, v. 69, p. 233-57, 2004.

ZALEZNICK, A. Power and politics in organizational life. *Harvard Business Review*, v. 48, p. 7-60, 1970.

ZALEZNICK, A.; KETS DE VRIES, M. *Power and the corporate mind*. Chicago: Bonus Books, 1985.

ZARIFIAN, P. *Travail et communication*. Paris: PUF, 1996.

_____. *Le modèle de la compétence*. Paris: Editions Sociales, 2001.

ZINN, H. Une histoire populaire des Etats-Unis de 1492 à nos jours. Paris: Agone, 2003.

Coleção Debates em Administração

Ambiente organizacional
João Marcelo Crubellate

Assédio moral no trabalho
Maria Ester de Freitas, Roberto Heloani e Margarida Barreto

Cultura organizacional
Maria Ester de Freitas

Empreendedorismo
Marcelo Marinho Aidar

Empresas em rede
Sérgio G. Lazzarini

Ensino e pesquisa em administração
Carlos Osmar Bertero

Estratégia internacional da empresa
Fábio L. Mariotto

Expatriação de executivos
Leni Hidalgo Nunes, Isabella F. Gouveia de Vasconcelos e Jacques Jaussard

Filosofia e organizações
Yvon Pesqueux

Gestão da inovação tecnológica
Tales Andreassi

Modelo contemporâneo da gestão à brasileira
Rebeca Alves Chu

Negócios internacionais
Ana Lucia Guedes

Organizações em aprendizagem
Isabela F. Gouveia de Vasconcelos e André Ofenhejm Mascarenhas

O poder nas organizações
Cristina Amélia Carvalho, Marcelo Milano Falcão Vieira

Pós-modernidade
Isleide Arruda Fontenelle

Teoria crítica nas organizações
Ana Paula Paes de Paula

Teoria da decisão
Luiz Flavio Autran Monteiro Gomes

Uso de casos no ensino de administração
Roberto C. Fachin, Betânia Tanure, Roberto Gonzalez Duarte